宮本武蔵　熊本で生きる

福田正秀　著

宮本武蔵肖像（島田美術館蔵）

序

天下の名城熊本城は、戦国の世の英傑・加藤清正公の築城である。加藤家二代の後を受け、肥後五十四万石太守となられたのが細川忠利公で、当時将軍家から治政の諮問を受けるほどの英明君主として知られる。その忠利公に招かれて熊本へ来たのが剣名を轟かせていた宮本武蔵であった。

宮本武蔵の名は現代でも日本人なら知らない者はいない。二刀流の剣豪として、とくに巌流島の決闘や京都で吉岡一門を撃破した逸話が有名である。諸国の兵法者と命を懸けた勝負に六十戦無敗はすごい。しかしそれは二十代までの武蔵だという。当会の理事で武蔵研究家の福田正秀氏はそれからの武蔵がもっとすごいと言われる。本書はその福田氏が当会誌『熊本城』に令和元年より五年半にわたって連載された「宮本武蔵 熊本で生きる」を書籍化したものである。

熊本は武蔵終焉の地である。今年は没後三八〇年に当たり、その記念の年に本書が上梓されるのは誠に喜ばしい。今や世界の人に勝利の哲学として読まれている『五輪書』は、武蔵が生涯で得た英知をまとめ、この熊本で編まれたもの。宮本武蔵は熊本の誇るべき偉人である。

本書には武蔵がなぜ熊本に来たのか、熊本でどう過ごし何を成したのか、『五輪書』執筆の理由、死去までの様子など、史料にもとづいて丹念に書かれている。必ず何か得るものがあるはず。熊本県民はもとより、本当の武蔵を知りたい方へ、是非御一読されることを推奨して序とする。

令和七年　初春

（一財）熊本城顕彰会会長（加藤神社名誉宮司）　**湯田栄弘**

まえがき

令和七年（二〇二五）は武蔵が正保二年（一六四五）に熊本で死去してちょうど三八〇年に当たります。本書はそれを記念して、財団法人熊本城顕彰会の機関誌『熊本城』に平成三十一年二月より令和六年五月まで五年半にわたる連載「宮本武蔵熊本で生きる」を上梓するものです。

筆者はこれまでに『宮本武蔵研究論文集』（二〇〇三年・歴研刊）と『宮本武蔵研究第二集・武州伝来記』（二〇〇五年・ブイツーソリューション刊）を上梓しており、本書は二十年ぶりに武蔵研究第三集としてまとめました。終焉の地熊本から、改めて武蔵の生涯を概観したうえで、肥後熊本藩主細川忠利に招かれて過ごした最晩年の熊本での五年間を考察したものです。

武蔵の心境を察すれば、生涯をかけて求道し極めた兵法の技を伝え、武士の道、誰にでも活用できる勝利の道を文章にまとめて現世・後世の人の役にたてようと活動した終活の時期であったろうと思います。その成果が今や世界の人々に読まれている『五輪書』です。

また国の重要文化財に指定された水墨画の名作三点を含む、武蔵の書画工芸作品のほとんどがその晩年の熊本で書かれ、製作されたものでした。

それを武蔵にさせたのが細川藩主の忠利と二代光尚、そして松井興長・寄之ら家老・重臣たちであり、武蔵の二天一流の兵法は細川藩士によって世に伝承されてきたのです。

本書を「熊本に死す」とせず「熊本で生きる」とした所以です。その経緯を本書でたどります。

もし武蔵が熊本に来ていなかったなら、武蔵の勝利の哲学も、芸術も、現代にまで届かなかったかもしれないと思うと、武蔵の真の評価は熊本で定まったと言えるのではないでしょうか。

筆者が武蔵研究を始めたきっかけは、ちょうど四十年前に熊本へ移住して来たころ、細川家・松井家所蔵の『鵜図』『蘆雁図屛風』『紅梅鳩図』『野馬図』など武蔵が熊本で描いた本物の画に出合ったことでした。そのかもし出す優しさ、温もりに衝撃を受けました。

描かれている鵜・雁・鴨・鳩・鵙など野鳥図は自然の営みの一瞬を見事に捉え、天地万物あるがままの世界を肯定し、かつ優しさに包まれており、達磨・布袋の禅画は陽気で活気に満ち満ちていました。どの画にも武蔵の心が浮き出ており、自画像にも見え、武蔵の達観の心境を見る思いがして深く感動したのです。

画に現れた武蔵の印象と世間に流布したイメージとの違いは大きかった。武蔵の画に魅せられ、この優しさがどこから来るのか、本当の武蔵を知りたいと思ったのが始まりでした。昭和の末頃のことです。

武蔵がどんな人生を歩んだのか、まず終焉の地熊本の武蔵史跡・史料を調べ、平成に年号が変わると同時に生誕地説の作州・播州から始め京都・大坂・豊前・豊後、全国へと調査の足を延ばしていきました。まだデジタル以前の時代で写真はフイルム、地図を広げて関係者との連絡は公衆電話の不自由な取材は苦労でしたが、着実に成果をつかんで喜びも大きかった。

そして随時、『歴史研究』（歴研）などに発表していたものをまとめ、新たな書下ろし論文も加えて平成十五年に『宮本武蔵研究論文集』（歴研刊）として上梓しました。

「大坂の陣と出頭人戦略」「武蔵の関ヶ原東軍の証明」「佐々木小次郎はいなかった―考証巌流島」など新たな知見の武蔵像を示したもので、当初は反発もありましたが、この新説が徐々に定説化してきているのを感じています。本書の第一章で要約し、「熊本への道」として導入しています。

本書のテーマは「肥後の宮本武蔵」として平成六年の雑誌公募論文として一旦まとめていたのですが、未発表のまま先の論文集にも収録せず、「あとがき」に、「肥後の武蔵はもう論じ尽くされたという向きもあるが、まだ、むしろこれからであろう。いずれ本書の続編として上梓する」と後の約束をしてしまいました。まだ新たな発見や考証の余地があると思ったからでしたが、実際この間に熊本で武蔵関係の新史料もいくつか発掘され、これらの考察も含めた最新の武蔵研究として、ここに二十余年ぶりにその約束を果たします。

戦国末期から江戸初期の泰平の時代への転換期を、兵法家として武蔵がどういう思いで人生を生き、晩年になぜ熊本へ来て、どのように過ごし、何を成したのか。細川家の殿様や重臣・藩士らとどうのように交流したのか。武蔵筆水墨画の解説、『五輪書』執筆の過程、小倉の宮本家伊織との関係など、本当の宮本武蔵を知ることができます。楽しみにお読みいただきたいと存じます。

山鹿川端庵にて　　著者識

【目次】

第一章　熊本への道

一、生誕から兵法天下一への道

はじめに

一昔前までは、巌流島の決闘以後、五十一歳で九州小倉に現れるまで武蔵の足跡はわからず、「空白の二十年」と言われていた。しかし、近年研究が進み、今は空白と言われた壮年期二十年の足跡を含め、五十代以降、晩年の熊本で死去するまで後半生は、諸史料によりほぼ導き出せた。逆にわからないのが生誕から、巌流島の決闘も含め、六十余度の勝負に勝ったという前半生である。わかったつもりでいたのはすべて小説の世界、虚像であった。

今回はその謎多き武蔵の前半生を、何が分からなくてどこまで分かっているのか、研究の現況を概観する。

1、出身地と出生年の謎

武蔵畢生の書『五輪書』から、序文とも言うべき地の巻冒頭部の記述をまず見てみよう。

兵法の道、二天一流と号し、数年鍛錬の事、初めて書物に顕さんと思う。時、寛永二十年十月上

旬の比、九州肥後の地、岩戸山に上り、天を拝し観音を礼し、仏前に向かい、生国播磨の武士、新免武蔵守藤原玄信、歳つもつて六十。

武蔵は兵法二天一流の兵書を著すに当たり、現在の位置と自分は何者であるか、自己紹介から始めている。文章は韻を踏んでいて、なかなかの名文である。

筆記の時期は寛永二十年十月上旬、場所は九州肥後熊本の金峰山裏側にある岩戸山に登り、今天を拝し観音を礼し、仏前に向かって座している。則ち天地神仏に誓って嘘偽りのない本心を書き著すのだと宣誓しているのである。

そして武蔵はここで自ら「生国播磨の武士」とはっきり述べており、播磨国、今の兵庫県の生れと証言している。これを否定するなら『五輪書』も武蔵著作を否定しなければならなくなる。

また武蔵を語る最も古い伝記史料、養子の宮本伊織が武蔵死後間もない九年後に建てた巨大な武蔵顕彰碑『小倉碑文』も、

播州之英産、赤松之末葉、新免之後裔、武蔵玄信、号二天

と刻んである。当然のことながら、子孫である小倉宮本家の系図、古記録はすべて、播磨生れと明記されており矛盾はない。

ちなみに『二天記』により、小倉碑文の撰者は熊本泰勝寺の春山和尚と書かれていたためそれが通

小倉碑文（北九州市）

説となっていたが、宮本家はこれを否定、春山と武蔵のつながりも全く根拠がないことがわかった。筆者の調査の結果、伊織の原文に小倉小笠原家菩提寺の広寿山福寿寺二代住持・法雲和尚が撰文したと推定するに至った。

なのに、美作国（岡山県）説が根強いのはなぜだろうか。それは吉川英治が昭和十年に始まった新聞小説『宮本武蔵』で武蔵を「作州浪人」として書いたからである。吉川は確証があったわけではなく、東美作（岡山県）の地誌『東作誌』に、宮本武蔵は美作国吉野郡宮本村の平田武仁の二男とした「平田系図」を見つけ、宮本村の武蔵（たけぞう）として物語を始めたのだ。

平成の初め頃に筆者が宮本家を訪ねた折、当時の当主・信男氏から、「新聞連載後、すぐに小倉の宮本家から吉川英治に系図などを添えて異議申し立てをしたが、吉川から何の返事もなく、送った史料も帰ってこなかった」と聞いた。もう小説は始まっていて、吉川英治としては「しまった」と思っても岡山の武蔵を止められるものではない。「平田系図」は父とする平田武仁は武蔵の誕生以前の天正八年（一五八〇）に死去しており、武蔵を無三四とするなど、作為的でとても史料とすべきものではない。後で確認するが、無二はずっと後年の慶長十八年（一六一三）までは生きていたのである。

出自と出生年については五輪書には書いていない。まず宮本家史料を見てみよう。

●『宮本氏歴代年譜』（宮本家所蔵）

玄信　田原甚右衛門家貞二男
新免無二之助ノ為養子
天正十壬午年ノ出生
号宮本武蔵　初新免氏后宮本氏ニ改ム剣術ヲ以テ名声ニ鳴ル
正保二乙酉年五月十九日肥州熊本ニ卒ス享六十四歳

出自は田原甚右衛門家貞二男で、新免無二之助の養子になったとしている。天正十年（一五八二）出生とある。ではこの宮本家文書の信ぴょう性はどうであろう。

小倉宮本家は武蔵を高祖とし、寛永三年（一六二六）小笠原忠真が播州明石城主時代に武蔵を招聘し客分として迎えた折に、武蔵の代わりに養子伊織を仕官させ、自らは後見して宮本家を創設して初代とした家である。武蔵以来連綿と約四百年、藩政時代の二百五十年は代々家老の家として、途中主家・小笠原家から養子を迎え、家臣団筆頭の家格を貫いて現代まで続く名家である。まず伊織以降は確実であろう。武蔵についても出自はともかく、出生年の「天正十年」は確かであろう。武蔵と伊織は明石・小倉時代を通して少なくとも十二年間は共に暮らしていたと考えられ、正月毎に加齢を確認したであろうし、特に生年を偽る必要も理由も見当たらない。

しかし武蔵は『五輪書』に寛永二十年に「歳つもつて六十」と書いている。天正十年生まれなら数え六十二のはずである。武蔵が誤ったのだろうか。高齢になると西暦の通年観念のなかった当時、和暦で改元を重ねると、誕生年は正しくても、高齢者の文書などに自分の年齢を誤認している例は多く、管見の内にもよく見かけるのでその可能性はある。しかし「地の巻序文」で武蔵が言わんとしているのは正確な年齢ではなく、鍛錬を積み重ねた期間であるとすれば、読んで切りの悪い「歳六十二」とせず、序文の韻を大切にし「歳つもって六十」（今の満年齢）と表現したのではないだろうか。

熊本細川藩系の豊田景英著『二天記』と、福岡黒田藩系の丹治峯均筆記『武州伝来記』にはいずれも武蔵の生年に関する記述はないが、年齢は天正十二年を生年と見なした計算で『五輪書』からの推量であることがわかる。記述に当たり小倉宮本家へ確認していれば起こらなかった錯誤であるが、確認の難しかった藩政時代ならともかく、宮本家文書が公開されている現代においては、子孫伝承や宮本家系譜・由緒書の記載を尊重すべきであり、そこに明瞭に記録されている天正十年（一五八二）を採るべきであろう。

2、出自の謎

宮本家史料によれば、田原甚右衛門家貞の二男に生まれ、新免無二之助の養子になったということである。のちに兄久光の二男伊織を養子にして宮本家を継がせた。すなわち出自は田原氏である。田原氏は赤松氏庶流で元は織田信長の属将羽柴秀吉と戦って滅ぼされた播磨の戦国大名三木別所氏の重臣であったが、「三木合戦」に敗れたあと印南郡米田村に帰農して武蔵が生まれたという。しかし問題があった。

『宮本家系図』には家貞は天正五年没とされ、同十年生まれの武蔵とは親子にならない。当然この系図の信ぴょう性が議論されたが、近年の調査で、天正八年の東軍羽柴秀吉対西軍別所長治の三木合戦の「東西両軍将士名録」（三木・法界寺蔵）が発見され、その別所方に「田原甚右衛門家貞」の名が記載されていることが確認された。即ち家貞は天正五年以降も生きていたのである。宮本家系図の誤記はなぜ起きたのか、筆者はその後の墓碑調査で家貞の天正五年没年は一代前の貞光の没年の誤記であろうと推定するに至った。

ところがまだ疑問はある。播磨の地誌『播磨鑑』では武蔵と伊織は出自を別にし、伊織は印南郡米田村の田原氏であるが、武蔵は実父など出自不詳の揖東郡鵤（揖保郡太子町）の産となっているのだ。著者の平野庸脩《つねなが》が米田村の隣村の医者であっただけに無視できない説である。

宮本家系図には武蔵の出生地はなぜか書かれていない。考えられるのは、父の家貞が米田の正妻とは別の妻が揖東郡にいてそこで生まれたか。兄の久光とは異母兄弟という事。家定は別所氏の武将として三木落城後、敗残を恥じて米田に戻らず、一時期揖東郡鵤村に逼塞《ひっそく》した間の出生であれば、武蔵が幼くして美作の無二のもとに養子に出されたことにも理解ができる。田原氏に生まれながら親子兄弟の縁薄く交流もなかったが、のちに武蔵が明石の小笠原家に招聘され客分となった時、兄久光の次男伊織を養子にして武士として育て、田原家との縁を復活させたのではないだろうか。

3、養父新免無二

武蔵を養子にした新免無二は、作州吉野郡小原城の新免家に仕えて元は宮本を称していたようである。天正の初め、目覚ましい戦功により主家の新免姓を許されたとされている（『新免系譜』）。『小倉碑文』によれば、室町幕府将軍・足利義昭に召され、将軍家師範で扶桑第一兵術者の号を持つ吉岡某と試合をして勝利したので「日下無双兵法術者」の称号を賜ったと記されている。無二は将軍にも認められた剣豪であった。今に伝わる複数の無二発行の兵法免許状には「天下無双　宮本無二助藤原一真」の署名が添えられている。

無二が武蔵を養子にしたのは自らが編み出した兵法当理流を継がせるためと思われる。そのため武蔵は幼少から父に厳しく鍛えられた。まず作州大原宮本の構えに無二の屋敷があった。無二が新免家を離れ、黒田家に仕官したのが黒田家が西播磨五万石から豊前中津十二万石に大幅加増転封した折とすれば天正十五年、修練の地は中津ということになる。しかし黒田藩に伝わる武蔵伝記『武州伝来記』には、少年期に父に勘当されたとしている。同書の著者・丹治峰均は武蔵より『五輪書』直伝の細川藩・寺尾勝信系二天一流の五代目師範にして、筑前黒田藩家老・黒田（立花）重種の四男であった。寺尾勝信より三代目を継いだ後福岡黒田藩に仕官した柴任義矩の夜咄を主に記録したという。黒田藩内や独自取材の武蔵伝承も採録しており、どこまで信ぴょう性があるか個々に判断すべきものである。

無二が黒田家に仕官していたことは当時の黒田家侍帳『慶長七年・同九年黒田藩分限帖』に「新免無二之助一真」の名があり確かである。組外《くみはずれ》で禄高百石「古御譜代・播磨人」と記録されている。古御譜代は豊前以前の召抱えということであり、黒田家では無二は作州人ではなく播磨人と捉えられていた。無二の出自を載せた『平尾氏惣領代々書付』（元禄二年差出）によると「赤松円心の三代目が播州東本郷平尾村に住んで平尾を名乗り、のち作州竹山城の新免氏領内宮本へ浪人して宮本を名乗った」とある。播州から作州への移転、姓が赤松―平尾―宮本と変遷していることが判る。この後、新免家で手柄を立て「新免」の姓を貰うことになるのだ。

黒田家では重臣の管六之助ほか多くの弟子がいたので、無二は兵法指南をしていたのであろう。しかし黒田家侍帳により慶長九年まで黒田家家臣として福岡に居たことは確認できるが、その後の足跡はわからない。

無二の消息を伝える最後の記録は、豊後日出藩主・木下延俊の『慶長十八年日次記』に「兵法者無二」として残されている。無二はこの年延俊に京都で召し抱えられ、日出まで一緒に下り、延俊の御伽衆の一人として近侍していたので、慶長十八年（一六一三）迄は壮健であったことは確かである。日出藩家老・菅沼政常が著した『平姓杉原氏御系図附言』の木下延俊の項にも「剣術は宮本無二斎の流派を伝たまふ」と記されているのがその裏付けである。その年武蔵は三十二歳、どこで何をしていたのだろうか。次にそれまでの武蔵の足跡を追ってみよう。

4、少年時代の武者修行

『五輪書』に武蔵自ら記すところ、

十三歳にして初めて勝負をす、そのあいて新当流、有馬喜兵衛という兵法者に打勝つ。

13歳の武蔵肖像（島田美術館蔵）

とある。武蔵の勝負人生の出発点といえる戦いである。

この勝負のいきさつについては黒田藩の『武州伝来記』に詳しく書かれていて、勝負の結果は相手の兵法者有馬喜兵衛を抱えて投げ落とし、棒で打ち殺す描写がまるで小説の様に描かれている。数え十三といえばまだ幼い少年が、大人の兵法者相手に堂々たる戦いぶりと残忍さが強調され、小説や映像になって武蔵の少年時代のイメージを作り上げた。島田美術館所蔵「十三歳の武蔵肖像」がそれを補強した形である。しかし話に登場する場所も脇の人物も根拠がなく、『五輪書』の記述以上の話はすべて虚構であろう。『五輪書』には更に

十六歳にして但馬国、秋山という、強力の兵法者に打勝つ。

とある。この二度の戦いは事実であろう。武蔵の剣術の腕前は、早くも十代半ばにして名のある強力の兵法者にも打勝つほどになっていたことは確かである。

5、武蔵の関ヶ原合戦

吉川英治の小説で定着した武蔵のイメージは、慶長五年の豊臣対徳川の覇権をかけた天下分け目の関ヶ原合戦に西軍の雑兵として戦い、敗軍の屍の中から起き上がり、生きるために逃げ回るところから始まっている。何の根拠もないフイクションが武蔵の西軍説を信じさせた。しかし、事実は東軍黒田如水配下の徳川方として、父無二と共に九州豊後で戦っていた。筆者らは武蔵の父新免無二が当時黒田家中に居た数々の根拠史料を発掘し証明している。

その黒田家に伝わる『武州伝来記』によれば、武蔵はこの年勘当を赦され、諸国武者修行から黒田家中の豊前中津の父のもとへ戻り、父子で九州の関ヶ原と称される豊後合戦で戦っている。そこには

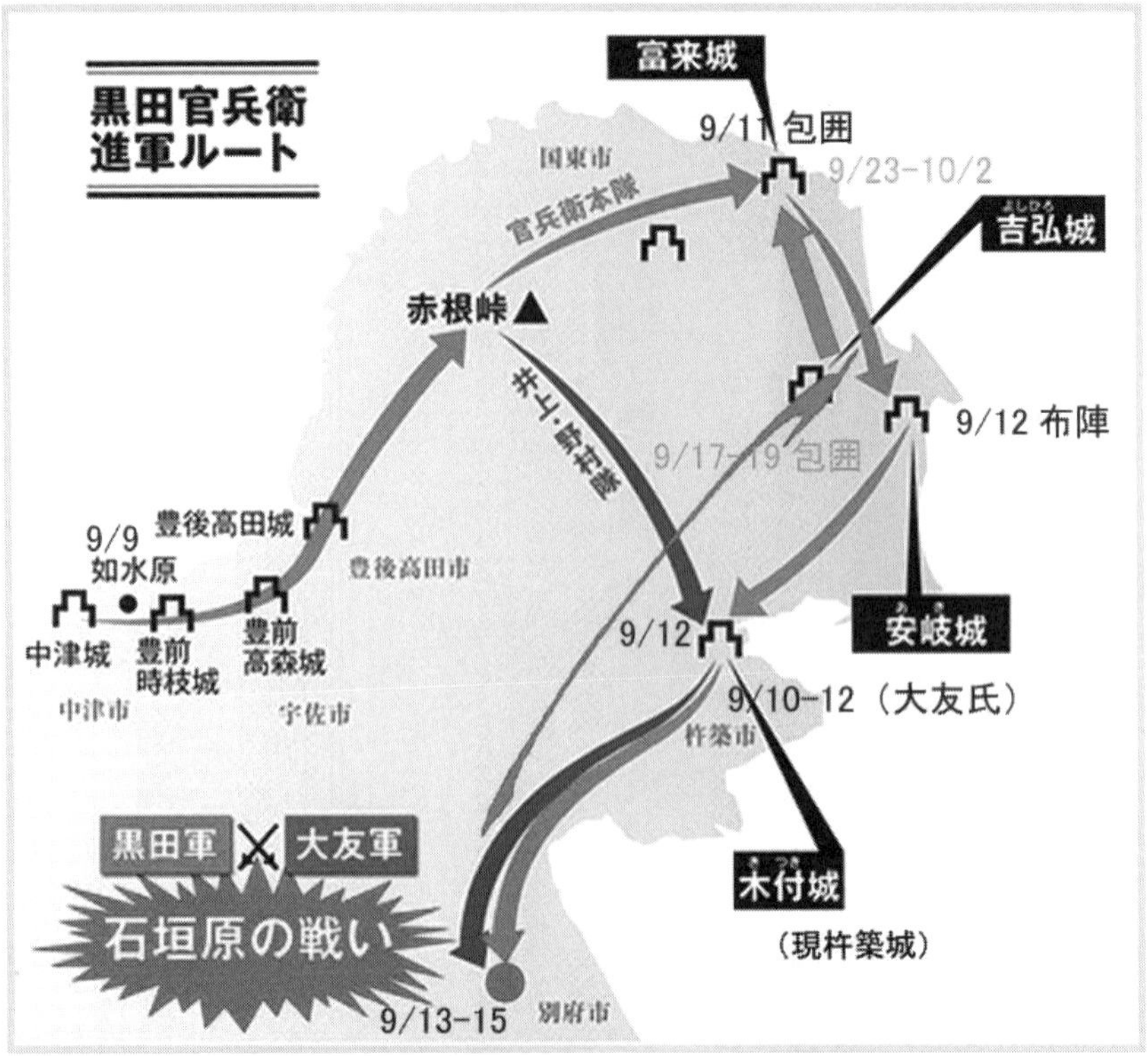

九州の関ヶ原黒田軍進軍図（別府市観光協会 HP）

武蔵を見た者の筆致で、出陣前の朋輩との逸話や、富来城攻めに一番乗りして戦う様子が次のように描かれている。

其の後、出陣して富木城乗りの節、黒田兵庫殿先手より二町ほど先に、三の丸のならしに乗りあがりたる所を、矢狭間より槍を以て弁之助が股をつきかする。弁之助甚だ怒りて、立ち並びたる者どもに向かひ、此の狭間より槍にて吾を突け、槍とつて見すべし、と云て、股を矢狭間にさし当てて待つ。案の如く、又槍にて股を貫く。突き通されながら鵜の首をひしと取りて槍を奪いとらんとす。敵もとられじと引き合ふ。辨之助、股の骨にあててエイと云て、う（鵜）の首より二尺余りおいて槍を折る。朋友《ほうゆう》どもこれを見よ。槍をとりたり、とて少しも疵《きず》を被《こうむ》りたることをいわず。各《おのおの》驚き、血止めなんと騒ぎしを、馬糞《まぐそ》を取りて疵口に推《お》し入れ、少しも痛む面色なく城へ乗りあがり、能く働き、其の後小屋へ帰りても、朋友の手負いを見廻るに、杖にすがり痛める色なく、徘徊せられしといえり。

作家の直木三十五はこの逸話を九州豊後ではなく美濃の関ヶ原合戦でのこととして、「匹夫の勇」と酷評したが、若年武蔵の恐れを知らない剛毅な戦いぶりは痛快でさえある。

富来城は二万石の垣見《かきみ》（筧）家純が城主であったが美濃の関ヶ原に参戦して留守、守将の筧《かけい》利右衛門はわずか五百の城兵で頑強に守り黒田軍を手こずらせた。結局関ヶ原の敗戦と城主垣見家純の戦死の報が届き開城、城兵は黒田家に吸収され家臣となった。この時召し抱えられた者よりの伝承と考えられ、黒田家内の記録であるだけに、この武蔵の活躍はあながち虚構といえないのである。武蔵十九歳の時のことになる。

6、吉岡一門との決闘

『五輪書』は少年期の戦いに次いで、

二十一歳にして都に上り、天下の兵法者にあい、数度の勝負を決すといえども、勝利を得ざるという事なし。

と記している。武蔵は「天下の兵法者」の名を記していないが、これは世に言う「吉岡一門との決闘」であろう。養子伊織が『小倉碑文』にその三分に一以上の文言を費やして詳しく記している。伊織が父から直接聞いた話とも考えられる。

まずその『小倉碑文』（14頁写真）を見てみよう。長文なので、吉岡一門との決闘を「吉岡兄弟との決闘」と後半の「一乗寺下り松の決闘」に分けて見ることにする。

●吉岡兄弟との決闘

後京師に到る。扶桑第一の兵術、吉岡なる者有り。雌雄を決せんことを請ふ。**彼の家の嗣、清十郎**、洛外蓮台野に於いて竜虎の威を争ひ、勝敗を決すと雖も、木刃の一撃に触れて、吉岡、眼前に倒れ伏して息絶ゆ。**予《かね》て、一撃の諾《だく》有《あ》るに依《よ》り、命根《めいこん》を補弼《ほひつ》す**。彼の門生等、助けて板上に乗せ去り、薬治《やくじ》、温湯《おんとう》し、漸《ようや》くにして復す。遂に兵術を棄て、雉髪《ちはつ》し畢んぬ。然る後、**吉岡伝七郎**、又、洛外に出で、雌雄を決す。伝七、五尺余の木刃を袖にして来る。武蔵、其の機に臨んで**彼の木刃を奪ひ、之を撃ちて地に伏す。立ち所に吉岡死す。**

まず吉岡兵法所の当主吉岡清十郎との勝負は武蔵が木刀の一撃で勝った。しかし重要なことは、「予《かね》て一撃の諾有るに依り命根を補弼す」とあり、武蔵は一撃で引いて清十郎を殺していない事である。続く弟伝七郎との勝負も、相手の木刀を奪い一撃で勝っている。不幸にも伝七郎は落命したが、武蔵が望んだことではない。何れの戦いも木刀で戦い、「一撃の諾（誓約）」を守った結果なのである。俗説や小説の武蔵の影響で、武蔵は多くの人を殺したように思われているが、兵法勝負における武蔵の得物はほとんど木刀であり、相手の人命を大切に思うからとしか考えられない。

●洛外下り松の決闘―幼い又七郎を殺さず

門生、冤《うらみ》を含み、密かに語りて云く、兵術の妙を以ては、敵対すべき所に非《あら》ずと。籌《はかりごと》を帷幄《いあく》に運《めぐ》らして、**吉岡亦七郎**、事を兵術に寄せ、洛外下り松辺に会す。彼の門生数百人、兵仗弓箭《へいじょうきゅうせん》を以て、忽《たちま》ちこれを害せんと欲す。武蔵、平日、先を知るの才有り。**非義の働きを察して、窃《ひそ》かに吾が門生に謂《いい》て云く、汝等、傍人《ぼうじん》と為りて速やかに退け**。縦《たと》ひ、怨敵《おんてき》、群を成し、隊を成すとも、吾に於いてこれを視《み》るに、浮雲の如し。何の恐ること之有るや。衆の敵を散ずるや、走狗《そうく》の猛獣を追ふに似たり。威を震ひて帰る。洛陽の人皆、これを感嘆す。勇勢知謀、一人を以て万人を敵する者は、実に兵家の妙法なり。

吉岡又七郎は通説では清十郎の子とされている。門生数百人は大げさだが、又七郎と武蔵の試合にかけて武蔵を殺そうと謀ったのは確かであろう。碑文によれば武蔵も立ち合いに門弟らを連れて行ったが、吉岡側の「非義の働きを察して」弟子たちが争いに巻き込まれるのを危惧し「汝等、傍人《ぼうじん》と為りて速《すみ》やかに退け」と逃がし、ただ一人で立ち向かっている。又七郎との試合はできなかったわけで、「衆の敵を散ずるや、走狗の猛獣を追ふに似たり、威を震ひて帰る」と吉岡の門弟たちを蹴散らして帰っている。

武蔵が勝つために名目人である幼い又七郎を真っ先に殺したとしたのは小説であり事実ではない。武蔵は又七郎を殺していないし、門弟たちを大勢切り殺してもいない。ただ木刀で打ち払い、追い散らして退去しただけだったのである。ここにも武蔵のわが命を懸けて人命を尊重する姿勢が見える。

武蔵はなぜ吉岡に勝負を挑んだのだろうか。

『小倉碑文』によれば、父無二がその昔、足利義昭将軍の御前試合で代々将軍家兵法師範・吉岡と試合して勝ち、「日の下無双兵法術者」の称号を得たところの因縁により、《故に武蔵、洛陽に至り吉岡と数度の勝負を決し》としている。無二は吉岡に勝って以来「天下無双」と免状や伝書に謳うようになった。武蔵にとって、父を超えるためには必須の挑戦だと考えていたのではないか。

京都へ上り吉岡家の当主清十郎と弟伝七郎を倒し、一乗寺下がり松の決闘で清十郎の嗣子亦七郎を擁した吉岡一門に決定的に勝利したことで、武蔵はこれで父に追いついたという思いであっただろうか。

二、巌流島の決闘

1、巌流島の決闘は史実か

宮本武蔵といえば巌流島の決闘、相手は細川藩剣術指南役となった佐々木小次郎というのが一般の常識である。

立会《たちあい》・警固の役人も派遣された細川藩公認の試合であり、幔幕が張り巡らされた小さな舟島で、現代にまで語り継がれる歴史的名勝負があった。武蔵は小次郎の三尺の長剣に勝る櫂《かい》の木刀を作り、約束の時間に一刻《いっとき》（二時間）余も遅れて来て、小次郎を動揺させるなど策を弄《ろう》して勝ったとされる。

しかしこれは吉川英治の小説『宮本武蔵』のストーリーそのままである。それは江戸中期の伝記『二天記』からの引き写しであり、今一般の常識の素はこの『二天記』にあることがわかる。吉川が武蔵を小説にしたのは昭和十年代、それ以前の宮本武蔵は歌舞伎・講談・絵本・読み物の敵討（かたきうち）物の英雄でしかなかった。父の敵討などで、ストーリーも今とは全く違っていた。

「佐々木小次郎という名の剣士はいなかった」と言ってもすぐには信じてはもらえないだろうが、吉川が小説に書くまでほとんど知られていなかった名前であった。何が虚説で何が真実か、この決闘が武蔵にとってどのような意味があったのか、知っているつもりで最も間違いの多い逸話なので、あらためて巌流島の決闘を検証する。

そもそもこの決闘は本当にあったのだろうか。武蔵本人は『五輪書』にも何にも触れていないのである。史料として最初に出てくるのは、武蔵の養子宮本伊織が武蔵死後九年目の承応三年（一六五四）に小倉に建てた巨大な武蔵の顕彰碑『小倉碑文』であり、漢文千百余字の中に武蔵の戦歴の一つとして刻まれている。諸説の基準となる文面であるので、この部分を読下しでまず見てみよう。

爰《ここ》に兵術の達人岩流と名のる有り。彼と雌雄を決せんことを求む。岩流曰く、真剣を以て雌雄を決せんことを請う。武蔵対《こた》えて曰く、爾《なんじ》は白刃《はくじん》を揮《ふる》ひて其の妙《みょう》を尽《つく》せ。吾《われ》は木戟《ぼくげき》を提《ひっさ》げて此の秘を顕わさん。堅く漆約《しつやく》を結ぶ。長門と豊前との際《きわ》、海中に島有り。舟島と謂《い》う。両雄、同時に相会す。岩流、三尺の白刃を手にして来たり、命を顧《かえり》みずして術を尽す。武蔵、木刃の一撃を以て之を殺す。電光も猶遅《なおおそ》し。故に俗、舟島を改め岩流島と謂う。

ここに刻まれている決闘の内容は次の通り。

①岩流の兵法の達人と武蔵が舟島で決闘した。
②武器は岩流が刀身三尺の長剣、武蔵は木刀。
③両雄同時刻に相対し術を尽くして戦った。
④勝負は武蔵が木刀の一撃で岩流を殺した。
⑤故に舟島を俗に「岩流島」というようになった。

本来「舟島の決闘」だったのである。

建碑者は宮本伊織。少年時代に武蔵の養子となり、十五歳で武蔵の後見のもと小笠原藩主に児小姓として仕え、二十歳で家老に抜擢された俊才であった。その初代伊織以来代々藩家老を勤めた子孫の家に伝わる由緒書によれば、この石碑は当時の藩主小笠原忠真より武蔵の石塔山（墓所）として拝領した山に建立したもので、眼下に関門海峡を望み、決闘のあった巌流島はわずか五キロの鼻先にある。

仮に決闘が通説の慶長十七年（一六一二）にあったとすると、建碑の頃は決闘から四十年ほどしか経っておらず、当時を知る人がまだ多く生存していたことを思えば、その現場近くにまさか架空の事件を顕彰する事は考えられない。「故に俗、舟島を改め岩流島と謂《い》う」の一節は建碑の以前よりこの地の人々の記憶に強く焼きついた事件であった事を如実に物語っている。伊織としては武蔵の戦歴として漏《も》らす事の出来ない一項であった。則ちここに刻まれた文言が最も巌流島の真実に近い。

後世の様々に脚色された伝承のもとはすべてここにあるといっても過言ではない。

決闘があったというもう一つの裏付けは、細川家史料の中、決闘後にかかわった当事者として『沼田家記』がこの事件を記録している事である。沼田家は細川家の別姓長岡姓を許された細川家の重臣で、当主延元《のぶもと》は当時の藩主忠興とは従兄弟（忠興の母は沼田氏）関門海峡の要衝門司支城の城代であった。『沼田家記』は子孫のためにこの延元と次の延之《のぶゆき》二代の事績を一つ書きにして記録したもので、武蔵没後二十七年後の寛文十二年（一六七二）頃の成立である。

巌流島について信憑性《しんぴょうせい》が高い史料は『小倉碑文』とこの二点だけ。他は遥か後世に書かれた弟子筋の伝記や『小倉碑文』を素に創作された作品や伝承ばかりである。

2、佐々木小次郎はいなかった

本項は「佐々木小次郎はいなかった」という論題で熊本の郷土誌『舫船』七三号（一九九四年）に発表した論文の引用である。「巌流島の決闘の武蔵の相手は佐々木小次郎」という間違った固定概念を打ち壊すためだった。郷土誌だったのであまり認知されなかったが、十年後に『宮本武蔵研究論文集』（二〇〇三年・歴研）に収録して出版したことで近年ようやく注目されるようになった。

決闘は確かにあった。しかし不思議なのは、武蔵死後六十年頃までに公開されたものはすべて相手の名が「岩流」「巌流」または「岸流」とだけの表現で、それが名前なのか流派名なのかさえ定かでない事である。『沼田家記』のみ「小次郎」とする（**次頁表参照**）。

決闘から一世紀以上を経ても、当時の一般認識としては、岩流を使う兵法者というだけで、氏名は不詳であった。だとすれば、その後に氏名が判明するなどという事が考えられるであろうか？

氏名のみならず、「佐々木小次郎は細川忠興に召抱えられた細川藩の兵法指南役であった」とか「決闘は藩公認の試合で、検使や警固の役人も派遣されていた厳粛なものであった」などという通説もウソになる。もしそうであるなら、当事者の姓名くらい、藩の史料、何千もの家臣団、あるいは地元の史料の、せめてどこかに一つくらいは伝わっているはずである。それがどこにも全く無いということは、細川藩の関与した公式な試合ではなかったということである。

では、なぜこのような誤った通説が出来てしまったのか。

佐々木姓が初めて世に出るのは武蔵没後百年近くを経た元文二年（一七三七）の歌舞伎『敵討巌流

資料・文献名	年代	西暦	著作者	武蔵の名	相手の名
小倉碑	承応三	一六五四	宮本伊織	新免武蔵玄信	岩流
沼田家記	寛文十二	一六七二	沼田氏	宮本武蔵玄信	小次郎
武将感状記	正徳六	一七一六	熊沢淡庵	宮本武蔵	岸流
本朝武芸小伝	享保元	一七一六	日夏繁高	宮本武蔵政名	巌流
兵法大祖武州玄信公傳来	享保十二	一七二七	丹治峰均	宮本弁之助	津田小次郎
敵討巌流島	元文二	一七三七	藤本文三郎	月本武者之助	佐々木巌流
武公伝	宝暦五	一七五五	豊田正修	宮本武蔵玄信	巌流小次郎
古老茶話	安永元	一七七二	柏崎永以	宮本武蔵	佐々木眼柳
花襷会稽褐布染	安永三	一七七四	若竹笛躬・他	月本武者之助	佐崎巌流
二天記	安永五	一七七六	豊田景英	宮本武蔵玄信	岩流小次郎 注 佐々木小次郎
兵法先師伝記	天明二	一七八二	丹羽信英	宮本弁之助	津田小次郎
西遊雑記	天明三	一七八三	古川古松軒	宮本武蔵之介	佐々木岩龍

「巌流島の決闘」を記した資料一覧

島』の「佐々木巌流」である。ただし、このとき武蔵に該当する主人公の名は「月本武者之助」であった。当時、江戸時代の武家社会で起こった事件をそのまま劇化することを幕府が禁じていたため、実名を変えて役名にする決まりであった。「佐々木巌流」も役名であることは確実である。例えば赤穂事件をもとにした『仮名手本忠臣蔵』では、大石蔵之助が「大星由良助」であったように。

以後の歌舞伎もこの「佐々木巌流」の名を継承し、江戸、京、大坂で何度も連続公演され大人気を博した。

そして「佐々木小次郎」の名が初めて登場するのは、その後の安永五年（一七七六）『二天記』であり、決闘から離れること実に百六十余年後だったのである。

そもそも『二天記』は、肥後八代・松井家の二天一流師範であった豊田正剛《まさたけ》が拾い集めた流祖武蔵の伝承覚書きに、息子の正脩《まさなが》が加筆して『武公伝』として宝暦五年（一七五五）に一書にしていたものを、孫の景英《かげひで》が加減修飾して公開した肥後の弟子筋編纂の武蔵伝記である。

『武公伝』によると、巌流島の記事の出典は正徳二年に小倉から来た商人・村屋勘八郎から聞いた話というから、もとが信用できない話であった。武蔵の相手の名も本文ではすべて「小次郎」とのみの表現であり、佐々木姓は本文外に段落ちで（注相当）

《岩流は佐々木小次郎と云、此時十八歳の由なり》とただ一箇所に付記されていただけ。著者が商人村屋の話になかった別情報を付記した証拠である。

小次郎が十八歳というのも、本文に言う中條流・富田勢源（生没年不詳・永禄の頃活躍）の打太刀を務めたとすれば老人であり、大きく矛盾している。

「巌流佐々木小次郎」の名はこうして歌舞伎役名の「佐々木」と細川家伝承の「小次郎」を合成して豊田景英が生み出したものと考えられる。この『二天記』のたった一行が後々作家吉川英治の小説を経て、十八歳の美形の剣豪「佐々木小次郎」として一般に広く定着することになったのである。

3、決闘の内容にも諸説あり

先の表で佐々木小次郎より先に、「岩流」の姓名を記録しているのは『兵法大祖武州玄信公伝来』である。筆者のその後の研究で本当の書名は『武州傳来記』であったことが判明した。それには「津田小次郎」として登場している。この書物は書名がわからない時期、著者の名を採り『丹治峰均筆記』とも称されていた福岡黒田藩二天一流の弟子筋による武蔵伝記である。

丹治峯均の本名は立花専太夫峯均《みねひら》という。武蔵から三代目師範の柴任三左衛門が熊本細川藩を辞し、福岡黒田藩へ伝えた二天一流の系譜で五代目を継いだ人物。なんと福岡藩家老の息子であった。

本書の成立は肥後の『二天記』より五十年も早く、執筆時はまだ歌舞伎の『敵討《かたきうち》巌流島』の公演前、武蔵・小次郎の決闘が大衆化される以前、即ち「佐々木巌流」の名の生まれる前であった。内容は（長いので省略）『二天記』同様詳しい記述で目の前に決闘を見るようであるが、展開は全く違う。通説となった『二天記』との違いを略記するとこうなる。

①武蔵の名前が、まだ「弁之助」で、十九歳の頃の試合となっている事。即ち慶長七年（一六〇二）

の推定である。『二天記』の慶長十七年二十九歳より十歳若い。
②相手の名が佐々木小次郎ではなく「津田小次郎」である。
③小次郎は長門国長府の国人であり、『二天記』にいうような越前国浄教寺村の出身でもなく、豊前細川藩の兵法指南役にもなっていない。
④決闘の原因は、武蔵の父無二が小次郎に試合を求められて断わったため、小次郎を恐れたとの噂が広まったので、武蔵がやむを得ず父に代わって挑戦した。
⑤小次郎の年齢は武蔵よりかなり上。武蔵の挑戦に、「若輩なる弁之助が過言千万」と怒るところがあり、親の無二と同年輩か。
⑥細川藩公認の試合ではない。舞台は長門（山口県）であり、下関で決闘の場所を断わられ、やむなく長門・豊前の間、海中にある無人の舟島に渡ってした私闘であった。
⑦長岡佐渡の仲介等、細川家の係わりも無く、門司城主（沼田延元）が武蔵と親しい故に、多勢の野次馬同様、見物のため島へ渡っただけ。
⑧木刀は『二天記』では舟の櫂《かい》を武蔵が削って作るが、こちらは弟子の青木条右衛門製である。
⑨武蔵遅刻の『二天記』とは逆に、武蔵の方が島に先着して小次郎の到着を待つ展開。
⑩『二天記』の見物禁止の触れが出、細川藩の立合・警固役人も出た厳粛な藩公認の試合ではなく、下関、小倉辺から見物人、貴賤群れをなして見守る中での勝負であった。
⑪勝負は最初相打ちで、小次郎の刀の平（横面）が武蔵の首に当たり、武蔵の木刀が小次郎の頭に当たり、武蔵が二度目の打ちで仕留めた。

このように熊本藩の『二天記』と福岡藩の『武州傳来記』は、いずれも武蔵の弟子筋による伝記であるのに、巌流島の決闘話は全く相反しているのはなぜか。共に自藩には巌流島の伝承がなかったからであろう。

『武州傳来記』は「これ下関辺にて語り伝ふる処なり」とあるように、丹治峰均が、決闘のあった地元の伝承を収録したもの。一方現代の通説の素となった『二天記』は、正徳二年（一七一二）に小倉の商人、村屋勘八郎という者が肥後八代へ来てした話を豊田正剛が採録したというもの。豊田正剛によると、百年も前の話なのに、決闘の時、武蔵の舟を漕いだのは自分であると勘八郎は言ったというから、もとより小倉商人による作り話であることを暴露した話だったのである。

4、武蔵の背後に養父無二あり

丹治峯均の地元調査によると、決闘の原因は通説のような小次郎に武蔵が挑戦したのではなく、武蔵の父無二が小次郎に試合を求められて断わったため、小次郎を恐れたとの噂が広まったので、やむを得ず武蔵が代わりに立ち合ったということである。

決闘に武蔵の父が関与していることを窺わせる確かな史料がある。それは本稿冒頭で信憑性が高いと指摘した細川藩重臣沼田延元の事績録『沼田家記』の記事である。これは『二天記』の小倉商人によるいい加減な作り話とは次元が違うので、記述全文を読み下しで紹介しよう。

一、延元様、門司に御座成られ候時、或る時、宮本武蔵玄信豊前へ罷り越し、二刀兵法の師を仕り候。其の頃、小次郎と申す者、岩流の兵法を仕り、是も師を仕り候。双方の弟子共、兵法の勝劣を申し立て、武蔵、小次郎、兵法の仕相を仕り候に相究め、豊前と長門の間、ひく嶋に出合い―以後巌流島と云う―双方共に弟子壱人も参らず筈に相定め、仕合を仕り候ところに、小次郎打ち殺され申し候。小次郎方は兼ねての約の如くに、弟子壱人も参らず候。武蔵方は弟子共数人参り、隠れ居り申し候。其の後、小次郎蘇生致し候へ共、彼の弟子共参り合せ、後にも打殺し申し候。此段小倉へ相聞え、小次郎弟子共一味致し、是非とも武蔵を打果し申すと、大勢彼の島へ参り申し候。之により武蔵遁れ難く、門司へ遁げ参り、延元様を偏えに頼み奉り候に付、御請合成され、則ち城中に召置かれ候に付、武蔵恙無く運を開き申し候。其の後武蔵を豊後へ送り遣わされ候。石井三之亟と申す馬乗りに鉄砲の者共御附け成され、道を警固致し、別条なく豊後へ送り届け、武蔵親、無二と申者に相渡し申し候由、御座候事。

決闘（果し合い）ではなく「兵法の仕相」だったことに注目する。試合は武蔵の勝であった。試合であるから武蔵は小次郎を殺してはいなかった。しかし、勝負の後、蘇生した小次郎を、隠れていた武蔵の弟子たちが打ち殺したというのである。双方とも互いに弟子は連れてこないとの約束であった。その情報はたちまち小倉へ伝わり、怒った小次郎の弟子共が大挙して島に押渡ってきたので、武蔵は逃げて門司城の沼田延元を頼った。

延元が請合って武蔵を城内に匿ってやったので武蔵は運を開く事が出来た。延元は後に、騎馬武者に鉄砲隊の護衛をつけて豊後で待つ武蔵の親、無二という者の所まで送り届けたと記している。
試合のいきさつも成り行きも通説とはずいぶん違っている。『二天記』の云う細川藩の公式試合の様子は見えず、勝負の後の顛末が通説のかっこ良さとは反対で、門司城に逃げ込んで、武蔵の親・無二のもとまで送り届けられている。事実なら、武蔵にしてみれば思い出したくない苦い記憶であっただろう。生涯この決闘について語る事がなかったというのも頷ける。

5、円明流創立の機縁となる

それにしても武蔵が試合に勝ったあと、蘇生した小次郎を弟子たちが大勢で殺したというのは武士にあるまじき行為である。この話を沼田延元にしたのは武蔵であろう。武蔵の意図ではなかったからである。武蔵は試合に勝てばよかった。武蔵が武器を木刀にしたのも小次郎を殺さないためとも考えられる。

よく言われる小次郎の長刀より長くするために木刀にした、という説は疑わしい。なぜなら、のちに熊本に滞在時に弟子で家老の松井寄之に「巌流島で使用した木刀」を問われ、武蔵自身の手で再現された木刀が八代の松井文庫に現存するからである。木刀の長さは一二七センチであった。一方、小次郎の刀は二尺三寸の常寸をはるかに超えた刃渡り三尺余（九一㎝以上）であったとされており、それだけの長刀を振るためには握りの部分に長い柄を要するので、腰に差す事は叶わず、背負うしかなかった。刀剣の常識的には小次郎の刀は柄共の長さが一三〇センチを超えていたはずである。実際には武蔵の木刀の方が短かったと思われる。

それに武蔵は『五輪書』でも刀の長さに頼る兵法を弱き兵法と厳しく批判しているので、武蔵の兵法に反していることが明白である。


太刀の長きを徳として、敵相遠き所より勝ちたきと思ふによって、長き太刀を好む心あるべし。世の中にいふ、一寸手まさりとて、兵法しらぬものの沙汰也。然るによって、兵法の利なくして、長きを以て勝たんとする、それは心の弱き故なるによつて、よわき兵法と見たつる也。（風の巻）

『沼田家記』の伝える決闘の原因は《双方の弟子共、兵法の勝劣を申し立て、武蔵、小次郎、兵法の仕相を仕り候》と、弟子たちによる兵法の優劣争論であった。武蔵が勝って無二のもとへ届けられたことは、小次郎の岩流と無二流兵法（当理流）の優劣争いであったこと、武蔵は無二の代わりに小次郎と試合したことを示唆している。そこは地元下関の伝承を伝えた『武州傳来記』と共通する。

これにより、小次郎を殺したのは島に隠れていた当理流の弟子たちということになるが、弟子たちの暴走か、そこに無二の指示はあったのか。推量するしかないが、もし武蔵が敗れたなら、小次郎の前に次に立つべきなのは無二である。それを避けるための手立てであったか。しかし勝負は武蔵が勝利したので小次郎を殺すことはなかったのである。やはり弟子たちの私怨による暴走と考えるべきか。

武蔵の父新免無二は足利将軍に「日下無双兵法術者」の称号を得た当理流兵法の開祖であった。武蔵は幼少時にその後嗣として無二の養子に入っていた。よほどのことがなければ大恩ある養父無二と

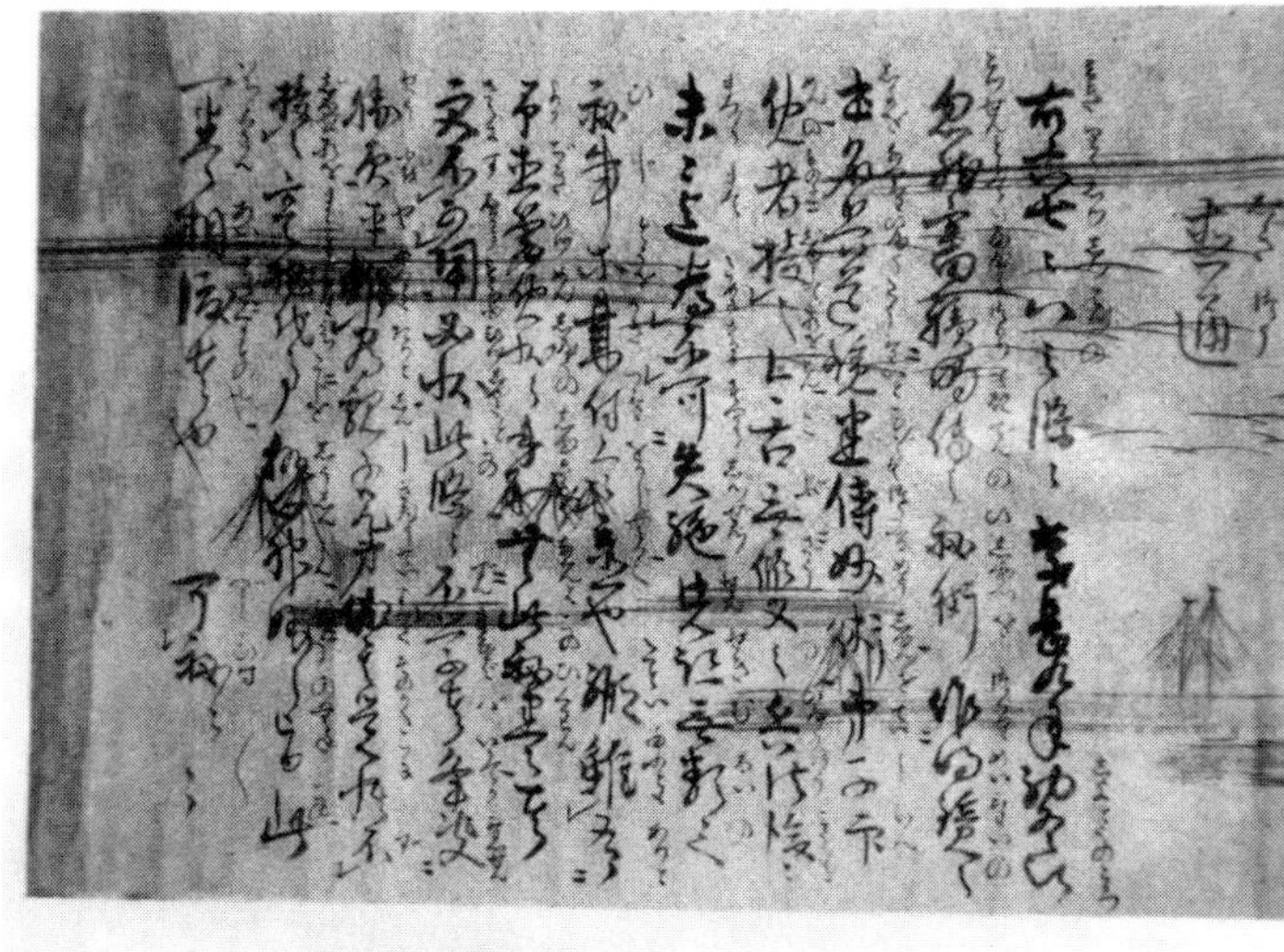

『兵道鏡』跋文（多田家旧蔵）

は別れられないはずである。しかし武蔵は慶長九年（一六〇四）初冬に円明流開祖となり自立したことを、翌十年弟子の落合忠右衛門に発行した兵法伝書『兵道鏡』（多田家旧蔵）に明記し、「円明流天下一」を称している。

●『兵道鏡』跋（読み下し）

右六七七八の條々、慶長九年初冬頃、忽然として審らかに的伝の秘術を積もり、明鏡の書を作り、兵道鏡と名づけ、儘く妙術を伝う、弟子印免の者に之を授して、今古無双の兵法、後々末々迄、失絶すべからざる為に、先跡無類の秘事等書付置かしむる也、（中略）

圓明流天下一

宮本武蔵守

藤原義軽　花押（印）

落合忠右衛門殿

参

慶長十年極月吉日良辰

自流を拓くためには、その前に当理流の父無二と決別していなければならない。

これは筆者の推測であるが、その機縁となったのが、巌流島の決闘ではなかったか。

武蔵と小次郎は約束の時刻に同時に相対し、互いに技量を尽くして戦った。武蔵は尋常の試合後に蘇生した小次郎を殺させた無二が許せなかったのではないだろうか。

「世々の道をそむく事なし」

武蔵の自誓書『独行道』の冒頭第一訓である。

いずれにせよ武蔵は父と同様、扶桑第一兵法所を唱える吉岡一門を下し、父が畏れた巌流小次郎に勝って父を超えた自覚をもち、兵法天下一の自信を得た。

『兵道鏡』跋文の冒頭《右六七七八の條々》とは、本文を、兵法の基本六条、「兵法之名表《おもて》」七条、「勝味位」七条、「奥」八条、併せて二十八箇条に分けて解説したもので、文章は丁寧で分かりやすく、二十四歳という若年でこれほど詳細な兵法伝書を書いていたことに驚かざるを得ない。

『兵道鏡』をどこで執筆したのか、落合忠右衛門は紀州和歌山藩士である。とすれば、当時は政治の中心は京都であり、諸大名の藩邸が京都にあった。また京都・東寺観智院にはこの年武蔵が滞在していた伝承があり、その証として客殿（国宝）床の間に『鷲図』を描き残し現存している。観智院で初めての兵法書を著したものであろうか。

いよいよ独立した武蔵の新たな人生がここから始まったのである。

三、大坂の陣と兵法至極の道

1、なおも深き道理を求め

円光寺・宮本武蔵修練の地碑（たつの市円光寺）

慶長九年（一六〇四）円明流開祖となったのは武蔵二十三歳の年であった。翌十年に紀州浅野藩士落合忠右衛門へ『兵道鏡』を授け、同十一年同人へ発行した印可状が伝わっている。また出身地である播磨に戻って龍野城下の円光寺を道場に門下生を指導した形跡があり、龍野脇坂藩と、弟子が転出した安芸浅野藩に幕末まで代々武蔵円明流が普及していく。三河刈谷城主・水野勝成に招かれて指南し慶長十三年（一六〇八）に勝成に与えた『兵道鏡』も残されている。このように流儀伝書の中に多少の形跡が残されているが、詳細の足跡は不明である。各地で兵法指導をしながら、その後も武者修行を続けたと考えられる。

『五輪書』に曰く

国々所々に至り、諸流の兵法者に行き合い、六十余度迄

勝負すといえども一度も其の利を失わず。其の程、年十三より二十八、九迄の事也

武蔵が諸国、諸流の兵法者と六十戦無敗の勝負をした武者修行は二十九歳まで、則ち慶長十五年（一六一〇）に終止符を打ったという。それはいかなる心境によるものであろうか。

我、三十を越えてあとをおもいみるに、兵法至極してかつにはあらず、おのずから道のきようありて、天理をはなれざるゆえか、又は他流の兵法不足なるにや

武蔵は歳三十を越えて勝負の日々を回顧し「兵法至極してかつにはあらず」と、いまだ兵法を極めたという自覚を得られていなかったことを告白している。

勝ち続けてこられたのは戦いの場で「天理」則ち自然や場の位を見極める己の天賦の才能と、相手の兵法未熟により勝ってきたと謙虚である。

京都で扶桑第一（日本一）兵法所と称されていた吉岡道場一門を下し、巌流島の決闘で小次郎を倒したこともその範疇《はんちゅう》というのである。そして、諸流の兵法者との勝負を重ねて勝ち続けても得られない、もっと大きな兵法の境地があることに気付いたと思われる。

五輪書に曰く、

其の後、なおも深き道理を得んと朝鍛夕錬《ちょうたんせきれん》してみれば、おのずから兵法の道にあう事、我五十歳の比《ころ》也

武蔵の兵法修行の道はそれまでと違うアプローチでなお、五十歳まで更に二十年の長きにわたり続いたというのである。朝鍛夕錬は剣一筋ではなかった。空白の二十年といわれていたこの間に武蔵が何をして兵法至極の境地に至ったのか、ここを知らずして熊本の武蔵を理解することはできない。

2、大坂の陣に徳川方で参戦

武蔵三十歳頃の世相を見てみよう。

天下分け目の関ヶ原合戦を経て、徳川家康によって幕府が江戸に開かれ、すでに二代将軍秀忠の御代《みよ》となり、幕府は徳川家の世襲によって継承されることが定められていた。家康は秀忠に将軍職を譲った後江戸を離れ、駿府に隠居城を構えて大御所として権威を保っており、一方まだ大坂城に豊臣秀頼がおり、世は豊臣・徳川二大政権並立の様相であった。

関ヶ原合戦に敗れて改易された西軍の大名家は八十七家、およそ五十万人もの武士が放逐《ほうちく》され、仕官を求める牢人が世にあふれたといわれる。武者修行と称して回国する武芸者も多く、武芸で名を上げ仕官に有りつこうとした。

武蔵も通説では西軍敗残兵でこの中の一人とみられていたのだが、先に考証したように実は父新免無二と共に勝ち組東軍黒田如水の下で九州の関ヶ原を戦っていたことが判明した。以後武蔵は仕官を求めていたのではなく、ひたすら兵法至極の道を目指していたのである。

再び戦乱の気運が満ち、慶長十九年（一六一四）徳川幕府による豊臣家討伐の「大坂冬の陣」が勃発、そして翌年「大坂夏の陣」で豊臣家は滅亡する。

この戦では豊臣家の募集に応じて武将級から足軽まで全国から十万人余の牢人が大坂城に集結した。豊臣方の勝利ともなれば戦功次第で一国一城の主の夢も可能と思われたのである。

通説では諸国を回遊していた武蔵も当然この時大坂城に入ったものと考えられていた。しかし筆者

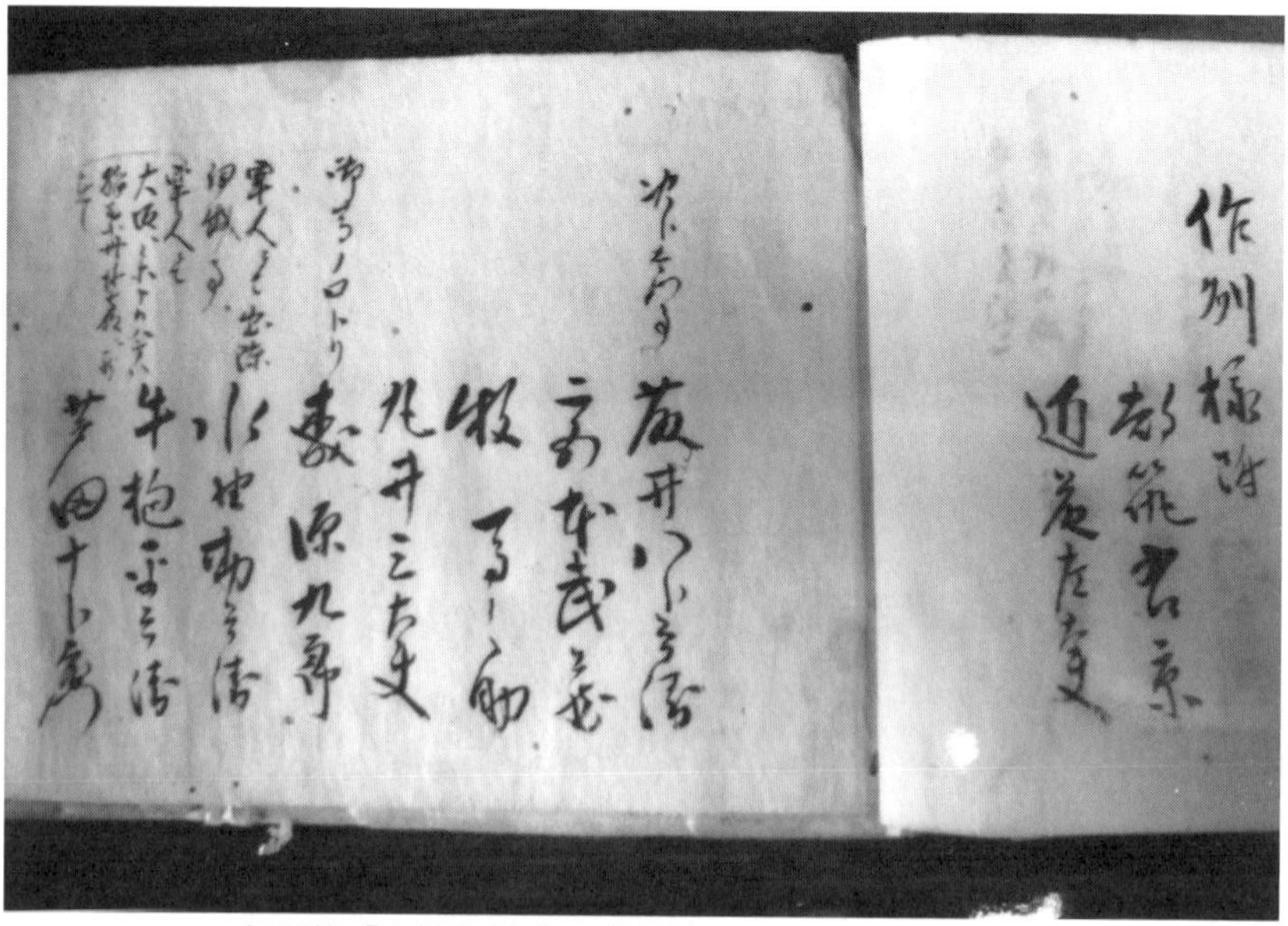

水野藩『大坂御陣御人数附覚』（福山城博物館蔵）

らの研究により、この戦でも武蔵は徳川方に参陣していたことが判明した。大坂陣当時、三河刈谷城主であった水野勝成の出陣名簿『大坂御陣御人数附覚』の中に宮本武蔵の名があったのである。

この史料によると夏の陣の水野軍の総陣容は、「総御供騎馬二百三十騎、総御人数三千二百人」となっている。士《さむらい》大将は中山外記（史料所蔵・中山文夫氏の先祖）、そして御供騎馬武者二百三十人の中「作州様附」十人の四番目に宮本武蔵の名前が記されていた。作州様とは勝成の嫡男、美作守勝重（のち勝俊）、則ち武蔵の立場は若殿勝重の護衛という所であろう。

史料発見当時、武蔵が西軍であったのは明らかであるので、武蔵と同姓同名の別人であろうと否定されていたが、宮本武蔵が慶長十三年発行した水野勝成宛兵法伝書も発見され、武蔵は水野勝成の兵法指南役であったことが判明。そうであれば勝成の依頼で初陣の若殿を後見しての出陣は十分あり得ると判断した。そして筆者らはこれを裏付ける史料をいくつも発見した。（「宮本武蔵の夏の陣」『歴研』四百号1994年）

中でも大坂夏の陣道明寺合戦において水野軍に属して戦う武蔵の様子を記録した『黄耆雑録《こうこうざつろく》』（尾張藩史料・松平君山編）は決定的であった。

一、宮本武蔵は兵法の名人なり。（中略）大坂の時、水野日向守か手ニ付、三間ほとの志ないのさし物ニ釈迦者仏法之為知者、我者兵法之為知者と書れる。よき覚ハなし、何方にて有られん橋の上ニて、大木刀を持、雑人を橋の左右へなぎ伏られる様子、見事なりと、人々誉《ほめ》られる

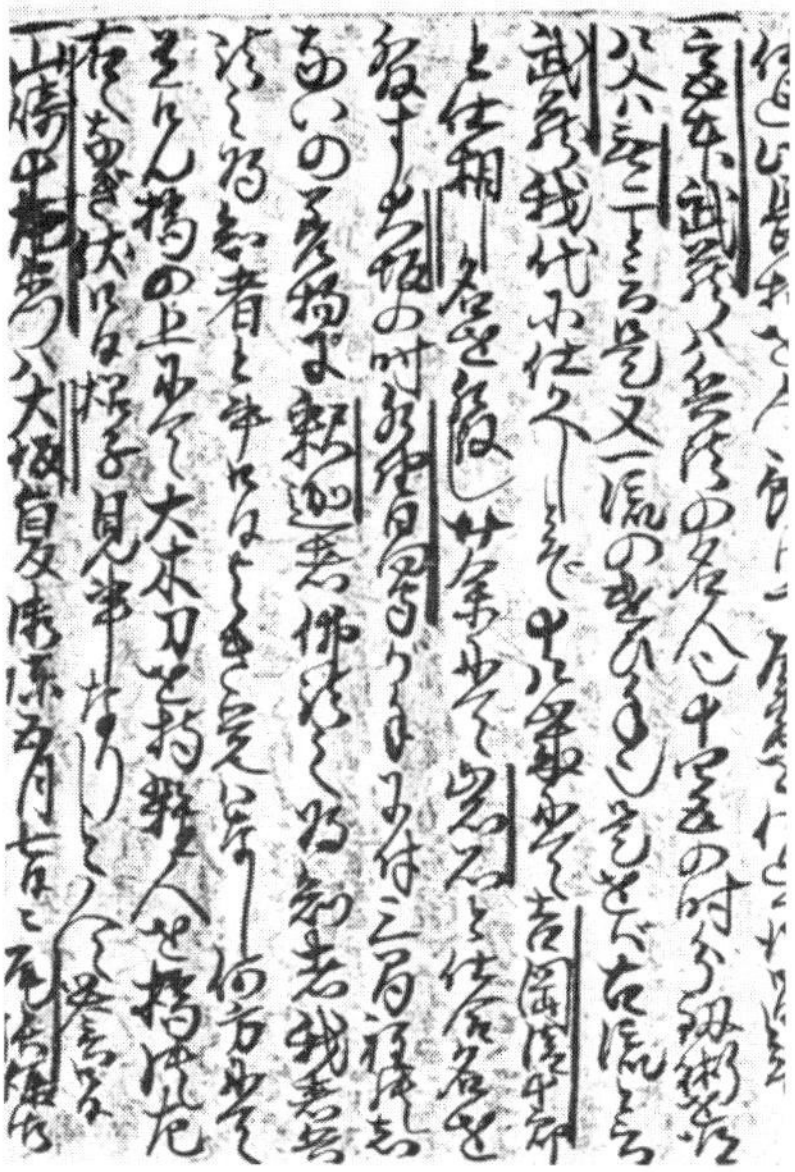

『黄耆雑録』中山文夫氏蔵写本

一つ書の中の一項目に、当時から武蔵が剣豪として有名であったことや大坂の陣中武蔵の働きを生き生きと伝えていた。この中に、「大坂の時、水野日向守の手ニ付」と明確に武蔵が徳川方水野軍に属して戦った事、則ち『大坂御陣之御供』に記録されていた宮本武蔵が正真正銘の剣豪武蔵であった事を証言していたのである。

興味深いのは、陣中の武蔵は三間ほどのというからおよそ六メートル近い大指物に、「釈迦は仏法の知者たり、我は兵法の知者たり」と大書した旗を立てていたという。仏教開祖の釈迦と並べて「我は兵法の開祖」と宣言する自信に溢れた壮年武蔵の姿が見える。

そして戦場のある橋の上に陣取って、寄せ来る敵兵を押し止め薙ぎ伏せる様子は、剣豪武蔵の面目躍如、その場にいた者は口々に「見事なり」と褒め称えていたと証言している。

水野勝成を総大将とする徳川方の大和口方面軍先鋒隊三千八百は夏の陣の五月六日、河内の道明寺方面において大坂方の猛将後藤又兵衛基次軍二千八百と激戦している。「道明寺合戦」である。水野隊と伊達政宗隊一万余の猛攻に後藤又兵衛は討死、小松山の陣を支えきれずついに山を下り道明寺に向かって敗走した。

大坂夏の陣供養塔（小松山古戦場跡）

山の下は沼地にて石川にただ一小橋の架するのみで、水野勝成が先ずこれを越えた。嫡男水野勝重ら三将がこれに続いた。時に味方の本多左京隊は進戦してここにあり、敵に追い崩されまさに潰《つい》えんとして逃げて来た。四将何れも馬を降り槍を揮《ふる》って敵兵を退け道明寺へ進撃し、薄田兼相《すすきだかねすけ》隊を撃破したという。

（『水野勝成覚書』より）

先の『大坂御陣御人数附覚』で武藏は勝成の嫡男勝重付の騎馬武者であったことを確認した。勝重を護衛して武蔵はここにいたのである。『黄耈雑録』記載の武蔵が橋の上で戦闘する場面はこの石川の小橋での事と考えられる。

水野軍は翌七日の大坂城攻めに於いても大手桜門に一番乗りの旗を立て、抜群の戦功をあげた。武蔵も大将水野勝成・勝重親子の側にあり、大いに働いたことであろう。大坂城はこの日落城。豊臣家は滅亡し、名実ともに徳川幕府の支配する天下となった。

戦後の論功で水野家は刈谷三万石から畿内の要衝・大和郡山六万石に倍加増され（四年後、備後福山十万石に追加増）家臣団も増員され陣場借りの牢人たちはこぞって仕官を果たしたが武蔵は仕官していない。なぜだろうか。武蔵が目指していたのは仕官ではなかったからである。ここに仕官を求めて回国したとする通説の誤りは明白となった。

では兵法天下一の望みを果たした後の武蔵にとって何が目標だったのだろうか。

武蔵のとった行動は意外なもので、水野家武者奉行の中川志摩之助の三男三木之助、四男九郎太郎を養子にして出身の播州へ帰ったのである。養子とって家を継がせ、自らは仕官せず兵法至極の道を究めるという新たな方策が見えてくる。百五十年続いた戦国の終わりを告げる大坂の陣は、武蔵の人生に画期となった戦であった。

3、姫路時代の武蔵

この年平和の元《はじめ》の意味を元号とした元和に改元され、のちに「元和偃武《げんなえんぶ》」と呼ばれる平和な時代の到来が宣言された。幕府は「武家諸法度」や「一国一城令」を発布して大名を統制し、二度と戦乱の

姫路城（世界遺産）

世に戻らぬように次々と手を打った。

武蔵が戻った播磨には元和三年、姫路に徳川四天王の一、本多忠勝の二代目忠政が伊勢桑名から十五万石で移封され、忠政の嫡男忠刻《ただとき》は豊臣秀頼の正室であった将軍秀忠の長女千姫を正室に迎え千姫の化粧料として別に十万石の大名となった。共に姫路城を居城とし、更に忠政の二男政朝に龍野五万石を、明石に娘婿小笠原忠真（当時忠政）を十万石で信濃松本より移封し、播州に四十万石の本多軍団が出現し、中国以西の外様諸国に睨みを利かせた。

大坂の陣では武蔵の属する大和口方面軍の先鋒水野勝成軍に続く二番隊が本多忠政軍であった。武蔵の働きが伝わったものか、武蔵は本多忠政の客分に迎えられ、三河刈谷の水野家から連れて来た養子三木之助と九郎太郎を本多忠刻の小姓として仕官させた。

忠刻は徳川家康の曾孫にあたり、将軍の長女千姫の婿としていずれ父の所領も合わせて二十五万石、更に加増され将軍を支える幕府の要人となる道が約束されていた。

武蔵の子として本多家に仕官して宮本家を立てた三木之助は忠刻・千姫夫妻に近侍し特に重用され

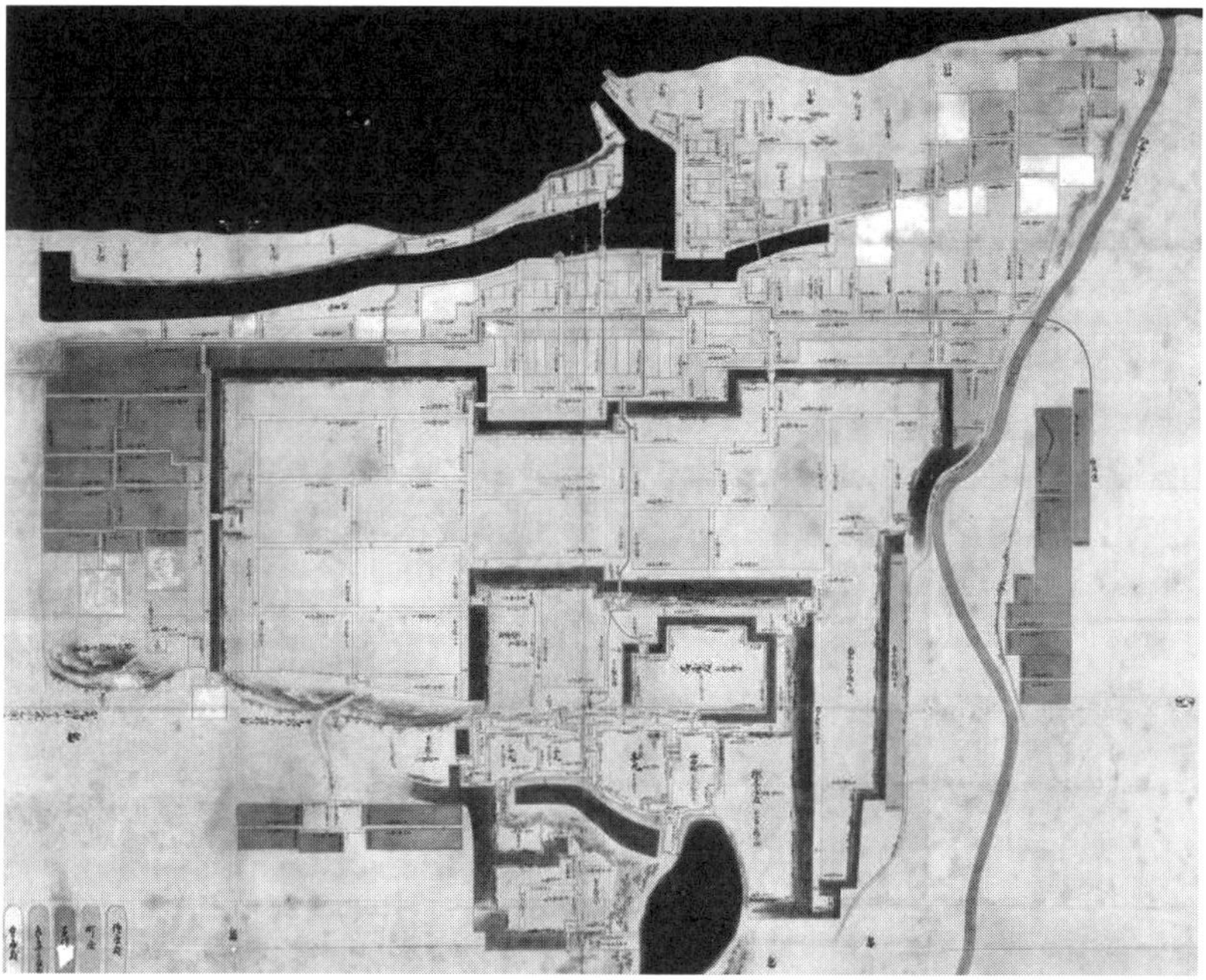

播磨国明石城下絵図（国立公文書館蔵）

たようである。やがて知行七百石の小姓頭となり、藩主と重役との間を取り持つ出頭人となっていく。

本多家譜によれば忠刻は兵法を好み武蔵に師事し、奥義を三木之助より受けたとされている。常の指南役は側近の三木之助であったようである。兵法に限らず忠刻の良き相談相手になったことであろう。三木之助の文武教養は養父武蔵による訓育の賜物《たまもの》であった。

この間に武蔵は本多忠政と明石の小笠原忠真の依頼で明石城築城時に城下の町割り（都市計画）をしていたことが『明石記』など諸史料により明らかとなった。

明石は古来より畿内の口とされ、西国街道と明石海峡という水陸両交通の要衝であった。明石城築城は姫路城と共に外様大名の群雄割拠する西国への守りとして、幕府による直轄事業であった。将軍秀忠は普請奉行三名を派遣し、築城費として銀一千貫を支給した。軍事的にも重要な町割りを武蔵に委嘱したことは、武蔵が当時江戸の将軍・幕閣にも兵法家としてその能力を認められていた証拠であろう。

武蔵が作った図面に基づき出来上がった明石の町は、港を整備し、武家屋敷と町屋区画が明確に分離され、西国街道を城の南に付け替え、城下東西の口に鉄砲長屋を配置するなど、近世城下町の完成形として高く評価されている。

武家屋敷、商人町が建設されてゆく中で武蔵は大工をはじめ諸職の道に触れ、己の兵法の道に開眼することが多かったであろう。ここで武蔵の兵法は剣のみならず、人の使い様、国の治め様にまで広がっていったのである。

4、明石時代の武蔵

寛永三年（1626）、姫路の本多忠刻が三十一歳の若さで死去した。小姓頭として側近筆頭であった三木之助は忠刻の初七日に墓前で切腹、殉死してしまう。享年二十四歳であった。今も書写山円教寺境内にある本多家廟所の忠刻墓の後ろに傅《かしず》くように三木之助の墓が据えられている。墓碑側面には「平八供　宮本三木之助」と刻まれており、平八とは忠刻の通称平八郎、いかに二人の仲が親密であったかが推量される。
○墓誌に残された三木之助の辞世
思わずも雲井のよそに隔《へだ》たりし　えにしあればや供に行く道

宮本家の跡式は弟の九郎太郎に継がせられ、名も宮本三木之助を襲名、本多忠政の大番組に召し出されて姫路藩宮本家は残った。

千姫は落飾して天樹院と号し、忠刻との間に男女二人の子を成していたが、嫡男幸千代は三歳で夭折していたため、娘の勝姫を伴い将軍家の江戸城へ戻った。

二代目三木之助は忠政と共に千姫を江戸へ送る随員に指名され、道中宿所で千姫に召し出され、忠刻の遺児勝姫にも対面している。三木之助の殉死に言葉を賜ったものと推量される。これがのちに二代目三木之助の次男小兵衛が勝姫が嫁いだ岡山池田家に召し抱えられる所以となる。

本多忠刻墓と右後方に宮本三木之助墓
（書写山円教寺本多家廟）

忠刻は無嗣改易となるが、所領十万石の内六万石が、明石で小笠原忠真が養育していた兄忠朝の遺児長次に与えられ、龍野に封じられることになった。

前の龍野藩主・本多政朝は五万石のまま家臣団総てを引きあげ姫路城に移ったので、忠真は小笠原家の家臣団を二つに割り、家老以下信州以来の家臣多数を長次に付け龍野に送り出した。これにより半減した明石家臣団は姫路から忠刻の遺臣を吸収することで補填したのであろう。

武蔵もこの時に小笠原忠真に招聘され本多家臣団と明石へ移った。忠刻の家臣団が明石に融和できるようにとの配慮だったのかもしれない。忠真より仕官を勧められるが固辞し、代わりに手元で訓育していた武蔵の甥、姫路領印南郡米田村郷士・田原久光の次男・伊織十五歳を養子として忠政の児小姓に推挙、新たに明石宮本家を立てさせた。

『武州伝来記』は伊織を推挙する武蔵の言葉を伝えている。

打ち込みに召仕われ候ては御用に立ちがたし。御側に召し置かれ、御家老衆へ何ぞ御内用等の取次ぎをも仰せ付けられ候はゝ、畢竟《ひっきょう》御用に相立ち申すべき由申し述《の》ぶ

武蔵は伊織には本多家の三木之助同様、藩主側近にあって能吏《のうり》の道を目指させたのである。

伊織には仕舞《しまい》を教へられる、武州平日仕舞を致されしとかや

そして当時の大名や武家の嗜み能を教えた。

武蔵と伊織は忠真の側で藩政に活躍、忠刻の遺臣を吸収した合併家臣団を統率し、民政にも地縁を活かした抜群の手腕を見せたのであろう。五年後の寛永八年（一六三一）、伊織は弱冠二十歳の若さで藩の執政職（家老）に抜擢された。新参の若者が格式高い小笠原家臣団の上に立って統率する力量があるとは思われず、後見の養父武蔵がいなければ考えられない事である。ひとえに人の使い様から国の治め様まで、武蔵兵法の成果であろう。『五輪書』に曰く、

おのずから兵法の道にあう事、我五十歳の比也。其れより以来はたずね入るべき道なくして光陰を送る

この年武蔵五十歳、兵法悟道の境地に至る。

5、文化人武蔵

兵法の利にまかせて諸芸諸能の道となせば万事において我に師匠なし

と言い切る武蔵。明石での足跡は、いくつかの寺院に武蔵作と伝わる庭園が現存する。また明石城三の丸に「御樹木屋敷」と呼ばれる大規模な池泉回遊式庭園を一年かけて築造したことが藩の史料に書かれている。そこは蹴鞠《けまりば》場など遊興所や御茶屋を備え、藩主の迎賓館として使われた。

明石城内「武蔵の庭園（模擬）」

小笠原家は鎌倉幕府以来、当主が将軍家へ武家礼法を伝える家として特別な名家であった。忠真の許へは京大坂から著名な高僧、学識者、諸芸諸能の文化人の訪問が絶えず、武蔵作の御樹木屋敷がその文化サロンとして機能したであろう。武蔵も交流の場に加わり、そこからさらに兵法の幅を広げたと考えられる。

この頃の作と推測される武蔵画に公卿の烏丸光廣や儒者の林羅山、京都妙心寺の大淵玄弘など当代一流の文化人が賛を書いており、武蔵のハイレベルな人脈と四十歳代には文化人として高い評価を得ていたことが判る。のち熊本時代に開花する武蔵筆の書画名作の素養はこの時代に培われたものであろう。

宮本武蔵画／林道春賛『周茂叔図』
（岡山県立美術館蔵）

◎『周茂叔図』林羅山賛《現代語訳》

濂渓翁《れんけいおう》（周茂叔《しゅうもしゅく》）は儒学の祖・孔子《こうし》の正統を継ぐ人だ。
彼の教えは、秋の月光が明々《あかあか》と胸の中に差し込むように浸透し、
流れる雲や光や風も、何人《なんぴと》にも門を開いて塞《ふさ》がれることはない。
彼の出身地春陵《しょうりょう》の門は、月の宮殿・廣寒宮《こうかんくう》のように輝いている。
後学の林道春《どうしゅん》が謹《つつし》んで賛《さん》する。

◎『遊鴨図』烏丸光廣賛

空に飛《とぶ》
翅《つばさ》わすれて
山風の
波をこころに
あそふ鴨鳥《かもとり》

宮本武蔵画／烏丸光廣賛『遊鴨図』（岡山県立美術館蔵）

四、小倉時代と島原の陣

1、武蔵大分の兵法を極める

明石小笠原藩における武蔵と養子伊織は、民政にも兵法と地縁を生かした抜群の手腕を見せたのであろう。藩主小笠原忠真の期待以上の活躍をした証しが、伊織が十五歳で小姓に仕官してわずか五年後の寛永八年（一六三一）、忠真によって藩の執政職（家老）に抜擢された事実である。伊織はまだ弱冠二十歳であった。

徳川譜代きっての名門小笠原家にあっては一門衆のほか、創業期の信州深志譜代、下総《しもうさ》古河譜代、信州飯田譜代、松本譜代と、歴代古参家臣のある中で、最も新しい明石新参で家柄もなく戦功もない若者が、歴々の重臣を越えて藩政を司《つかさど》る家老に就任するなど常識では考えられない事である。ではなぜそんな異常人事が実行され、藩に受け入れられたのだろうか。この事実に注目すると、隠れた武蔵の大いなる兵法家としての姿が見えてくる。

前回に見た城下の町割りや造園、文化的貢献だけでなく、忠真側近の伊織を通じ、国の治め様という大の兵法を駆使した武蔵の働きが藩政に多大の貢献をし、その力が今後も継続して必要だと認められたからではないか。伊織の破格の昇進は武蔵の存在と働きが家柄・戦功にも勝ると評価されたからとしか考えられない。

武蔵は『五輪書』において兵法を「武家の法」と捉え、武士として自ら武具をもって戦う法を「一分の兵法」、家臣団を使って国を治め民を養う法を「大分の兵法」と表現している。実際の体験無くしてそれが説《と》けるだろうか。大分の兵法を駆使して伊織を家老にまで押し上げたことで、兵法至極の境地に至り、副次的に「宮本家」が小笠原藩の名家として定着した。

ただ剣術のみでなく、国の治め様までも兵法と捉えて朝鍛夕練を積んだ武蔵の、兵法を極めた満足の心の内を見る思いがする。のちに『五輪書』に《おのづから兵法の道にあう事、我五十歳の頃也》と記した武蔵五十歳時の出来事であった。

2、明石から小倉へ

伊織が家老に就任した明くる寛永九年（一六三二）は、日本史上も熊本の歴史上にも大きな変動の年であった。年初に二代将軍秀忠が薨去し、名実ともに三代将軍家光の時代が始まった。そしてこの年、名将加藤清正が築いた熊本城主・肥後熊本五十四万石の大大名加藤忠廣が嫡子光正の不始末をきっかけに改易となる。

その理由には徳川幕府による豊臣恩顧大名の意図的な取り潰し説など諸説あったが、筆者が『肥後加藤家改易の研究』*により、藩主忠廣による不行跡と、幕府に無断で妻子（側室と側室が産んだ一男一女）を国許に連れ帰った幕府法度違反が決定的原因であることを論証した。＊『熊本城』誌に連載の後『加藤清正と忠廣―肥後加藤家改易の研究』として2019年ブイツーソリューションより刊行。

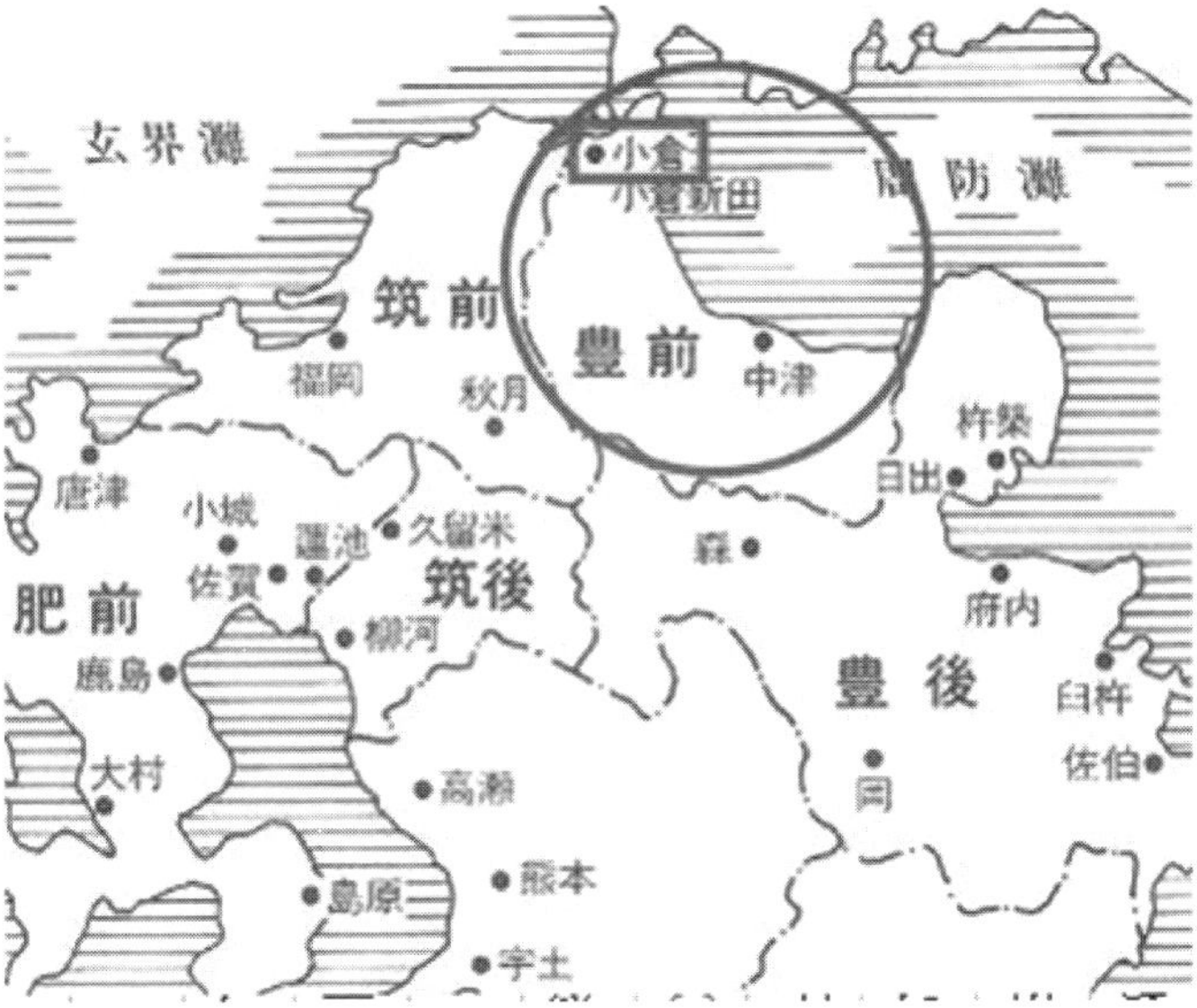

小笠原家豊前領（円内）

細川忠興をはじめ「加藤忠廣父子の切腹・御家断絶」が当時大方の予想であったが、初代清正の徳川家への功績により将軍家に命を助けられ、忠廣は出羽庄内へ配流処分となった。

加藤家の跡の肥後へは豊前の細川忠利が加増移封され、その跡の豊前へ小笠原一門の四家が封じられた。一門の宗家である小笠原忠真が明石十万石から小倉十五万石に、忠真の甥で龍野六万石の小笠原長次が中津へ八万石で、忠真の弟の能見松平家を継いだ松平重直が三田三万石から竜王へ三万七千石で移封され、同じく忠真の弟で将軍側近の奏者番にあった小笠原忠知が豊後木付（杵築）四万石に新規取り立てられた。合わせて三十一万石の譜代小笠原軍団が外様大藩ひしめく九州の抑えの役目を担って配置されたのである。その頭領が宮本伊織を家老に戴く小倉小笠原藩であった。

小笠原藩『御当家正伝記』に当時の将軍家の意向が次のように記されている。

豊前国ハ九州の要《かなめ》の国成ニ依て右近様（忠真）を置かれ候、何事においても替事《かわること》有る時ハ早々上聞に達すべきとの上意也…去に依て九州大名衆ハ、右近様ハ九州御目付と何れも思召なり。

忠真はそれまで播州本多軍団の与力大名としてのんびり構えておればよかった立場から、今度は自藩のみならず小笠原一門四家の頭領としての目配りと、九州諸藩の目付の役目を果たさなければならなくなった。宮本伊織は家老としてその実務を取り仕切る要となる。そこで忠真は家中の一門衆や信州以来の譜代老臣達を飛び越えて、伊織に家臣団筆頭の二千五百石の知行を与えた。

伊織則ち武蔵である。新しい領地の治世に兵法家としての武蔵の能力が期待されたのであろう。そのため武蔵は小笠原藩を離れることはできず、伊織に付いて明石から小倉へ移ったのである。

姫路本多家でも二代目三木之助の宮本家が続いていたが、ここにおいて九州移転の武蔵とは遠く離れることになった。

時に武蔵五十一歳、心気最も充実した時期に当たる。

黒田・鍋島・細川・島津など九州諸大名から幕府の九州探題、目付と畏怖される存在となった小笠原藩。その家老としての宮本家と陰の武蔵の力を理解しなければ、熊本へ至るこの後の武蔵を正しく理解することはできない。本当の武蔵は仕官を求めて廻国していたとする通説とは次元が違う、はるかに安定した高い境遇にいた。

3、小倉時代の武蔵

武蔵を家祖とする小倉宮本家は武蔵の養子伊織を初代とし、小笠原藩の小倉移封時から二百四十年後の廃藩置県の明治まで家臣団筆頭の家として代々続いた。筆者が取材した宮本家十二代信男氏（故人）は、ひとえに家祖武蔵と初代伊織の功績ゆえと語られた。

藩主代替わり毎に発給される知行宛行状の宛名は常に「宮本伊織殿」であったことがその証であろう。

戦前まで宮本家に伝来した武蔵の肖像画があった。武蔵自筆の賛と落款があるので唯一の武蔵生前肖像である。おそらく伊織が子孫に伝えるために画かせた宮本家の家祖尊像であろう。今は失われて

宮本武蔵賛・武蔵肖像（宮本家旧蔵）

いるが、戦前の郷土誌『豊前』の口絵に残されているので紹介する。
武蔵の賛は次の通り。

春風桃李花開日
秋露梧桐葉落時
是兵法之初終也　宮本武蔵義軽（花押）

漢詩は唐の詩人白居易の「長恨歌《ちょうごんか》」の一節である。春秋の自然を兵法の極意に仮託したものか。実名の「義軽」は「よしつね」と読む。円明流を創設した二十代の若き日から兵書に名乗りはじめたことが『兵法先師伝記』に記されており、その由来に、《先師年若き時、我が武勇源義経に比すといはれしが、直に義経と号せられしと言伝ふ》とある。「経」「軽」どちらも音は「ケイ」であり、古くは同音異字の当て字で使われていたことは『古文字字叢』（柏書房）でも事例を上げて証明している。

この肖像の制作時期は明石・小倉の小笠原藩時代、兵法を極めて自信に満ちた五十歳ころと推測される。即ち武蔵はこの名を二十歳代から五十歳の頃まで実名として使用していたのである。今よく知られている「玄信」の名が史料的に現れるのは後の島原の陣に有馬直純へ宛てた書状が最初である。

画像は髪黒々として顔に壮年の凛々しさがある。注目すべきは武蔵好みの木柄《きづか》の刀を刀掛に置き、右手に筆を持った座像であること。その意図は武蔵直筆賛『春風』と合わせて考えるならば、「武家の

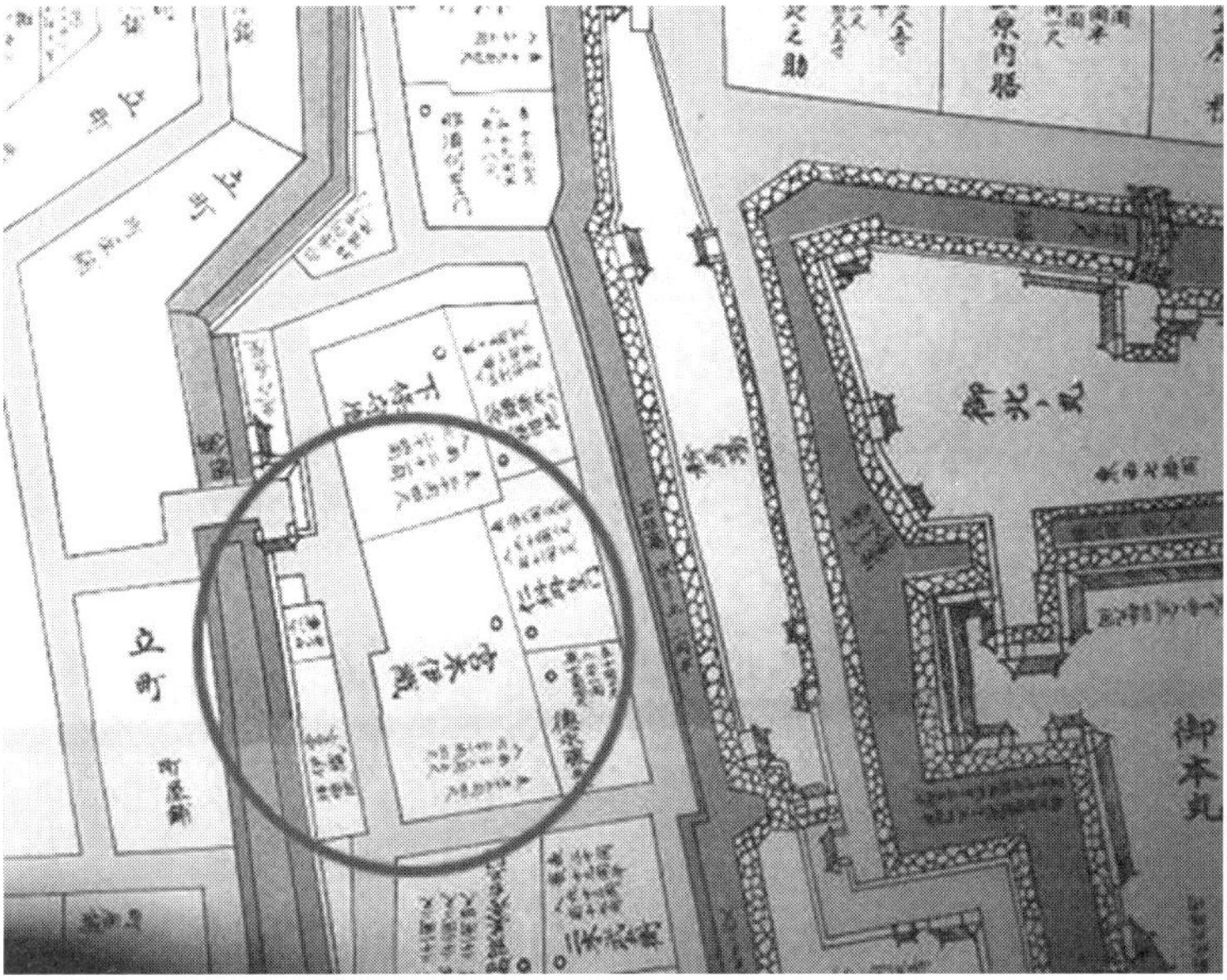

小倉城屋敷割図の宮本伊織屋敷（円内）

兵法の極意は平和。武器を納めて文治にある」と藩政を執る立場の宮本家に教訓したものか。原画は彩色で肩衣は赤であったという。失われたのが惜しまれる。

宮本家屋敷は本丸の西、城下から小倉城内へ外堀幅八間半（十六m）の橋を渡った城門の虎口にあり、表間口五十五間四尺（約百m）、南間口二十六間五尺（約五十m）の広大な角屋敷で城門を守っていた。（現・思永中学校）

4、武蔵と又兵衛

豊前京都《みやこ》郡豊津に藩主であった小笠原家の祖霊を祀る小笠原神社があり、社頭に「宗伯之槍、武蔵の剣」と漢詩に刻んだ『双雄之碑』がある。小笠原藩では宝蔵院流槍の高田又兵衛宗伯と武蔵の剣は長い間小倉藩武門の象徴とされていた。

小倉藩歴史叢書『鵜《う》の真似《まね》』（小島礼重著）に興

味深い二人の逸話がある。

宝蔵院流の鎗は真鎗也。或時高帚《たかぼうき》にて掃除の節、箒崩れ柄の鎌十文字に残りけるを見て其利を工夫して十文字鎗を始めしと申伝ふ。高田又兵衛宗伯殿は十文字の名人なりし。或時宮本武蔵殿、久し振り立会ひ申すべきとて、以前立合はれし事もあり、立合これ有る跡にて、最早や貴殿は素鑓に成され然るべく申されし由、名人に妙あるもの也。暗に鑓術の本意を言当て玉ふとて老人の物語る也。

武蔵が久しぶりに相手をしようと又兵衛に声をかける所は、武蔵が兵法の上位にある。以前にも立ち合ったとあるが別書に藩主御前試合の逸話もある。勝ち負けは書かれておらず、その次元のものではない。立合いの後、武蔵が又兵衛に「十文字槍をやめて素槍にした方が良い」と助言したのを、さすがに武蔵は名人、槍術の本意を突いていると感心した老人の話である。

武蔵没後、「又兵衛の槍を見たい」との将軍家光の願いで又兵衛が小倉より呼ばれ、病床の家光に十文字槍の演武を見せ賞美された史実がある。武蔵と又兵衛は小倉藩の誇りであった。

5、文化人としても超絶

伊織が建てた武蔵顕彰碑『小倉碑文』には、武人としての武蔵の実績をを讃えた後、さらに、

礼・楽・射・御・書・数の文に通ぜざる無し、況《いわん》や小芸功業をや、殆《ほとん》ど為して為さざる無き者か、蓋《けだ》し大丈夫の一体なり

と、六芸《りくげい》に通じ文化人としても万能であったことを証言している。

同時代の人『渡辺幸庵対話』には《武蔵事は武芸は申すに及ばず詩歌・茶の湯・碁将棋とて諸芸に達す》とある。

武蔵自身が『五輪書』に「兵法の利にまかせて諸芸諸能の道となせば、万事において我に師匠なし」と述べており多才であったことは事実であろう。

一例として万治二年（一六五九）刊行『鉋屑集』に小倉時代の武蔵の俳諧が載せられているので見てみよう。

巻一　梅

鑓梅《やりうめ》のさきとをれかな春三月

宮本氏武蔵无何

巻二　寺にて雨乞の会に

あみだ笠やあのくたら〱夏の雨

小倉住　宮本武蔵无何

のびやかでユーモラスでもあり俳号が「无何《むか》」（**無何＝無**）であるのも面白い。俳諧の会で楽しむ武蔵の姿が微笑ましく、通説の他人に心を開かない狷介《けんかい》なイメージは払拭される。

家老となった伊織が肝に銘じた父武蔵の教えは「無私」の心であった。『碑文』に曰く、

武蔵常に言う、兵術を手に熟し心に得て一毫《いちごう》も私無ければ、則《すなわち》戦場に於いて恐れること無く、大軍を領する事も又国を治めることも豈難《あにかた》からんやと

武蔵は常に言っていた、毛ほどの私心なく物事に当たれば必ず何事も成就《じょうじゅ》するのだと。伊織がその教えを軍事で実践する時が来た。

6、島原の乱に出陣

寛永十四年（一六三七）十月島原天草の乱が勃発、翌十五年一月、小笠原忠真にも出陣命令が下った。先の小倉藩『鵜の真似』にその時の将軍との逸話が宮本家の力量を物語っている。

宮本伊織殿は名高き侍にて有りし由。島原一揆起り候に付き、九州諸侯残らず下知有之御帰国也、その時殊の外道を急ぎ諸家御帰城也。将軍家より御尋ねには、その方留守には家老は誰を置き出府致し候哉と有りければ、宮本伊織を置き申し候段仰せ上げられければ、伊織留守に居り候へば気遣いなし、早々帰城致し候らへと上意有りし由。有難き事にして君臣共に武門の面目此上あるべからず、貴《とうと》かるべし。

この頃は将軍にまで「小笠原家の家老に宮本伊織有り」と認知され、絶対の信頼を得ていたことを

伝えている。それを小笠原藩の君臣共に武門の名誉、貴いことと有難がっているのである。それは伊織が武蔵の子ゆえであろう。

このとき伊織はまだ二十七歳、島原の陣が初陣であった。にもかかわらず、小笠原軍中備《なかそな》えの侍大将と惣軍《そうぐん》奉行を命じられ、事実上の総指揮を執ることとなり、その役割を見事に果たせたのは、父武蔵の戦場経験と計略あればこそであろう。

近年、忠真の甥で中津八万石・小笠原長次の出陣名簿「旗本一番備」に武蔵の名が発見され、この時武蔵は長次の後見に付いて中津藩から出陣していた事が判明した。

実はこのことはおよそ三百年前に書かれた福岡黒田藩に伝わる二天一流伝記『武州伝来記』（一七二七）に記録されていたが、その武蔵の行動が超絶していて創作ではないかと考えられていたのだ。しかし、この新史料の発見により、改めて史実として見直されている。（読み下し）

一、寛永十四年より翌十五年に至って、肥州原ノ城に賊徒楯籠り、西国の諸将、人数を引きて嶋原に至り原の城を責めらる。武州、其の時は小笠原右近将監殿、御頼みにて、御同姓信濃守殿、御若輩ゆえ後見として出陣せらる。初めより終いまで、鎧は着け玉はず純子《どんす》の廣袖の胴着を着し、脇指を二腰さし、五尺杖をつき、信州の馬の側らに居らる。城乗の時、賊徒、石を抛《なげう》つ。馬前に来る石を、石がまいると言葉をかけ、五尺杖にてつき戻し、落城におよんでは、例の薙刀にて、数人薙伏せられしと也。

武蔵出陣の事情は、忠真の懇望により、甥の中津藩主長次の後見に付けられていたことが判る。それは我が子同様に育てた（大坂陣で戦死した兄の忘れ形見）長次の身を守護するため、忠真たっての請願であった。城攻め布陣図を見ると小倉藩と中津藩は陣場も隣り合わせ、小笠原軍の軍議の場には忠真、長次、武蔵、伊織の姿が揃っていたと考えられる。

武蔵は「初めから終いまで」総攻撃の戦闘の最中でも鎧《よろい》は着けず廣袖の胴着姿であったという。武蔵は高齢でもあり我が身を守る事より機敏に動ける身なりを重視したのであろう。常に馬の轡《くつわ》を並べて長次の馬側に居り、その身を守護していた。原城総攻撃の時も、長次の側を離れず城乗りし、馬前に飛び来る一揆勢の石を、その都度「石がまいる」と長次に言葉をかけて注意を促しながら、五尺杖にて叩き落して進んだという。武蔵ならでは、常人にはとても真似の出来ないことである。

7、陰《かげ》に徹して生きた武蔵

これに関して有名な日向県《あがた》藩主・有馬直純に宛てた武蔵書状に、「石にあたり、脛《すね》立ちかね候につき、伺候仕らず」と、陣中見舞いに行かない事のことわりを書いているのを、武蔵の不覚の様に解釈する向きがあるが、文意は全く逆である。この書状はそもそも有馬直純の方から書状を受けた返書である。文面を読み下しで検証しよう。（①②③と棒線は後の解説のため）

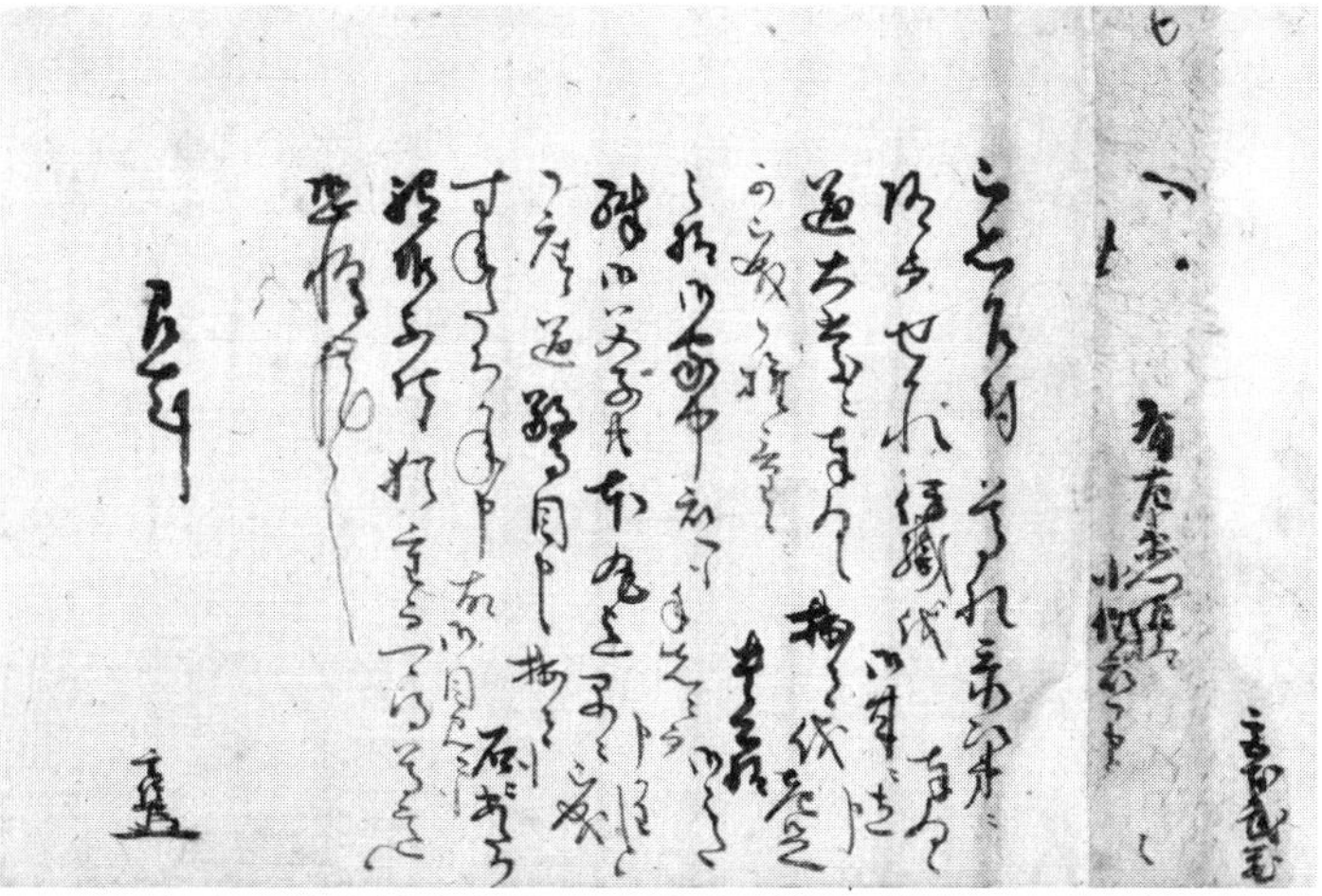
宮本武蔵自筆書状有馬直純宛（吉川英治記念館蔵）

（端裏）　　　　　　宮本武蔵

有馬左衛門佐様　小姓衆御中

①思召さるに付、尊札忝《かたじけな》き次第に存じ奉り候。随《したがっ》て
せがれ伊織儀御耳に立ち申し、遍《ひとえ》に大慶に存じ奉り
候。拙者儀老足、御推量成らせられるべく候。貴公様
御意の様、御家中衆へも手先にて申しかわし候。②殊
に御父子共、本丸迄早々に御座成られ候。遍に驚目申
し候。
③拙者も石にあたりすねたちかね申す故、御目見にも
祇候仕らず候。猶重ねて尊意を得べく候、恐惶謹言。

即刻　　　　玄信（花押）

武蔵返書の目的は三つ、
①一つは直純から息子伊織の武功を証明・賞美されたことへの礼である。
②一つは依頼された直純・康純父子の武功の証明である。直純親子が早く本丸へ乗り入れた武功を証明するとともに、③自分がその場にいたことや、武蔵自身が敵の抛つ石

の降る中を、城乗りした武功を誇っているのである。小笠原忠真に託された長次の身を一揆勢の石礫《いしつぶて》から我が身を盾に守りきって本丸まで乗り入れさせた武功は大きい。石に当たって当たり前、不名誉であれば大名への書状にわざわざ書く必要はないのである。中津藩の負傷者名簿一四八人の中に武蔵の名前はなかった。出陣者名簿の『長次肥州有馬陣記』には負傷した者の名には「手負い」と付記されているが、武蔵の名前の上には何も付記されておらず無傷の扱いであった。大した傷ではなかったという事だ。

それよりこの書状は武蔵が小笠原一門の小倉藩、中津藩だけでなく延岡有馬藩にも頼られる存在だったことを証明している。さらに細川藩も家老長岡佐渡守が陣中の武蔵に音信《いんしん》（贈答）を届けていたことが後の武蔵書状で明らかとなった。改めて武蔵の陰の力の大きさをこそを認識すべきであろう。

伊織の大将としての武功は有馬直純書状で証明されただけでなく、福岡太守黒田忠之はわざわざ小笠原藩の陣営を訪れて忠真の前で直にその働きを賞美し、伊織に自分指料の備前宗吉を授けている。

宮本家系図「伊織貞次」の項に曰く、

同十五戊寅二月従干　公、肥州有馬浦出陣、干時侍大将、此時廿六歳、惣軍奉行兼、
傳曰《つたえていわく》、城攻之日、筑州太守黒田忠之公、於　忠真公御陣営、貞次被召出、
此度之働御褒詞《ごほうし》之上、御指料之御刀備前宗吉賜之、
同年自肥州御帰陣之上、御加恩千五百石、都合四千石ヲ領ス

一揆鎮圧は恩賞の原資がない中、戦後の論功行賞で伊織に千五百石もの大加増が成され、宮本家は四千石の大身となった。次席家老の大羽内蔵之助が二千石、藩主一門の小笠原帯刀でも千五百石の小笠原藩では破格の処遇である。これは伊織の功績だけでなく、陰に武蔵の働きがあったからである。忠真をはじめ君臣の宮本家への信頼はさらに高まり家は磐石となった。

この後武蔵は小倉を離れ、諸国回遊の旅に出る。武蔵の心境を測るならば、伊織に不足していた武功の誉れが付いた今、もう教えることはない、陰は無用、これ以上居ては伊織のために無益との判断であろう。時に武蔵五十七歳、以後「二天」と号す。

第二章　細川忠利と武蔵

細川忠利肖像（永青文庫蔵）

一、武蔵熊本へ来《きた》る

1、武蔵書状到来──松井家と宮本家

長岡佐渡守興長の屋敷があった二の丸附近

寛永十七年（一六四〇）、島原天草の乱二年後の七月、熊本城二の丸にある細川藩筆頭家老・長岡興長の屋敷へ宮本武蔵からの書状が届いた（写真参照）。

興長は本姓松井、官位佐渡守。禄高三万石。初代康之の軍功により秀吉から山城国（現京都府）に百七十石余の知行地を与えられ、徳川の天下に変わっても家康より与えられたため、細川家の家臣でありながら、将軍家直参でもあるという特殊な家柄であった。そのため松井家は江戸時代を通じて自家及び将軍家代替わりごとに江戸へ参勤するという、大名に准じた格式であった。熊本の支城八代の殿様として知られているが、八代城代となるのは武蔵没後の事で、当時は筆頭家老として二の丸に広大な屋敷を構え、藩主細川忠利を支えていた。

興長と武蔵は天正十年（一六八二）生まれの同年である。「巌

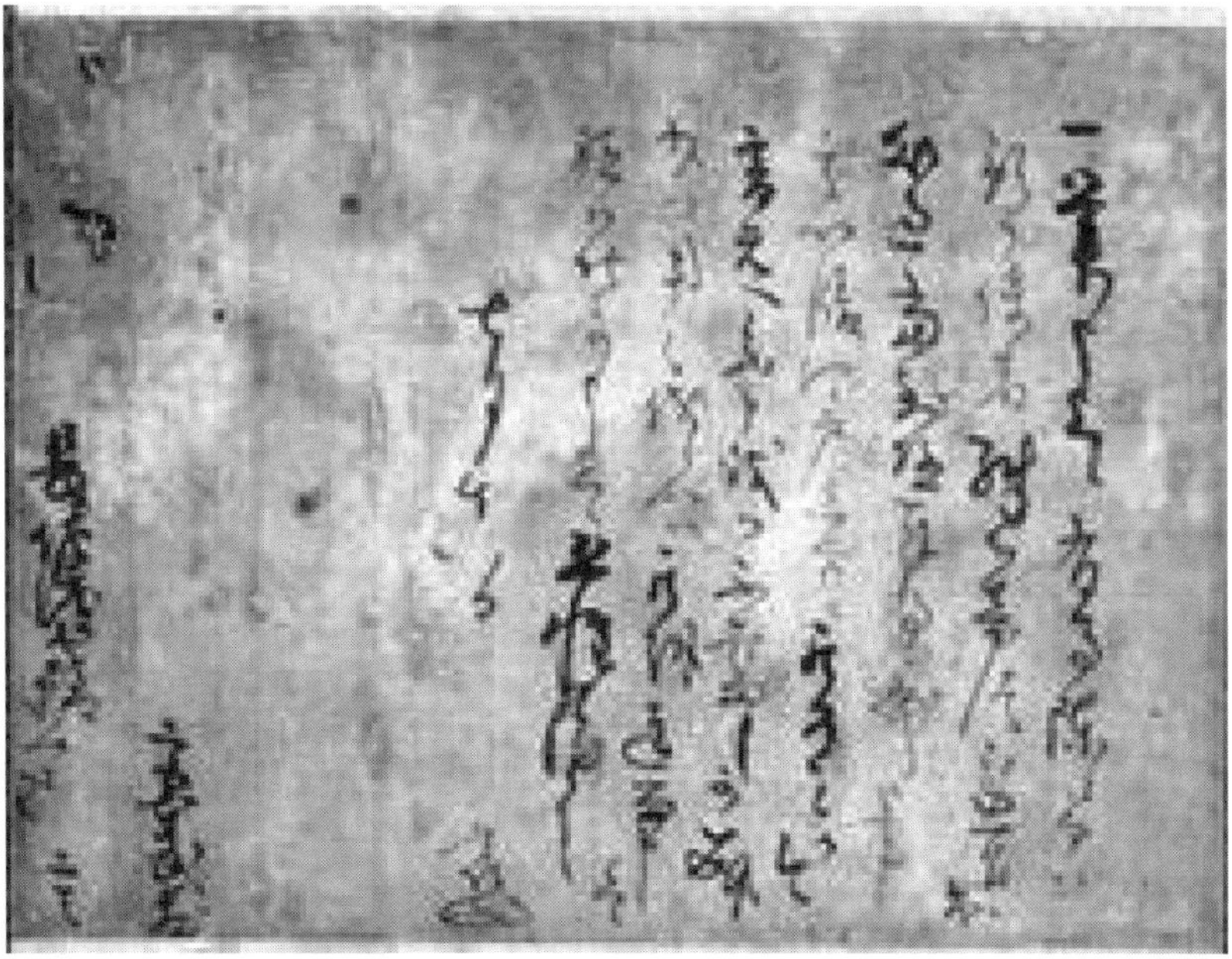

宮本武蔵自筆書状・長岡佐渡守宛（八代市立博物館未来の森ミュージアム所蔵）

流島の決闘」に関する細川家史料『沼田家記』の記録に、試合のあと武蔵を門司城代であった沼田延元が匿《かくま》い、豊後に居る武蔵の親無二のもとに送り届けたという記述がある。そこから、無二と武蔵は当時松井康之が城代として治めていた豊後杵築を拠点に豊前・豊後細川領内で兵法指南をしていたと推察され、興長とはその頃からの交誼であろう。

寛永九年（一六三二）肥後加藤家の改易に伴う大名移動において、細川家が豊前から肥後へ移封され、その跡に宮本伊織が家老を務める小笠原家が入封した。細川家史料によれば、豊前に残って小笠原藩へ城地引き渡し実務をしたのは筆頭家老の長岡興長であった。一方小笠原藩側で請け取り実務を担当したのは家老となっていた武蔵の養子・宮本伊織であろう。そこには陰の参謀であった武蔵もいて、興長と旧交を温める場面があったのではないだろうか。

まず二人の親交が窺える武蔵書状を読み下しで見てみよう。

一筆申し上げ候、有馬陳にては、御使者に預かり、殊に御音信思召し出さる処、過當至極に存じ奉り候、拙者事、其の以後、江戸・上方に罷り在り候が、今爰元へ参り申す儀、御不審に成らるべく候、少しは用の儀候へば罷り越し候、逗留申し候はゞ、祗候仕り申し上ぐべく候、恐惶謹言

七月十八日　　　　　　　　　玄信（花押）

（ウワ書）

宮本武蔵

長岡佐渡守様人々御中　　　　二天

書状は有馬陣（島原天草の乱）において、興長より音信（贈答）を受けた礼で始まっていた。大藩の筆頭家老である興長がなぜ武蔵にわざわざ使者を遣わし音信を届けたのだろうか。立場が逆のように思えるが、前回の考証で証明したように、武蔵は九州諸藩の目付的存在であった小倉小笠原藩の家老宮本伊織の父であり、陰の支えであった。伊織が二十七歳の初陣で島原の陣の惣軍奉行として采配を振るい、軍功第一として、名実とも筆頭家老の地位を固めたのも、武蔵の陰の力のなせる業である。興長はそのことをわかっていた。武蔵の力量と立場が興長に敬意を表されるレベルにあったということであろう。武蔵の熊本来訪と滞在はこのような認識の下で始まっていたのである。

2、熊本に至る命終の旅

書状に武蔵は有馬陣の後、江戸・上方を廻っていたとしている。小倉を離れた理由は、養子の伊織が有馬陣の後小笠原藩の筆頭家老として盤石の地位を固めたのを見届け、これ以上の滞在は無用、伊織のためにならぬとの判断によると推察した。宮本家の家は伊織に託し、余生を兵法伝道と命終の地を求める終活の旅に出たものと考えられる。本書状に注目すべきはもう一つ、初めて「二天」と道号を署名しており、出家した武蔵の心境をうかがう事ができることである。

小倉を出たのは島原の乱の翌、寛永十六年とすれば、武蔵の親族に異変があった年である。最初の養子三木之助の二代目三木之助（九郎太郎）が、仕える姫路本多家の畿内大和郡山への移封により姫路から大和郡山へ移っている。また第三の養子、小倉宮本家の伊織の実父・田原久光（宮本系図では武蔵の兄）が死去している。

武蔵がこれらの家を訪れたかはわからないが、これまで「熊本への道」で見て来たように、武蔵の画に賛をした者だけでも江戸に将軍家侍講の林羅山あり、京に公卿歌人の烏丸光廣や禅僧の大淵玄弘あり、小倉から江戸までの道中には交流した多くの文化人がいたはずで、彼らや兵法の弟子たちにも久々に再会したであろう。結果的に武蔵の人生で最後の旅になったのである。

そして武蔵は再び九州へ戻った。小倉にも立ち寄ったであろう。熊本へ来る前に福岡にしばらく滞在した形跡もある。それは福岡黒田藩の二天一流弟子筋の伝記にある記事である。

●『武州伝来記』（丹治峯均著、一七二七）

一、武州老年に至り、命終の所を極むべしと存じ立たれる。古郷と云、武勇と云、黒田の御家か、又は兵法数寄にてある間、細川の家かに致すべしとて、先ず筑前に下られる。忠之公、聞こし召されるに附き、或時表へ御出の節、御家老中其の外列座の面々へ仰せられるは、兵法天下無双新免武蔵と云者、博多へ下着す、三千石にて召抱へ左京殿光之公のことなり師匠に致すべし、と御意成らせられる。いずれも思ひ掛けなきことゆへ御受け申す人もなし。其の後亦二三日すぎ、表へ御出成らせられる。先日の武州は異相なる者にて若き人の師匠には成りがたし、其の上、仕官の望みこれ無き者と聞く、無用に致すべしと、御独り言に仰せられしとかや。

この逸話は著者丹治峰均（本名・立花専太夫）にとって自藩内の出来事である。寛永十七年（一六四〇）七月に肥後細川藩に現れる直前の出来事と想定されるので、出所は当時忠之の信任厚く黒田藩家老職であった峯均の実父黒田（立花）重種か、峯均の大伯父で壮年時に武蔵の弟子として随仕した体験を持つ小河権太夫あたりではないか。武蔵は福岡に来ると小河家に足を止めていたとの伝承があり、権太夫は老年露心と号し、峯均に武蔵の事をよく語り聞かせたという。同書には権太夫の武蔵との立ち合いの体験が載せられている。まず武蔵の福岡滞在は事実であろう。

3、黒田忠之の無念

福岡藩主黒田忠之はこの二年前の島原陣にて武蔵の養子伊織の見事な采配を賞美して、わざわざ小笠原家の陣屋を訪れて伊織を呼び出し、小笠原忠真の前で称賛し軍功の証拠にと自分の脇差を授けている（宮本家系図）。その伊織の父武蔵が福岡城下に現れた。忠之は小笠原藩での武蔵の活躍をよく知っていて、武蔵の養子伊織の育成を見て、武蔵を嫡男光之の師匠にしたいと願ったのであろう。

ここで家老重役の誰かが忠之の意を受けて武蔵を取次ぐ者があったなら、武蔵はこのあと熊本へ向かわず福岡を命終の地としていたかもしれない。それは黒田家か細川家かいずれかにと考えた武蔵が、まず最初に黒田家の福岡城下に現れていたからである。黒田家は播磨姫路に起こった大名家であり、武蔵の生誕地に近く、家臣団の大半が播州の者で占められていた。かって父無二が仕えていた家であり、黒田家が豊後中津時代に武蔵自身も慶長五年の豊後石垣原合戦や、安岐城、富来城攻めには父と共に黒田軍の一員として働いたゆかりもある。武蔵が終命の地の候補にしたということは十分に考えられる。

しかし重臣たちの同意が得られないと見て、忠之は武蔵採用をあきらめた。世に名高い「黒田騒動」で重臣栗山大膳と対立し黒田藩を改易寸前にした後でもあり、ここは家臣団との軋轢は避けなければならない忠之の心情を斟酌《しんしゃく》すべきであろう。

「武州は異相なる者にて光之の師匠には成りがたし。其の上、仕官の望み、これ無き者と聞く。無用に致すべし」の独白はさぞや不本意であったことであろう。まして、そのあと黒田家とは犬猿の仲の細川家が武蔵を抱えたとあっては、気性の激しい忠之の性格からしてなおさら無念であったと思われる。

この時十二歳であった嫡子光之としても天下に名高い宮本武蔵を兵法の師に迎えられなかった思いが、のちに細川藩を致仕した武蔵の孫弟子に当たる二天一流三代目柴任美矩を三百石で召抱える下地になったのかもしれない。また後に光之は小倉藩主小笠原忠真の長女市松姫を正室に迎えている。輿入れの差配をしたのは武蔵の子で筆頭家老の宮本伊織であろう。

4、喜悦する細川忠利

武蔵の熊本入りについて、細川家文書など一次史料を検討する前に、二次史料であるが二天一流弟子筋が伝える武蔵来熊時の様子を見てみよう。二つあり、一つは福岡藩の『武州伝来記』、前項の、福岡を訪問した続きになる。

其の後、肥後に至る。越中守殿、甚だ悦喜にて、何分にも望みに任せらるべきと也。武州、御答へに曽て仕官の望みなき段は、異なる貌《かお》にても御察し成らるべし。肥後にて命を終るべしと存じ罷り下れり。何方へも参るまじ。御知行はもとよりの事、御米にてもきまりて下さるに及ばず。兵法に値段つきて悪し。鷹をつかひ候様に仰せ付け候へと也。越中守殿、御許容ありて、台所辺の入用は、塩田濱之丞取りまかなひ、其の身は曽て存ぜず。鷹をてにして折々野へ出でられ、雨天にてもしかじか尻もかかげず、衣服のぬるるをも厭《いと》ひ無く徘徊せられしと也。

細川忠利が武蔵の来訪を大変喜び、待遇は望み次第にと仕官を誘ったが、武蔵はもとより仕官は望まず、ただ肥後で命を終えたいと滞在を希望した。待遇については「兵法に値段がついてよくない」と知行・合力米を断り、鷹狩の許可のみを求めたという。忠利は武蔵に鷹狩を許し、日常の世話を塩田濱之丞に命じ費用は武蔵には知らせなかったと伝えている。

塩田浜之助は実在の人物で武蔵と勝負の逸話もあるが、武蔵が鷹狩をしたという逸話は熊本には残っていない。武蔵生前を知る弟子である二天一流三代目・柴任美矩が伝えたとする話であり、幾分か真実が含まれていると思われる。

一方、熊本藩内の伝承では細川忠利の招聘により迎えられたとされている。

『二天記』の原書となる『武公伝』の記事を見てみよう。

●『武公伝』（豊田正剛・正脩著、一七五五年）

武公御国に逗留のこと岩間六兵衛を以て御尋あり、則《すなわ》ち御側衆坂崎内膳殿まで口上書を以て言上あり。

我等身上の事、岩間六兵衛を以て御尋《おたずね》に付、口上にては申上かたく候間、書付御目に掛け候。

一、我等事只今迄奉公人と申して居候処は一家中もこれ無く候。年罷寄り、其上近年病者に成候へば、何の望も御座無く候。若《もし》逗留致候様仰付られ候はゞ、自然御出馬の時、相応の武具をも持せ参り、乗替の一疋も牽《ひか》せ参り候様にこれ有候得ばよく御座候。妻子とてもこれ無く、老体に相成候ば、居宅家材等の事など思いもよらず候。
一、若年より軍場へ出候事、以上六度にて、其内四度は其場に於て拙者より先を駈候者一人もこれ無く候。其段はあまねく何れも存知の事にて、尤も証拠これ有り候。然り乍ら此儀を以て全く身上を申立て致し候にてはこれ無く候。
一、武具の拵様、軍陣に於て夫々に応じ便利成る事。
一、時により国の治め様の事。
右は若年より心にかけ、数年鍛練致し候間、御尋に於て申上べく候、以上。
寛永十七年二月　　　　　宮本武蔵判
坂崎内膳殿
忠利公より月俸十七口現米三百石を賜、蓋《けだ》し遊客たるを以て諸士の列に配らず人持着座の格也。居宅は熊本千葉城の高き所也。

忠利の命で武蔵に待遇の望みを訪ねさせたとする岩間六兵衛は、元は小倉小笠家の家臣で将軍家養女として忠利室となった小笠原忠真の妹千代姫付の用人として細川家に入った人であった。『先祖附』によれば祖父は武田大膳大夫晴信。かの戦国最強の武将と畏怖された甲斐の武田信玄である（長男義信の子）。武田家滅亡の後、小笠原家に召し抱えられたとされる。忠利の妻として千代姫は武家諸法度の定めにより江戸定府であり、六兵衛も江戸定詰であった。実家と婚家を繋ぐ情報のパイプ役である。

小笠原藩家老宮本伊織の父として小笠原家に尽くしてきた武蔵への使者としては最適任である。

そうすると寛永十七年二月は忠利も江戸在府中であり、これは江戸での話ということになる。客分とはいえ、小笠原家に多大の貢献をした武蔵を熊本に迎えるには、両藩主の間でやりとりがあったとも推測される。

5、武蔵の待遇

『武公伝』によると、武蔵は忠利からの招聘を受け、待遇のお尋ねに対しては口上書を忠利側近の坂崎内膳に宛て遣わしたとある。しかしこの口上書は確認されていない。これを史実として引用する例が多いが如何であろう。

仕官の話は断って滞在のみを望んでいるのはよい。「老体に相成候へば、居宅家財等の事など思いもよらず候」の文言は武蔵が臨終前に残した『独行道』の「老身に財宝所領用いる心なし」「私宅において望む心なし」に沿っている。

しかし、生涯に六度戦場を踏み、四度まで一番駈けをしたなどというのは史実に無く、武蔵が言うはずもない。ここに至って口上書は武蔵の意向を推量して作られたものと判断される。口上書はともかく、熊本での待遇についてこのような経緯のやりとりがあったことは考えられる。

その他の事項はどうか。忠利が国元の熊本に帰着するのはこの年六月。それに合わせて武蔵が下向したとすれば、七月十八日付長岡佐渡守へ書状で到着を知らせた事実と合致する。

宮本武蔵屋敷跡より天守を見る（千葉城跡）

「忠利公より月俸十七口現米三百石を賜」という所も「月俸十七口」は藩の奉書に見える「七人扶持合力米十八石」の表現を変えただけで事実である。

「遊客たるを以て諸士の列に配らず人持着座の格也」もその通りであろう。

「居宅は熊本千葉城の高き所也」の証言も事実。武蔵が五年間住んで弟子たちを指導し、そして臨終を迎えた居宅の場所は「千葉城の高き所」則ち今のＮＨＫ放送局跡地であった。中世菊地一族の出田氏が最初の熊本城を築いた地で藩の賓客を遇するにふさわしい場所といえる。

ところが現在その北側の崖下、日当たりの悪い六工橋際に「宮本武蔵旧居跡」碑が立てられている。根拠は『肥後國誌』の記事、としているのであれば誤解である。同誌の「宮本武蔵塚」の項末に割注で《翕巷云、宮本武蔵ハ千葉城ノ下上林橋ノ邊ニ住セリト云》とあるが、これは近代明治になって増補刊行したときに編者の水島貫之が書き加えたもので、原書『肥後國志』の記事にはない記事である。「翕巷《きゅうこう》」は水島の号で、《翕巷云＝私水島の考える所》という意味で根拠は示されていないのである。

『二天記』と『武州傳来記』の記事はいくぶんの相違はあるが、矛盾するほどではない。忠利が武蔵を望み、喜悦して迎えたというところに相違はないのである。武蔵が熊本への道中に福岡へ立ち寄ったとしても、『武州伝来記』の記述は黒田家に仕える意思があったと考えたい黒田家側の事情であり、本人は真っ直ぐ熊本を目指していたと考えたい。

武蔵は御客分の待遇で、日常生活費として月俸七人扶持十八石が支給されることになったが「この奉書は武蔵には見せてはならない」と忠利の注意書きがあり、武蔵の意向に沿う気くばりが感じられる。この四ヵ月後に更に奉書が出され、武蔵に玄米三百石の合力米が支給されているが、これについては奉書が出された時期に何があったのか、後で考証したい。

6、武蔵の用の儀・目的

「少しは用の儀候へば罷り越し候」と武蔵は書状に告げている。細川家の伝承をもとにするならば、用の儀は忠利の招聘により参上したという事であり、興長は不審に思うどころか武蔵の来訪を待ちわびていて、忠利は喜悦して武蔵を迎えた。武蔵は細川藩の賓客として、以後五年間にわたり熊本城内に滞在してこの地に没している。その間、家中に兵法を伝授し、忠利に『兵法三十五箇条』を呈上、最終的には『五輪書』を書き上げて没していることから、武蔵の来熊の目的は細川藩、命終の地熊本に兵法を遺す事にあったと思われる。

二、武蔵招聘の理由

1、武蔵へ忠利の熱い想い

これまで「熊本への道」で武蔵の足跡をたどりその実像を明らかにしてきた。武蔵は確かなだけでも水野勝成、本多忠政、小笠原忠真など徳川縁戚譜代の有力大名に招かれ客分として活躍した。その生き方は望まれても仕官せず、養子を立てて自ら政治の表に立たず、何者にも縛られぬ自由の身で兵法求道の道を歩いてきた特異な武士であった。仕官の望みがないから戦場においても首取りをしない。個々の戦いより大所高所からいかにして勝つかの道を探っていたのである。武蔵の言葉で言うなら「夫《それ》兵法と云事、武家の法なり（五輪書）」上は将軍・大名から下は兵卒に至るまで武士たる者のあるべき道（武士道）を求めた哲人であった。

武蔵が熊本に現れた寛永十七年（一六四〇）七月中旬は新暦の九月初旬に当たる。夏の暑さが峠を越した涼風の季節であった。細川藩筆頭家老の長岡佐渡守興長を介して肥後五十四万石の太守細川忠利と対面し、細川家の客分として遇され、城内千葉城の高屋敷を居宅に与えられ逗留することになった。

来熊した武蔵に対する忠利の想いはどうだったのであろうか。忠利はなぜ武蔵を熊本に招聘したのであろうか。今回はその謎を考察する。

忠利の正室は二代将軍秀忠養女で小笠原忠真の妹千代姫である。兄妹共に徳川家康の曾孫にあたる。その関係で、忠真が信濃松本より播州明石に入封し、元和五年（一六一九）に新城を築いた時には、当時豊前小倉の領主であった細川家から旧本城の中津城の天守閣が明石城の建材として贈られている。この時に明石城下の町割りを担当したのが武蔵であった。

のち細川家が寛永九年（一六三二）に熊本へ移封された跡の小倉に忠真が入封し、中津には忠真の甥・小笠原長次が八万石で入封するなど、両家は後々まで深い縁で結ばれてゆく。忠利の嫡子で後に細川藩二代藩主となる光尚は忠真の妹が産んだ子であり、以後細川家に小笠原の血が入り、これが「細川は将軍家の爪の端」と呼ばれる所以となる。この四人はいずれも武蔵と深い関係を結んだ大名であった。

武蔵への招聘は千代姫付の用人岩間六兵衛を介して江戸で行われたという（武公伝）。六兵衛は小笠原家から千代姫の輿入れに従って細川家に入った者であった。

このように小笠原家は細川家と深い縁戚にあり、まして小倉は細川家から引き継いだ領地である。忠利は小倉時代の武蔵の立場と活躍をよく承知していたと考えられる。則ち武蔵がただの剣豪ではなく、養子にした若者を小笠原家に出仕させて瞬く間に筆頭家老にまで育て上げた政治的力量と、小笠原家で見せた文化人としての高い教養をも認知していたはずである。

武蔵の画に賛をした将軍家侍講の林羅山は忠利とも親交があり、同じく『遊鴨図《ゆうおうず》』に賛を書いた公卿の烏丸光廣の孫娘は忠利の嫡男光尚の正室となっている。共に忠利とも深い関係のある文化人たちで接点があったのである。

2、忠利と武蔵は初対面か？

こうしてみると、忠利は武蔵と事前に対面していても不思議ではない。その機会はなかったのだろうか。

直近の可能性は来熊二年前、細川家筆頭家老の長岡興長が武蔵に音信を贈った島原の陣であろう。音信にも忠利の意向があったと思われる。武蔵は中津の小笠原長次を後見して出陣し、自ら長次を先導して本丸へ乗り入りながら、延岡藩主有馬直純の依頼を受けて直純父子の軍功の証人になるなど軍監的な役割も見られるからである。

小笠原藩は幕府の九州探題的な役にあり、そのため島原の乱鎮圧後に小笠原家の小倉に幕府軍の諸将が集められ、江戸より将軍の上使として太田備中守資宗《すけむね》が小倉へ下り、慰労と論功の沙汰が下された。この時忠利は三月末より四月初めまで武蔵が居る小倉に六泊も滞在している。対面したとすればこの時か。

（『綿考輯録』より）

忠利君も佐渡・頼母を召し連れられ、三月二十六日熊本御発駕、（中略）二十九日小倉に御着き成され候。

忠利は家老を両人つれて来るように命じられ、長岡興長と有吉英貴（頼母）を同道した。この時、上使の太田資宗は諸大名を五日も待たせ遅れて四月三日に小倉に到着している。乱鎮圧の上使・松平信綱と戸田氏鉄もこの日に小倉入りした。この上使到着を待つ滞在の日々を忠利がどのように過ごしたかは明らかではないが、小倉小笠原藩の史料にはこの時、「上使並びに諸大名方小倉逗留の内、忠政公（忠真）御物入りは莫大の御事也」と諸大名の長い小倉滞在とその接待が大変であったことが記されている。

その上使及び諸大名の宿舎から食事までの大変な接待の中心には、小笠原藩家老であった武蔵の養子・宮本伊織がいたはずである。忠利ら諸大名へは伊織より上使の動向が連日伝えられたであろう。無為な滞在の日々の慰めに、武蔵は知友の長岡興長を訪ねたであろうし、その時に忠利に対面していたのではないだろうか。史料によればこの時の忠利の宿舎は「菊屋如庵」とされており、小倉城内ではなかった。

四月四日、小笠原家菩提寺の開善寺に諸大名と家老が集められ、乱鎮圧の慰労と論功の上意が告げられた。乱の当事者、島原藩主松倉勝家は領地没収、唐津藩主寺沢堅高は天草領四万石を没収の厳しい沙汰が下された。一方、忠利へは島原陣での数々の軍功、ことに本丸一番乗り、大将天草四郎の首を討ち取るなど「比類なき軍功に（将軍の）御感斜めならず」と最大級の称美を受け、佐渡・頼母両家老へも「右の趣其方たちへも宜しく申し聞かすべく旨の上意なり」と伝達され皆満足して帰国の途に就いた。

忠利は五日に小倉を発ち、中津経由で羅漢寺に止宿、日田・小国を通り、杖立温泉に入湯、十日に熊本に帰っている。

また、翌寛永十六年三月下旬に忠利は江戸へ参勤、改めて将軍家光より直々に島原の陣の功績を賞美され、翌十七年五月初旬まで在府している。長岡興長への武蔵書状から、この間に武蔵も江戸に滞在していたと推測され、忠利が岩間六兵衛を武蔵の元へ派遣して招聘したとすればこの時であろう。

それは武蔵と対面後と考えた方が自然ではないだろうか。

3、奉書に見える忠利の気遣い

忠利の武蔵を迎えた対応は当時の藩の『奉書』等に残されている。忠利代に出された奉書は三通あり、まず最初の史料を見てみよう。（永青文庫蔵・熊本大学付属図書館寄託）

●寛永十七年八月十三日

一、宮本武蔵ニ七人扶持合力米拾八石遣候、寛永十七年八月六日より永相渡者也

寛永拾七年八月十二日　御印

奉行中

右御印、佐渡守殿より阿部主殿を以被仰　請、持せ被下候、右之御印を武蔵ニ見せ不申、御扶持方御合力米ノ渡様迄ヲ能合点仕やうニ被仕候へと、被　仰出旨、主殿所より佐渡殿へ奉書を相添候を、佐州より被仰聞候也

よく問題になる「武蔵の待遇が低すぎるのではないか」「武蔵の評価が低かった証拠」などという議論はいかがであろう。それは武蔵の立場を理解されていないからではないか。

武蔵がどこにも仕官はしないことは当時周知の事であったと思われ、また細川家としても幕府の九州目付役にある小笠原藩筆頭家老の父に対し、禄を下し召し抱えるわけにはいかないのである。武蔵の立場が分かると、この奉書は忠利の心遣いであったことが理解できる。招聘し、滞在してもらう上は日常の賄い費は支給しなければならない。

武蔵は一人で熊本へ来たわけではない。数人の弟子を同道していた。氏名の確かなものに、武蔵没後に松井家に仕えることになる岡部九左衛門、増田市之亟がいる。市之亟はまだ十七歳の若者であった。他に武蔵の兵法を熟達した高弟・竹村与右衛門もいたはずで、与右衛門は後に熊本から尾張へ派遣されて尾張円明流の祖となっている（光尚代に解説）。

「七人扶持十八石」はそれら武蔵一行の賄い費と考えられ、俸禄ではないのである。

最も重要で注目すべきことは、この奉書に忠利の肉声が付記されている事。すなわち、

「右の御印を武蔵に見せ申さず、御扶持方御合力米の渡し様迄をよく合点仕るように仕られ候へ」と、武蔵には奉書は見せず（内密にし）、失礼にならないように支給せよと、忠利の念の入った気遣いが明記されている事である。

よく知られている武蔵への「合力米三百石支給」はこの後の別の奉書であり、二人の事蹟と共に後で解説する。

4、忠利は兵法好きの殿様

武蔵は『五輪書』地の巻序文で当時の武士に対し、「今、世の中に兵法の道、慥《たしか》にわきまえたると云

武士なし」そして、「兵法の道にはすく人まれなり」と指摘して嘆いている。

しかし数ある大名の中でも細川忠利の兵法好きは当時から有名であった。武芸に熱心で、特に剣術においては若い頃から疋田文五郎より新陰流を、松山主水より中条流を習い、後には将軍家指南役柳生新陰流の柳生宗矩に直接師事している。そして寛永十四年（一六三七）宗矩から白紙の免許状と秘伝の『兵法家伝書』を授与されたことは有名である。

細川家史料に、武蔵を迎える直前の江戸参勤中に、剣術に熱心な将軍家光に従って柳生宗矩邸を訪れて稽古していたことを記す書状が残されている。

●寛永十七年三月朔日付嫡子光尚宛書状部分

一昨日、上様あざぶ近所御鷹野にて我等も御供ニ被召連《めしつれられ》、（中略）それより柳生所へ御はいり被《な》成《され》、暮《くれ》候迄兵法候て、上様も被遊《あそばされ》、無残所《のこるところなき》御機嫌《ごきげん》ニ而、御料理《おりょうり》御酒盛《おさかもり》無残所《のこるところなく》候。

また忠利は将軍の御前で宗矩の嫡子・柳生十兵衛と立ち会い、技量を賞美されている。

上意ニ而、但馬守殿嫡子十兵衛三巌《みつよし》殿と忠利君御剣術あり、家光公日頃《ひごろ》被聞召及《きこしめされおよび》候ニ不違《たがわず》と御感有之《ごかんこれあり》。（綿考輯録）

柳生十兵衛は幼少から祖父石舟斎の再来といわれた兵法の達人で、十三歳の時に家光の小姓に出仕して以来、家光の剣術の稽古相手を務めた。二十歳の時に家光の勘気に触れ柳生谷に籠り兵法研鑽に努め、諸国漫遊の後寛永十四年三十一歳で家光に再出仕、寛永十六年に兵法の術理『月の抄』を著すなど最も技量充実していた頃である。

その十兵衛と対戦して家光から「日頃の評判通り見事なり」とその技量を讃えられたことは、忠利の実力が相当高度な域にあった証であろう。

5、沢庵和尚に兵法の疑問を問う

この年五月に忠利は国許へ帰国の途に就いたが、帰国途上にも兵法の事が気になって、柳生宗矩の術理にも大きな影響を与えた沢庵禅師に兵法の質問状を送っていたことが、近年の高濱州賀子の研究で明らかとなった。正にこの七月に武蔵が熊本へ来て忠利と対面することになる。

『細川家文書【故事・武芸編】』（熊本大学文学部附属永青文庫研究センター編・吉川弘文館二〇一四年刊・解説高濱州賀子）より写真を引用、釋文を読み下しで考察する。沢庵は将軍家光の帰依を受け、当時は沢庵のために開基した品川の東海寺に住持したばかりの頃である。

●「細川忠利書状并沢庵返簡状」

小田原より

拝上　沢庵和尚様　細越中

まいる

（本文）

少し尊意を得たき事御座候間、飛脚を以て申し上げ候。（中略）

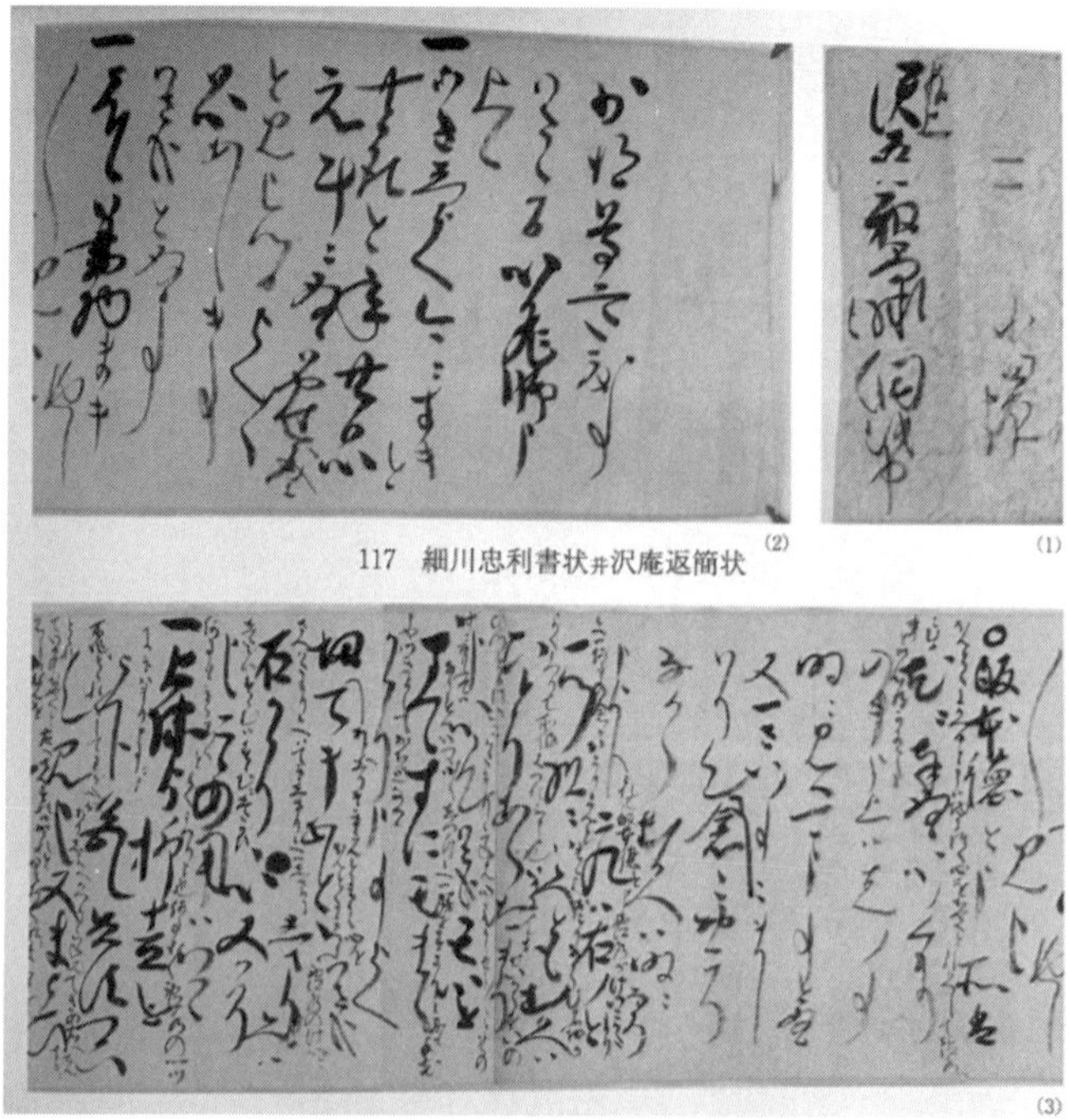

「細川忠利書状并沢庵返簡状」『細川家文書【故事・武芸編】』104 頁

一、下され候御書物、巻き返し〳〵見申し候。
○阪本徳と申す所は尤もに存じ奉り候。心のくもりのき申す上は、先の事明らかに見え申すべきと存じ候。また一切の事に交わり候て念々おこりながら向かえば明らかになり申す由、これは右のと一つ様に候へども、向かえばひとり改まり申す心にて候や、その心を捨てずにそのままかかり申す事よく御座候や。
扨、敵あとへすざり候へば、右かかり候心、また変わり申し候。ここの用はいかが。

冒頭に「小田原より」とあるので、忠利の帰国の旅は始まったばかりの頃の書状である。

文面にある沢庵から「下され候御書物」とは何であろうか。国許へ帰る忠利に沢庵が与えた兵法に関する書物である。「巻き返し〳〵見申し候」とあるから巻子本であろう。巻き取りながら読み進め、何度も巻き戻して繰り返し読んでいる様子が目に浮かぶ。中々難解の書物であるようだ。即座に浮かぶのは沢庵が柳生宗矩に求められて著した『不動智神妙録』である。剣禅一致を説き、柳生宗矩の『兵法家伝書』にも影響を与えたとされる。これを沢庵は忠利にも与えたのだろうか。あるいは別書か。

ここに幾つもの問いが沢庵に投げかけられている。更に書状の続きを見てみよう。

一、上様より柳生十兵衛を下され、色々兵法を使い候て見申し候。又、迷い申し候。先より急にかかり申し候時、かかるよと存ずる心候へば、その心引きとりにくく御座候、この時はいかが。

一、敵の気に合いて出候事、よく候由、上意と承り候。合いて出候て、当たる当たらぬ際にて念を返して見候へば、打出すか、又は、待つか見へ申し候。打ちいたし候へばよく、互々待ち申し候時、又行き詰まり申し候。

一、敵の気に我を合わするとは、何と心へたる事にて御座候や。

6、柳生の兵法に迷う忠利

「上様より柳生十兵衛を下され、色々兵法を使い候て見申し候」とあるのには少々驚く。

将軍家光が忠利の兵法稽古のために、あの柳生十兵衛を下されたというのだ。忠利を伴って度々柳生宗矩邸を訪れていたことといい、この一文にて家光と忠利が将軍と外様大名という垣根を越えて、まるで知友のごとき親さにあることが察しられる。

そして忠利は、十兵衛と稽古を重ねる中で、「又迷い申し候」と疑問が一層深まったようで、ここで更に三つの問いが加えられている。

次には兵法の師・柳生宗矩の教えが理解できず、その疑問を問うている。

一、但馬暇乞いに参られ候時、申され候は、何もかも出候はば、何れも悪しくなり申し候、せいこう水一つにて、余の事少しもなくかかり候へ、先ずは敵教え候とばかり心得候へと申され候。尤もわけは聞こえ申し候へ共、せいこう水をよく浮かめ申さず候段、合点参りかね申し候。

一、兵法のせいこう水と申し候わけ、今少しよく仰せ聞かされ候て下さるべく候。

下され候御本をよくよく見申し候はゝ、後々は合点仕るべく候。返事共御難しく御座候わん間、いつにてもお心の向き候時、この返事は下さるべく候事。

一、ただ尊く存じ奉り候。在所へ参り着き候はゝ、書状を以て申し上ぐべく候。申しても〳〵天下の安〳〵とこれ有るべきことを、折々御物語仰せ上げられ候はゝ、何よりも天下の御慈悲たるべく候。恐惶謹言

五月廿日　　　　　　忠（花押）

「但馬暇乞いに参られ候時」というのは忠利の帰国に当たり宗矩が別れの挨拶に来た時。兵法の極意のようなことを教えてくれたが、宗矩の言う「せいこう水」というのが今一つ理解できないとして、沢庵に教えを乞うている。

難問なので返事はいつでも気の向いた時でよいと忠利は書いたが、沢庵はこの忠利書状の行間に直接細字でびっしり回答を書き込んで七月二十二日付書状に付けて一緒に送り返した（前頁書状写真）。そうした方が忠利の理解を得やすいと沢庵が判断したからであろう。それで貴重な原本が細川家に残ったのである。

沢庵の回答文は省略する。『細川家文書【故事・武芸編】』を参照いただきたい。沢庵の返事を見て忠利の迷いの雲は晴れただろうか。武蔵と対面したのは正にその時期に当たる。

ここでは武蔵を迎えたこの時期に、忠利がいかに兵法に熱心に取り組んでいたか。そして将軍家光の支援下、柳生宗矩・十兵衛、沢庵と、当時最高峰の指導者たちに直指導を受けながら、なお納得できない深い兵法の疑念に捉われていたことを一次史料で確認した。忠利が武蔵を招いた理由には、柳生流では得心できなかった兵法の迷いの雲を晴らしたいという強い思いがあったのではないだろうか。

三、秘密の御前試合

1、武蔵の風貌

武蔵が熊本へ来訪した時の年齢は五十九歳であった。人生五十年の時代にあっては相当な老人である。その頃の風貌はどのようであっただろうか。

宮本武蔵肖像部分（宮本家旧蔵）

武蔵の肖像は多く伝来しているが、ほとんど後世に描かれたもので生前のものは皆無に等しい。唯一、子孫家である小倉宮本家に明治まで家宝として伝来したという武蔵自賛入り肖像画があったが、明治三十三年に皇太子御上覧のため貸出した（遺品四点の内）記録後行方不明で、今は写真が残るのみである。しかしそれも「武蔵義軽《よしつね》」の落款《らっかん》と兵法至極の境地を示した賛語から推測して五十歳頃の風貌ではないかと思われる。

そうすると、主命により病床の武蔵を最後まで介護し、臨終を看取り、なおかつ武蔵から兵法を受け継いだとされる熊本の寺尾家に伝来した肖像こそが、当時の武蔵の風貌を最も忠実に表現しているのではないだろうか。宮本家旧蔵の生前

宮本武蔵肖像部分（島田美術館蔵）

肖像（写真参照）に目鼻立ちも十年歳を取らせると重なるようによく似ており、専門家の鑑定でも江戸初期、武蔵没後間もない頃の作とされている。全国にある武蔵肖像画の本歌とされ、現在は島田美術館蔵所蔵としてあまりに有名。（表紙カバー並びに扉の肖像参照）

ここにもう一点、あまり知られていなかった貴重な武蔵肖像が、島田美術館に新たに収蔵されたので紹介する。（個人蔵寄託）

この画像は裏書きによれば、江戸中期の二天一流師範・野田一渓が、阿蘇の馬見原《まみはら》にあった武蔵肖像の原画を模写したものとされ、画中に「野田種弼《たねすけ》図寫」の落款があり（種弼はのち種信と改名する前の一渓の実名）、その事を伝えている。原画の所在・由来は不明であるが、野田一渓以来代々の師範家に二天一流正統の証として伝来したものである。

武蔵肖像の多くは兵法の身なりを表した二刀を下げた立像で、座像もいくらかあるが、このような立膝をした座像は珍しい。しかもその表情は柔和で、歯を見せて笑う口元の描写など他に類例のない特徴である。凄みを感じさせ、冷徹に見られがちなこれまでの武蔵の印象を一変させる柔和な仁者の風貌である。

一方、文献史料では武蔵の弟子筋、福岡黒田藩の丹治峯均による伝記『武州伝来記』（一七二七）が武蔵の風貌を次のように記している。

一、武州、一生、髪《くし》けづらず、爪とらず、浴せず。老年に至りて在宿の節は、無刀にて五尺の杖《つえ》を平生携《たずさ》ふといへり。夏日には手拭《てぬぐい》をしめして身を拭《ぬぐ》はれり。吾、仕官の望みなし。たとへば、手桶《ておけ》一つの湯にては身の垢《あか》は洗ふべし。心裡の垢をすすぐにいとまなしとの玉ふ。壮年の時は、髪、帯の辺迄たれ、老年に及びては肩の辺まで下りたりとかや。繻子《しゅす》の小袖に紅裏《もみうら》をつけ、足の甲にたれる程長きを着し、繻子《しゅす》、純子《どんす》、又は紙子《かみこ》等の胴肩衣《どうかたぎぬ》を着し、刀、脇指は木柄《きづか》にて、あかかね拵《こしらえ》なり。物ずき事は、あかかね（銅）ならでは思ふ様にこれ無しと平生、申さるとなり。
五尺杖は刃の方に鐵をのべてふせ、跡先中にも胴かねありて、長き腕貫《うでぬき》の緒付けけり。枕木刀の腕貫は指にかかる様に短くし、かかる様にしたるがよしとの玉ふといへり。

身の丈《たけ》六尺程、骨ふとく、力量、人に越え、十三歳、有馬喜兵衛と初試闘の時、健《すこやか》なる者の十六、七歳程に見へしとかや。


武蔵の普段の様子、着衣や刀脇差、杖、木刀の拵え好みから体格まで詳細を伝えている。この風貌はどこまで信憑性があるだろうか。

『武州伝来記』は武蔵没後八十年後に著された福岡黒田藩の弟子筋による伝記であり、著者の丹治峯均は二天一流師範といえども、武蔵と直接の面識はない。峯均が老年に及び、武蔵以来の流儀の伝来と、若き日に聞いた武蔵の伝承を後進のために書き遺したものである。

しかし若き日の峯均の周りには武蔵に直に接し、これを見たことの確かな者が少なくとも二人いた。即ち、万治三年（一六六〇）熊本から福岡へ武蔵兵法を伝えた兵法の師の柴任《しばとう》三左衛門と、大伯父の小河《おごう》権太夫である。柴任は旧熊本藩士で本姓本庄。細川忠利に殉死した本庄喜助の次男である。熊本では武蔵門下として武蔵を見ていたし、武蔵から『五輪書』と『独行道』を授けられた寺尾孫之丞に七年随仕して三代目を受け継いだ正統師範である。

小河は藩主に諫言して一時致仕していた浪人時代に壮年の武蔵に随仕し、老年期の武蔵をも知る人物であった。これらの事情から判断して伝聞とはいえ、かなり真実を伝えていると考えてよい。

2、武蔵と忠利の屋敷

武蔵の屋敷は熊本城内千葉城の高屋敷が提供され、同行した数人の弟子と共に暮らす熊本での生活が始まった。そこは中世に肥後守護職菊池氏の一族である出田秀信が茶臼山に築いた旧千葉城跡の一郭。壮麗な大小天守を真近に仰ぎ、東から南に城下を一望し、噴煙をたなびかせる阿蘇や九州山地の山波をも遠望できる絶好の場所にあった。城下からもあれが武蔵の屋敷だと仰ぎ見られ、武蔵を賓客として遇する藩主忠利の意向と配慮が伝わる屋敷であった。武蔵も満足のことであったろう。

熊本城東面図（赤星閑意筆・永青文庫蔵）より該当部分

一方、忠利の国許屋敷は城内の本丸御殿ではなく、内堀の坪井川を南に渡った花畑屋敷であった。加藤清正が慶長十五年（一六一〇）に御茶屋として作事したものを、忠利が移封入国後に国許屋敷として大規模に改造したものである。一口に屋敷といっても、一万五千坪もの広大な敷地に表御殿と奥御殿、そして中央に大きな池泉回遊式庭園を有した豪壮華麗な大名屋敷である。ただし忠利の妻子は「武家諸法度」の決まりで江戸在、国許には不在であった。

双方の屋敷配置は『熊本城東面図』から想像できる（上図参照）。武蔵は千葉城屋敷から坪井川を渡って花畑屋敷へ通い忠利と対面していたと思われる。今なら徒歩十分ほどの距離であるが、武蔵は当時どのようにして通ったのであろうか。徒歩か、供連れの馬上の人か。また服装などどのようないで立ちであったのか、興味は尽きない。まさか肥後五十四万石の太守との対面に『武州伝来記』に記されているようなむさくるしい風貌は考えられない。これまで姫路城の本多家、明石・小倉の小笠原家など格式高い大名に客分として二十数年にわたり近侍してきた事実からも、裃《かみしも》までは付けずとも、小袖・袴に胴肩衣《どうかたぎぬ》を付けた、ふさわしい身ぎれいな出で立ちで対面していたであろう。

3、武蔵の腕を試す

忠利は若年より兵法に執心し、中条流、新陰流、柳生新陰流を修め柳生宗矩より直に免許皆伝を受けた剣豪殿様として知られていた。前章に一次史料で考証した様に、その腕前は将軍家光も認める実力であった。しかしこの頃の忠利は兵法の病の中にあったことが史料によって判明した。

忠利は最後の参勤となった寛永十六年も、江戸ではしばしば柳生宗矩邸を訪れて稽古し、寛永十七年の帰国直前まで宗矩の嫡男十兵衛と稽古に打ちこむなど、宗家の宗矩からも直接指導を受けていたが、沢庵和尚への書状には次々と兵法の疑問にとらわれて悩んでいた様子が現れていた。

帰国して間もなく武蔵を迎えてまず忠利がしたことは、武蔵の兵法の腕前を直接吟味することであったであろう。当然のことである。先の島原の陣でも細川藩は武功第一と称賛された武門の家、藩主の兵法好きもあって武芸は盛んであった。

当時国許で細川藩の兵法指南役を務めていたのは、柳生宗矩から派遣された雲林院弥四郎光成であった。忠利はまず自藩の指南役と武蔵を立ち会わせたのである。

4、雲林院弥四郎とは

では雲林院弥四郎とはいかなる者か。細川藩の先祖附によれば、肥後に転封前の小倉時代から兵法指南の客分として忠利に仕えていた。忠利は弥四郎を家臣に召し抱えようとするが、弥四郎は固辞している。なぜなのか、そのわけを重臣の志水伯耆を通じて柳生流宗家の宗矩に問い合わせた時の宗矩の返書があるので、その文面から弥四郎像を推量してみよう。のちに忠利より弥四郎へ下げ渡され、子孫家に伝来したものである（岩尾と改姓して弥四郎の孫の代に仕官）。

●柳生宗矩自筆書状（個人蔵）

（年不詳文中（　）は筆者注）

尚々、下総殿（大和郡山・松平忠明）**に居られ候て、のき申し候間、其元世上彼是仕合、科《とが》なく候共、科これ有るように申す仁に御座候間、いかにもおんみついたし居られ候様にと申す事に候。**

（中略）

一、弥四郎事、其元に浪人いたし候て居り申し候由、一段尤もに候。此の仁、いにしえ伊勢雲林院《うじい》殿と申し候て、さある仁（由緒ある家柄）**に候。親、卜伝**（塚原卜伝）**弟子にて、上方に於いては覚源院様**（足利義輝）**伊勢の国司**（北畠具教）**此の親以上に五六人ならではこれ無く候。其の通り、弥四郎残らず存じる事**（皆伝者）**に候。鎗などの儀は今に当世にもあまりこれ有る間敷かと存じ候。而して下々《しこう》**（藩士）**御稽古候ても一段然るべく候。我らの流**（柳生流）**も**（村田）**弥**

三と申す者、形の如く指南申し、覚えられ候へ共、（柳生流は）越中殿（忠利）御存知成され候に、とくは中々念もこれ無く候。併せ似合いの打太刀彼是は然るべく候。其の心得候て御ひき廻し喜悦たるべく候。恐々謹言

柳生又右衛門尉

宗矩（花押）

正月廿四日

志水伯州様　御報

冒頭尚々書（追伸）に弥四郎が仕官できない理由を述べている。弥四郎は大和郡山藩松平忠明家中をわけあって退去した者で、そこでは科《とが》ある者と言われているため、当分隠密しているように命じているとしている。

「隠密」とは隠れておれという意味もあるが、弥四郎は柳生宗矩に派遣された諸大名の情勢を探る隠密ではなかったかと思われる。

書状によれば弥四郎の父は塚原卜伝直伝の新当流兵法の達人（雲林院松軒）で、弥四郎はその親より新当流もすべて修め、柳生流も習得した剣・槍とも当世稀有の者であるので藩士の兵法師範に適任と推挙している。また柳生流兵法皆伝の忠利へは特に指南の用はないが稽古の打太刀に使われたらよいのではと弥四郎の逗留中の利用と支援を依頼している。

当時、柳生宗矩は将軍家光の信任厚く大名統制・監察の「大目付」職にあったため、忠利としては了承するしかなかった。

弥四郎の実力は忠利が寛永十三年（一六三六）八代城の父忠興の求めに応じ、近習の兵法指南の為に弥四郎を派遣したおりの忠興の評にも現れている。

「弥四郎兵法、存知之外見事にて候。柳生弟子に是程之ハ終ニ見不申候」（八月八日忠興書状）

柳生流の弟子でこれほど見事な使い手を今まで見たことがないと絶賛しているのである。忠興は信長・秀吉・家康と時の天下人に仕えて幾多の戦場を馳せた武将であり、兵法の技量を見る目は確かであろう。弥四郎は宗矩書状にある通りの達人であったという事である。

5、武蔵・弥四郎秘密の御前試合

武蔵と弥四郎の御前試合の事は、細川藩の武蔵の弟子筋による伝記『武公伝』（豊田正剛覚書・一七五五）と『二天記』（豊田景英編著・一七七六）共に記されており、雲林院家の菩提寺禅定寺（熊本市）にある弥四郎墓脇の『雲林院氏顕彰碑』（大正五年・一九一六建立）にも刻まれており事実であろう。

『二天記』は『武公伝』をもとに脚色していると思われるので原典の『武公伝』の記述で見てみよう。試合の前後に分けて検証する。

一、武公肥後ニ来ル前、柳生但馬守宗頼（宗矩）**主ノ直弟・氏井弥四郎ト云兵術者、柳生殿ヨリ頼《タノミ》ニテ肥後ニ来。忠利公、曽《カツ》テ宗頼主ノ門弟也。時ニ武公小倉ヨリ召ニ応シテ肥後ニ来《くる》。**

忠利公懇望ニテ武公ト弥四郎ト御前ニ於テ勝負ヲ決シム。勝負ノ批判互ニ仕間敷トノ神文ニテ、御前ニモ一人モ他人ヲ不被召置《メシオカレズ》、御刀持一人、御児小姓・浦兵太夫、是モ他言仕間敷トノ神文也。

前段はこれまで考証した試合に至る経緯である。武蔵来肥の前に、柳生宗矩の依頼により弥四郎が細川藩に来ていたこと。忠利の懇望により武蔵と弥四郎の御前試合が実施されたこと。そして家臣には内密にされ、立ち合い人は忠利の他は刀持ちの児小姓ただ一人、いずれも勝負の事は他言しない旨の神文（天罰起請文）を入れての秘密の御前試合であったことである。そこには他流試合を禁じた柳生流の掟が関係したのかもしれないが、何よりもどちらが負けても立場が悪くならないようにした忠利の配慮であろう。

しかし後世の伝記に載った。神文を破ったのは誰か。当事者以外で唯一この試合を見届けたのは児小姓・浦兵太夫である。乃美主水の子で、家系譜によれば戦国期に活躍した毛利家の猛将・乃美（浦）宗勝の末裔であった。しかし後の『二天記』の同記事では浦兵太夫の名前が消されていた。なぜであろうか。

6、武蔵圧勝、忠利も門下となる

忠利の見守る前で、いよいよ立ち合いとなった。武蔵と弥四郎両名が進み出で木刀を構える。想像してみよう。武蔵は島田美術館の肖像の通り、二刀をだらりと下げた下段の構えか。あるいは二刀を円曲に取った中段の構えか。一刀ならば片手下段で弥四郎の出を待ったであろう。後に詳述するが、武蔵流は基本的に片手剣法であった。

扨《サテ》武公、弥四郎ト太刀ヲ持、立合ノ事三度ニ及ト雖《イエドモ》、一向弥四郎ヨリ打出事不叶《カナハズ》、武公モ御前故只技ヲ押《オサエ》テ強ク打事ナシ。

立合いは三度行われた。しかし結果は一度も弥四郎から打つこと叶わず、いずれも武蔵が止め打ちで決める余裕の圧勝であった。想像すると、相手の打とうとする兆《きざ》しを抑えて打たせない「枕のおさえ」によって弥四郎を翻弄したのであろう。宗矩が天下屈指の兵法達人と推した雲林院弥四郎も武蔵の前に格の違いを見せつけられたのである。

忠利公殊《ことのほか》外感称シタマフト、御自身モ立合タマフト雖《イエドモ》、一度モ其無利《ソノリナシ》。因茲《コレニヨリ》則チ柳生流ヲ改テ二天一流ノ兵法ヲ学ヒタマフ。

忠利は弥四郎ほどの剣豪でも一打ちもできない武蔵の強さに驚き、納得できぬ思いで自身太刀をとって武蔵に立ち向かってみたのであろう。結果は柳生宗矩直伝のこれまで習得してきた技が全く通用しない。巌《いわお》の身となった武蔵の威風に打たれ、その圧倒的な強さに感服し、ついに武蔵の門下となったという。

当時の細川藩の状況を、『武公伝』は次のように伝えている。

一、士水伝えて云う、武公肥後にての門弟、太守はじめ長岡式部寄之・沢村宇右衛門友好その他、御家中、御側、外様及び陪臣、軽士に至り千余人なり。

「士水《しすい》」とは、筆頭家老・松井家の家臣で本文に言う武蔵門弟の「陪臣」にあたる山本源五左衛門の隠居号である。家譜によれば七百石御番頭。有馬陣にも出陣し、武蔵没後五十三年の元禄十一年（一六九八）まで生きた。著者の豊田正剛はこの老健の武蔵直弟の生存中に物語ったことを記録したとしており、この伝の信憑性は高い。曰く、細川家中の武蔵の門弟は太守以下家老、家中の末端まで大多数に及んだという。以後門弟は武蔵を「武公」と尊称し、武蔵の威信はここに極まった。

雲林院弥四郎の墓は、熊本市横手の禅定寺に在る。弥四郎の子孫である岩尾家でも二代以降の墓は春日の來迎寺にあるが、初代弥四郎の墓の所在が不明であったものを、郷土作家の長井魁一郎氏より情報を得て筆者が確認し発見した。没年は寛文九年（一六六九）と刻まれていた。弥四郎は武蔵より四半世紀も長生きしたことになる。

雲林院弥四郎の墓（熊本市・禅定寺）

四、忠利と親密交際

1、捕手《とりて》師範　塩田浜之助の挑戦

武蔵はまず忠利の求めに応じて細川藩兵法指南役・雲林院《うじい》弥四郎と御前試合をし、圧勝。忠利とも立ち合ってその実力を披露した。忠利は感服して武蔵の兵法を学んだので、藩士の多くが門下となった。

さらに『武公伝』『二天記』にはもう一つ試合が記されている。細川藩の捕手師範・塩田浜之助が、武蔵に立合いを願い出たのである。『武公伝』で見てみよう。

一、塩田浜之助ハ三斎公ヨリ五人扶持拾五石賜リ捕手《トリテ》ノ師ナリ。武公ヲ一打撃《ヒトウチウツ》テ見度《ミタク》願ニ付、ナル程相手ニナルベシトテ立合ケレトモ、浜之助一向木刀打出事カナワズ。捕手モ、武公座シタモウ一間ヨリ内ニ足ヲ踏入タラバ武公ノ負タルヘシトアリケレハ、大ニ怒テ業ヲナセトモ、一間ヨリ内ニ一寸モ入事ナラス。浜之助太ニ甚《オオイハナハダ》感称シテ武公ノ門弟トナレリ。捕手モ上手ナリシ故ニ武公ノ弟子ニモ慣《ナラ》ハセラレシト也。寺尾求馬《モトメ》ノ男合太兵衛〔初縫殿助後合太兵衛〕健《スコヤカ》ナル故、求馬ヨリ教エラレシト也、二天一流ニ捕手棒ナト在ト云ハ塩田浜之助カ余流ナリ。

塩田浜之助は藩の兵法指南役の一人として武蔵にせめて一打ちして面目を保ちたいと立合いを願い出た。武蔵は快く応じた。しかし浜之助は武蔵を前に木刀を構えたが、雲林院弥四郎と同様、ついに一太刀も打出す事ができなかった。何をしても弾かれる予感、武蔵が大きな巌《いわお》に見えたことであろう。

次に武蔵は木刀を置いて座し、浜之助得意の捕り手棒をもって、武蔵の座す一間の内に足を入れたら浜之助の勝ちと提示する。侮《あなど》られたと憤慨した浜之助は何としても武蔵を取り押さえようと立ち向かうが、踏み込む瞬間に倒される威圧に一寸も足を踏み入れることならず、大いに感服して武蔵の門下となったという。

さてこの逸話は本当にあった事なのであろうか。まず逸話の結末にある二天一流に浜之助由来の捕手棒があるのか、そして寺尾求馬がわが子にその棒術を伝授した事実があるかを確認すれば事実の裏付けとなる。

調べると二代目寺尾求馬の子で武蔵の再来と称えられた俊才、三代目を継いだ新免弁助こと寺尾信盛の伝書に『捧次第目録』というのがあり、「太刀に出会いの捧」十三本と「捧と出会いの捧（合捧次第）」七本、合わせて二十本が記されている。すなわちこの逸話に合致していたのである。また永青文庫所蔵の『諸師役流儀系図』（村本亮助著・文政四年＝一八二一）には「当理流小具足」として、開祖宮本無二斎一真―新免武蔵玄信―寺尾求馬―新免弁助と続き、その後に村上氏が三代続いた後、塩田濱助清勝の名が記されていた。その脇書きに「右武蔵守直門塩田流の祖、流儀本《もと》一系断絶、右百三十四年後継・清勝系再興」とある。

当理流は武蔵の父無二が開いた流派であり、剣術に十手（十文字槍）小具足（捕手術）を含む総合

塩田浜之助の墓（熊本市西区）

武術であった。当然に武蔵はその全てを修得していたはず。その中の小具足を無二から塩田浜之助が受け継いで塩田流としていたというのである。浜之助は「武蔵守直門《じきもん》」とある。先の逸話から推測すれば、武蔵に敗れて武蔵の門下となり一旦塩田流は途切れたが後世になって子孫が再興したという事であろう。

浜之助の墓は京町台の西端、上熊本駅を見下ろす高台の墓地にある。眼前に金峰山、武蔵の聖地・霊巖洞に向い礼拝するように西向き前曲に建てられていた（写真）。

忠興・忠利・光尚の三代に仕え、武蔵没して三年後の慶安元年（一六四八）に七十余歳で死去している。

2、足利道鑑と山鹿御茶屋に招かれる

武蔵の兵法に魅せられた忠利は、柳生宗矩の教えや沢庵和尚に尋ねても満たされなかった兵法の疑念を晴らそうと、武蔵に教えを請うたであろう。武蔵は『五輪書』に兵法の悟道の域に達したのは「吾《われ》五十歳のころなり、それより以来は尋ね入るべき道なくして光陰を送る」と記している。この時期の武蔵に兵法の迷いは一切ない。武蔵によって忠利の迷いの雲はきれいに晴らされたのではないだろうか。

忠利と武蔵の親密度は深まり、それを証明する史料がある。

忠利代の藩主指令書『奉書』に次に現れる武蔵記事は、武蔵が客分となって三月後の十月下旬、豊前街道山鹿宿に新設された細川藩の御茶屋に武蔵を招待したものである。御茶屋とは藩主のための別荘・保養所であった。

一、道鑑様・宮本武蔵、山鹿へ可被召寄《めしよせらるべく》候。然者《しからば》、人馬・味噌・塩・すミ・薪《まき》ニ至まて念を入、御賄可被申付候旨、御意ニ候、以上

十月廿三日　　朝山斎助在判

御奉行所

細川家の家譜『綿考輯録』には忠利が高瀬へ鷹狩に出、それより疝気養生として十月末から十一月初旬まで山鹿へ湯治に行ったことが記されている。この武蔵と道鑑を山鹿御茶屋へ招待するので諸事手抜かりなく準備をするよう命じた『奉書』はこの時に出されたものである。

さて、ここで気になるのは、武蔵と共に招かれた道鑑とは何者であろうか。名前に「様」の尊称を付けて書かれているところから、細川家にとって大切な貴人であることが窺える。

その実は足利道鑑《あしかがどうかん》といい、室町幕府第十三代将軍足利義輝の落胤とされている。戦国の動乱に翻弄され数奇な運命をたどり、尾池玄蕃義辰《おいけげんばよしたつ》と称して四国の讃岐高松藩・生駒家にいたのを忠利が客分として迎えたのである。足利家は足利幕府時代に細川家が幕臣として代々仕えた旧主家であり、賓客の

山鹿御茶屋跡（さくら湯）宮本武蔵銅像

待遇で当初は大坂屋敷にいたようである。その後島原陣後に熊本へ下向、剃髪して足利道鑑と改名する。忠利から百人扶持を支給され、当時は本丸の宇土櫓のある平左衛門丸に居住していた。

忠利は自らの湯治養生にかけて、この道鑑と武蔵を落成したばかりの山鹿の御茶屋に招いたのである。この事実により、忠利にとって武蔵は、旧主足利家の末裔である道鑑と同等の大切な賓客とされていたことがわかる。

なお、令和四年に熊本大学永青文庫研究センター稲葉継陽教授・後藤典子特別研究員らによってこの時の「奉書」とは別の追加史料が発見された。忠利の命令を奉行所から担当役人へ伝達する「惣奉行衆書状控え」の寛永十七年十月二十九日付から、武蔵と道鑑の他に津川四郎右衛門と儒者の朝山意林庵も同時に召集されていたこと、同十一月五日付には武蔵、道鑑、意林庵の山鹿の宿所へ世話役の小姓衆や警護の鉄砲衆を付け置いたことが記されていた。このことから武蔵と道鑑に加えて意林庵も山鹿御茶屋に行って忠利の儒学問答の相手をしていたことが確認される。

3、山鹿の御茶屋とは

山鹿は熊本の城下から約三十キロ北にある温泉郷である。江戸時代には豊前街道の宿場町として栄えた。忠利は肥後を就封して初めて国入りの時、山鹿宿の江上家に一泊して熊本城に入城したとされている。忠利は山鹿の湯がたいそう気に入ったらしく、寛永十七年（一六四〇）に湯治のための御茶屋を建造し、落成間もなく武蔵らと共に湯治逗留したのである。

山鹿とはどういう所か。特筆すべきは古代である。チブサン古墳、オブサン古墳など全国で最も多く装飾古墳が集中している菊池川の中流域にあり、日本最古の銀象嵌《ぞうがん》文字を刻んだ太刀や金銅製冠《かんむり》・沓《くつ》・純金製耳飾りなど豪華な装身具・轡《くつわ》・鐙《あぶみ》など馬具、剣など国宝二百点余を出土した江田船山《えたふなやま》古墳も隣接している。また山鹿で方保田東原《かとうだひがしばる》遺跡という、佐賀の吉野ケ里遺跡よりも巨大と推定される弥生時代集落遺跡も発見され、多彩な鉄器が出土した。すなわち山鹿は縄文・弥生から古墳時代にかけて古代日本の王が統治する先進地域であったことを示している。

「山鹿」地名の初見は八世紀前半の「筑後国風土記」に現れ、平安時代の十世紀初頭に書かれた『和名抄』には山鹿郡に「温泉郷《ゆごう》」を含む十の郷があったと記されており、平安時代には肥後で最も古い温泉場として登場していた。

天正十五年（一五八七）に関白豊臣秀吉も九州征伐の折に山鹿湯町に止宿している。そして秀吉による国分けで佐々成正が肥後国主となると、性急な検地に反抗して肥後国衆一揆が勃発、山鹿はその激戦の舞台となった。菊池・山鹿の領主隈部親永・親安親子が山鹿の城村城に武装した領民一万五千

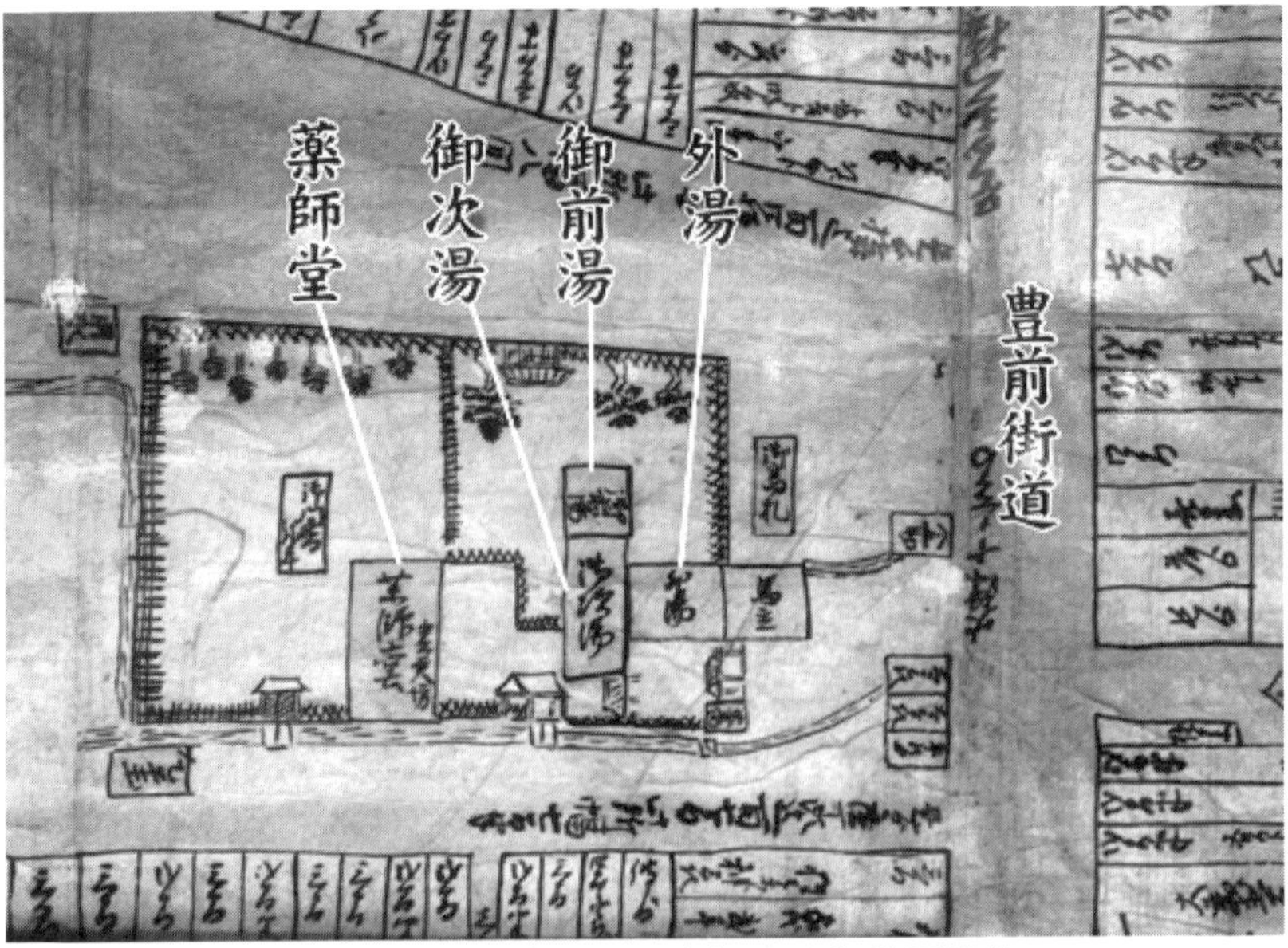

山鹿湯町絵図（宝暦 13 年）山鹿御茶屋部分

人で籠城し、攻め寄せた三万の佐々軍と激しく戦ったという。

その攻城軍の中には、のちに大坂の陣で武蔵を客将に迎えた大名・水野勝成の若き日の姿があった。徳川家康母方の従弟《いとこ》にあたる。『水野勝成覚書』によると、勝成は佐々方の武将としてここで奮戦し名を上げている。のちに武蔵を初めて招いた大名が水野勝成であり、武蔵が兵法家として勝利者人生を歩む画期となった。その人生の恩人にゆかりの深い山鹿に武蔵も足跡を残すこととなった。

山鹿の御茶屋造営は細川藩『奉書』寛永十七年六月二十一日の条に忠利が建設を急がせるよう指示したことが記録されている。その目的は「自然上使など御宿のため、殿様御鷹野などの時のため」とあり、上使など賓客の接待や殿様専用の休息所として作られたことがわかる。当初の絵図はないが、のち宝暦十三年（一七六三）の山鹿町絵図（写真）には、「御前湯」「御次湯」「外湯」と三つの温泉が描かれており、「御前湯」は殿様用、「御次湯」は家臣用、外湯は庶民用とされていた。今の山鹿温泉元湯「さくら湯」を中心とした場所にあたる。

七月と九月に工事進捗状況の記事があり、完成を示す記事は見えないが、十月二十三日付の武蔵と道鑑を山鹿御茶屋へ招いた記事がそれに代わるものと思われる。忠利が待ち焦がれていた山鹿御茶屋の落成に武蔵と道鑑・意林庵が最初の客に選ばれ招かれたのである。武蔵を忠利がいかに大切に遇したか察せられる。

4、忠利と鷹狩や川狩で遊ぶ

『綿考輯録』にはこの間の事情と山鹿での暮らしについて次の記事がある。

一、十月末十一月初迄之内、山鹿ニ御湯治被成候。少シ御腫物《はれもの》出来候ゆへ也。御逗留中御鷹野ニも御出被成候。且《かつ》見事なる鮒《ふな》御取被成候を、三斎君江被差上御満足之段、十一月四日之御書有之。

ここには同伴の確かな武蔵らの名は書かず、忠利に腫物ができたためその療養のための湯治としている。期間は十月末から十一月初めまでとして明確ではない。その間に鷹野に出て鷹狩りをしたり、川狩りにも出、見事な鮒が取れたので、八代城の父三斎（忠興）へも贈り満足の様子を伝えている。おそらくこの鷹狩り川狩りには武蔵も同伴したことであろう。

武蔵が熊本滞在中に鷹狩を好んだことは『武州傳来記』にある。忠利から鷹狩を許され、

鷹をてにして折々野に出られ、雨天にてもしかじか尻もかかげず、衣服のぬるるをも厭ひ無く徘徊せられしと也。

と書かれている。

川狩りは山鹿御茶屋の傍に菊池川の本流が流れ、迫間川、内田川、岩野川など今でも釣り人に人気の支流も近い。菊池川に船を出して漁師に網を打たせたものか不明ながら、見事な鮒《ふな》が獲れ、自慢の釣果を八代城の父三斎へ贈ったという。今回『細川家史料』細川忠興の十一月四日付文書により、それは「鮒七枚」であったことが判明した。

忠利は獲物の鮒をさっそくその日の食膳に乗せさせたであろう。副菜は何であっただろうか。山鹿は松茸や栗、菊池川の川苔《のり》が名産である。それら食材を味わいながら、忠利が問い武蔵が答え、時には木刀をとって兵法談議に花を咲かせたであろう様子が目に浮かぶ。

5、温泉と武蔵が元気の素

さて、風呂嫌い説のある武蔵は山鹿の温泉に浸かったであろうか。

風呂の歴史を見れば、武蔵の生きた時代に浴槽に水を入れて沸かす風呂は普及していなかったようである。大名でも焼いた石に水をかける蒸し風呂程度。一般的に武士も庶民も老若男女の区別なく、水か手桶一つの湯に手拭いを浸し体を拭くだけであった。銭湯が普及するのは江戸中期以降、武蔵だけが特別ではなかったのである。すなわち武蔵の入浴嫌いは俗説であったといえよう。

しかし温泉地は別である。「山鹿千軒たらい無し」とよへほ節に唄われるように山鹿では八百年前から、適温の湯がボコボコと地上へ無尽蔵なほどに湧き出ていた。贅沢なかけ流しの湯に、武蔵は忠利にすすめられるまま入湯したことであろう。

山鹿の湯の効用は、この時に現地より出された忠利の書状がよく物語っている。

山鹿へ参、湯へ入申候。此前も入候。余りあか落候心ニ候哉、身はしく〱と覚へ、此度も其分候間、我等身内煩い少も無之候。其方なとためにハ如何可有之候哉、兎角あたゝめ候湯と覚候。謹言

十一月四日

中庵老

（『綿考輯録』）

宛名の中庵とは波多中庵の事。忠利が華厳《けごん》宗の仏典「原人論《げんにんろん》」を講じさせた人物で、家臣ながら沢庵や柳生宗矩など一流文化人との交際文書が伝わっている。忠利の御伽衆の一人であろうか。『沢庵和尚書簡集』「波多中庵に與ふる書」により当時は軽い中風を患っていたことが判明した。忠利の書状を口語訳するとこうなる。

「山鹿へきて温泉に入っている。以前にも来て入ったが、心身の垢《あか》が取れ身に力が漲《みなぎ》るようだった。この度も同様で、おかげでわが身の煩《わずら》いもすっかり治ってしまった。其方《そなた》の病気治癒にも良いと思うが如何だろうか。ともかく心身を温めるよい湯であるぞ」

忠利の病はこの湯治ですっかり回復したようである。山鹿の湯は冷ましたり薄めたりの必要のない適温で（約四十度）泉質はトロトロつるつるのアルカリ性単純温泉である。湯に浸かるだけで垢が身からはがれ落ちる。忠利が「余りあか落候心ニ候」と言うとおりだ。気持ちがよいので自然長湯となり、身を芯から温めて諸病の回復に効能があるのであろう。

この二日後十一月六日付、立花左近への書状により忠利の病気回復の様態が知れる。

高瀬へ鷹野ニ罷出、其より疝気為養生《せんきようじょうのため》、山鹿之湯へ罷越、罷り在る事候。目ハ能《よく》御座候。一段食事も能《よく》、唯今程気相之能事、覚不申候。貴様も御無事ニ御座候由、珍重千万ニ存候。（以下略）

立花左近とは筑後柳川藩祖・立花宗茂の事である。官名は左近将監で通称立花左近。忠利の父忠興や加藤清正と同世代の戦国武将であった。当時は江戸で隠居の身ながら将軍の相伴衆として重用されていた最晩年に当たり、この二年後寛永十九年に七十六歳で死去する。本状はその宗茂書状への返書である。

内容は山鹿湯治の効果ですっかり体調も回復し食欲もあって、今ほど心身の具合の良いことは記憶にないほどだと伝えている。

これら一連の史料によって、山鹿御茶屋への湯治滞在はゆっくりとられ、この間忠利は公務を離れ、武蔵らと親密な交流を続けていたのである。

思うに、兵法の病にかかっていた忠利のこと、山鹿温泉の効用に加えて、武蔵によって兵法の迷いの雲を打ち払えたことが心身の治癒に絶大な効果があったのではないだろうか。
山鹿の湯と武蔵によって、忠利は体調を回復させ元気になって熊本へ戻ったのである。

6、武蔵に謝礼合力米三百石

熊本に戻り公務に復帰した忠利が行ったことは、武蔵に三百石を支給する事であった。それを証明する忠利直印が押された「御印物」がある。

一、宮本武蔵ニ八木三百石遣候間、佐渡さしづ次第ニ可相渡候、以上
寛永拾七年十二月五日　忠利御印
奉行中

これは何を意味するのであろうか。「八木《はちぼく》」とは「米」の字を分解した別名で「武蔵に米三百石遣わせ」と命じたものである。周知の通りほんの四ケ月前、八月十三日付で「武蔵には申さず」合力米七人扶持十八石を「永く相渡すべし」とする奉書が出されていた。滞在費として武蔵が熊本にいる限り毎月蔵米から支給するよう命じたものである。それに対してこれは唐突の感がある。知行ではなく、毎年決まって渡されるものでもなく、蔵米からこの時だけに渡されたものであり、渡し様についても前回同様「佐渡さしづ次第ニ」と知友の長岡興長を介するよう武蔵への配慮を指示している。それまでの経緯から推察すれば、これは武蔵によって兵法の迷いを払拭《ふっしょく》できた忠利の謝礼の気持ちではなかっただろうか。

武蔵の兵法は剣術ばかりに限らず、戦場の場や国の治世まで将たる者の心得たる大の兵法に及び、武蔵の嗜みは建築土木・造園から能・書画・工芸まで「兵法の利にまかせて諸芸諸能の道となせば万事において我に師匠なし（五輪書）」と言いきるほどの達意にあった。英明な忠利にも学ぶところ大であったはずである。

武蔵が山鹿御茶屋に滞在したことはこれまで注目されてこなかったが、平成になってさくら湯の前に武蔵の銅像が建てられた。武蔵が忠利に山鹿御茶屋で兵法を伝授し、湯治と鷹狩や川狩を楽しんだ事実を伝える記念碑である。山鹿は武蔵にも癒しの日々となったであろう。

五、年賀と『兵法三十五箇条』呈上

1、武蔵と忠利の正月

熊本城本丸御殿大広間

寛永十八年（一六四一）の新年は武蔵が熊本に来て初めて迎えた正月である。天正十年生まれの武蔵は歳六十になっていた。
元旦は千葉城の高屋敷で小倉より連れてきた岡部九左衛門や増田市之亟、竹村与右衛門ら内弟子たちと年賀の膳で祝ったことであろう。二日以降には、直弟子の山本士水が伝えた「武公肥後にての門弟、太守はじめ長岡式部寄之・沢村宇右衛門友好その他、御家中、御側、外様及び陪臣、軽士に至り千余人なり」（武公伝）が事実であれば、細川藩内の新しい弟子たちも大勢年賀のあいさつに訪れたことであろう。城内二の丸から棒庵坂を下る者、城外から内堀の坪井川を渡る者、続々と千葉城屋敷へ詰めかける弟子たちの姿が目に浮かぶ。
一方、忠利は五十六歳となり、この年三月に急死する運命はまだ知らず、生涯最後となったこの正月をどのように過ごしただろうか。細川家譜『綿考輯録』から見てみよう。

一、寛永十八年辛巳正月元日、御本丸に於いて御礼の次第、松野右京（大友義統の子）津川四郎右衛門（斯波左兵衛督義近の子）松野半斎（大友義統の弟）氏家志摩（宗入子）舘岡孫一郎（甲斐守子）下津将監（棒庵子、棒庵は久我右大臣殿御子なり）槙島掃部（玄番頭の子）、か様の衆、奥の御書院にて御盃、御自身御肴遣《おさかなつかわ》され候。

扨、座着申され候衆はいつもの如く上段の下に座に着、並び居て御礼申し上げ候。御肴は長岡一角・小笠原采女引き申し候。御鉄砲頭衆、其の外次第の如く並び居候て、銘々手前々々へかはらけを引き、肴をかはらけの中へ入れ、御酌大勢御通りを下され候。これは御下腹気にて御長座成為されずとて是の如くなり。

通常は花畑屋敷で生活をしている忠利も、この時ばかりは熊本城本丸御殿に入り、家臣たちも登城して藩主に御礼（年始の挨拶）を行ったのである。広大な大広間に裃《かみしも》を着てずらりと居並ぶ家臣団の様子が目に浮かぶ。大台所も膳の用意で早朝から賑わった事であろう。

御礼の儀は三部に分けられていた。

まず松野・津川・氏家・楯岡・下津・槙島など戦国大名や公卿家系の者は別格として、特別に忠利の奥書院に招き盃をとらせ、自ら肴を勧めたという。

次いで松井・米田・有吉・沢村など家老・備頭の着座の衆は上段忠利席前の定席に居並び盃と肴を

いただいた。そして鉄砲頭などその他の上級家臣らは一座に居並び、各自でかわらけを取って自ら肴を入れた。この日は忠利が腹を下していて長座し難いというので簡略化されていた。「御酌大勢御通りを下され候」という様子がどのようなものであったか不詳ながら、盃を持つ家臣たちの居並ぶ間を殿様が通り、一同に祝盃をあげたのであろう。

2、武蔵は奥書院で特別扱い

正月二日、武蔵は本丸御殿の忠利の奥書院に招かれている。

一、二日、御礼帳の通り次第々々並び居り御通り下され候事、元日御鉄砲頭のごとく也。道鑑老（公方義輝公御落胤の由）**西山左京**（道鑑子）**同勘十郎**（左京子）**同山三郎**（勘十郎弟、後八郎兵衛と云、今の西山先祖なり。左京・勘十郎は御家を御断り申し京へ相越され候由）**神免武蔵**（剣術者也）**源次郎**（不祥、追って考えるべし）**春田又左衛門**（具足の下地師、子孫今に御知行下され奈良に居り申し候）**などは奥書院にて御祝い成され候。**

一般家臣は御礼帳に決められた順に居並び、元日の鉄砲頭衆と同様、殿様が通り祝盃をあげた。武蔵たち客分の者は忠利の奥書院に通され、特別の扱いで祝の席が設けられた。

同席した面々は、山鹿でも同席した旧足利十三代将軍義輝の落胤とされる道鑑が子の左京と孫二人を連れ、あとの二人は細川家の知行を受けて奈良など上方に在居する者であった。ここでは忠利もくつろいで、武蔵・道鑑と山鹿御茶屋での湯治や川狩・鷹狩の思い出話など和やかに過ごしたことであろう。

ここで武蔵は「神免武蔵」と書かれている。神免＝新免である。筆記者が敬意を以て当て字したものであろう。この記事は武蔵が熊本に来て間もなく宮本姓を改め「新免武蔵」と称していたことを窺わせる記事である。

ここまでは午前中の出来事であった。

而《しこう》して扨《さて》、御表へ御出成され候。
昼過ぎ御花畑へ御さがり。
晩に御謡初《おうたいはじめ》の御囃子《おはやし》二番過し候て、何れも御酒を給い候へと御意にて、御老中・人持ち衆・御小姓頭衆・御側・御物頭衆、五人三人罷り出、御酒を給い候。

夜は御花畑の屋敷で謡始めの松囃子が催行され、君臣相交わって楽しく新年の祝宴を過ごしたようである。忠利は金春流の中村伊織を召抱えていたので金春流によるめでたい演目が演じられたのであろう。武蔵も『五輪書』や伝記史料で察するところ、謡や仕舞・鼓も上手であった。武蔵が鼓を打ち、謡い舞う姿を想像してみよう。武蔵は意外と社交上手であったと思われる。

3、鷹狩三昧の忠利

正月早々三日から忠利は鷹野に出かけている。武蔵と過ごした山鹿でも鷹狩をしたが、よほど好きであったことが次の記事でわかる。

一、三日、むれ山御鷹野。

一、七日、御花畑に於いて家老衆・人持衆・御側・御物頭、半袴にて出仕、別に御祝の規式なし。御鷹野に御出成され、やがてお帰り成され候。而《しこう》してその朝、大学・右京・半斎・将監・内匠・弥次右衛門、御振舞成され、又御鷹野に御出成され候事。

むれ山とは合志の群山かと思われる。標高一四五mの低い山で飯高山と連山をなし、今は陸上自衛隊の演習場となっている。冬場は渡り鳥が多くいて、落葉して見通しがよく鷹狩には最適の季節であった。別項に「この冬むれ山で追鳥狩遊《おいとりがり》ばされ候、御出立唐《おんいでたちとう》さらさの御半切、御供之面々も大方右の通也」とある。「追鳥狩」とは勢子を使った大掛かりな狩りである。阿蘇を展望する群山の鷹野で鷹を放ち、高揚する忠利の姿が見える。

正月七日の七種《ななくさ》の節供《せっく》には家老・重臣たちは肩衣半袴の礼装で出仕したが、特に祝の規式はなく、忠利は早朝より鷹野へ出かけてしまった。おそらく乗馬で駆けたのであろう。一旦戻って沢村大学・松野右京ら細川藩を支えてきた老臣六名を接待した後、また鷹野へ出かけている。

この様子からは、三月足らず後に急死するとは思えない忠利の元気ぶりが見て取れる。鷹狩を好んだ武蔵も相伴した可能性が大いにあり、武蔵は忠利の側で、初めての熊本の正月を充実のうちに過ごしたと思われる。

4、忠利と沢庵・柳生・将軍家光

先に忠利が武蔵・足利道鑑と共に過ごした山鹿から波多中庵（忠利の侍医）へ温泉の効能を伝えた書状を見た。

中庵とは何者かと調べる中に『沢庵和尚書簡集』にこの年の正月に中庵へ宛てた書状を見出し、そこに忠利と将軍と鷹に関し注目すべきことが書かれていた。沢庵は江戸においては、柳生宗矩の下屋敷に逗留し、将軍家光の召しに応じて登城して禅を説き、諸事相談役を勤めていた。

●波多中庵に與ふる書（部分）

太守（忠利）御帰国、昨今の様に覚候。程無く又御参府の時分に罷り成候。爰許（将軍家光）異義無く候。一昨日廿二日に卯木公へ御成、越中は鷹を使い、杖にておさへ候稽古仕り候か、わるくしたらば、鷹打殺すにてこれ有るべしとの御話にて候。折々太守の事仰せ出され候。御心に御親切故と存ずる事候。（以下略）

正月廿四日　宗彭（**花押**）

中庵老参

（上右より）徳川家光・柳生宗矩・
沢庵宗彭・細川忠利

「卯木公」とは柳生宗矩の事である。「柳」の字を分けて読んだ略称である。この日に家光が宗矩邸を訪れ兵法稽古をしたことは『徳川実記』の記録にあり確かである。そこで家光から「越中（忠利）は鷹を使い、杖で鷹を抑える稽古をしているだろうか、悪くしたら鷹を打殺してしまうが」との言葉が出たというのである。鷹使いに鷹を杖で抑えるという技があるようで、家光の認識では忠利はまだ会得できていず、稽古で鷹を打殺しはしないかと心配しているのだ。前年の在府中に忠利は家光の鷹狩や兵法稽古に相伴している。この技の習得を家光と約束したものであろうか。

『武州傳来記』には、武蔵は熊本でも鷹を使っていたとある。鷹抑えの技も忠利は武蔵に教えを受け、ここで会得したかもしれない。

家光は度々忠利の話をするという、それは家光が忠利を親身に思っているからであると沢庵の証言である。これで忠利と将軍家光の関係、将軍側近の柳生宗矩、沢庵宗彭《そうほう》と極めて親しい関係にあったことがよくわかる。

5、忠利が武蔵に兵法書を依願

忠利はかって柳生流宗家・宗矩から白紙の印可状と共に『兵法家伝書』を授与されている。この書は宗矩が将軍家光の兵法指南役として家光の下問に筆答する必要に迫られて著述したものとされ、宗矩はこの書を著すにおいて沢庵に兵法の心得を問い、沢庵は『不動智神妙録《ふどうちしんみょうろく》』を著し「剣禅一如」の境地を説いて宗矩に与えた。宗矩はこの思想を、新陰流と重ねあわせ、寛永九年（一六三二）に『兵法家伝書』を著し将軍家御流儀としての柳生新陰流の兵法思想を確立したのである。

その内容は「進履橋《しんりきょう》」「殺人刀《せつにんとう》」「活人剣《かつにんけん》」の三部構成になっていた。「進履橋」は新陰流祖上泉秀綱《かみいずみひでつな》から柳生宗厳《むねよし》（石舟斎）が相伝された技法を目録として示したもの。「殺人刀」「活人剣」は、宗厳・宗矩父子が独自に体得した兵法を著したものであるが、仏法・儒道や漢籍から引用した心法の説明が多く難解であった。

忠利はこの伝書を読んでも兵法の迷いが増すばかりで、先に見たように、その悩みを沢庵への書状に訴えている。沢庵はこれに答える書簡を送ったが、忠利の迷いは晴れず、悶々とするうちに武蔵を熊本に迎えたのであった。

忠利は武蔵に己の兵法の迷いを問い、その過程で『兵法家伝書』よりもっと具体的でわかりやすい兵法書の執筆を武蔵に求めたのではないだろうか。依頼の時期を推測するに、前年の冬、共に山鹿御茶屋で過ごした日々の中ではなかったか。

そして武蔵は正月明け二月に『兵法三十五箇条』を呈上した。執筆の意図は忠利に伝授するためで

あったことは明確で、のちに主命により武蔵病床の介護に就き、この兵法書を授けられた寺尾求馬助が弟子への相伝奥書に、

「右一書、初メ羽林忠利公之命ニ応ジテ録シ献ズ」と書いているのがその証である。

武蔵の『兵法三十五箇条』は、柳生流の兵法を皆伝されても得られなかった忠利の兵法の迷いを晴らすものでなければならなかった。おそらくは、武蔵が忠利の問いに答える形で箇条書きにしたのであろう。各条項の題を忠利の問いと見れば、ここに武蔵兵法の特徴と真髄を見ることができるはず。武蔵が若年より数多《あまた》の真剣勝負を勝ち抜き、朝鍛夕錬《ちょうたんせきれん》の修行を経て会得した兵法がどういうものか、武蔵の言葉を味わってみよう。但し原本は不明、兵法を受け継いだ寺尾家～山尾家伝来本（『宮本武蔵』顕彰会本釈文）を読み下しで紹介する。まず解説無しでじっくりと味わっていただきたい。後の畢生の書『五輪書』に繋がるものである。

6、『兵法三十五箇条』を読む

兵法二刀の一流、数年鍛錬仕《つかまつ》る処、今初めて筆紙にのせ申す事、前後不足の言のみ申し分難《わけがた》く候へ共、常々仕覚え候兵法の太刀筋、心得以下、存じ出るに任せ、大形書顕《かきあらわ》し候者也。

①一、**此道二刀と名付る事**

此道二刀として太刀を二つ持つ儀、左の手にさして心なし、太刀を片手にて持ちならはせん為なり。

片手にて持つ得《とく》、軍陣・馬上・沼川・細道・石原・人籠《ひとごみ》・かけはしり。もし左に武道具持たる時、不如意《ふにょい》に候へば、片手にて取るなり。太刀を取候事、初めはおもく覚ゆれ共、後は自由に成り候也。たとへば弓を射ならひてはその力つよく、馬に乗り得てはその力有り。凡下《ぼんげ》のわざ、水主《かこ》は櫓櫂《ろかい》を取てその力有り。土民はすきくわを取てその力強し。太刀も取り習へば力出来る物也。但し人々の強弱は、身に応じたる太刀を持つべき物也。

②一、**兵法の道見立《みたて》る処の事**

此道、大分《だいぶん》の兵法、一身《いっしん》の兵法に至る迄、皆似て同意なるべし。今書付る一身の兵法、たとへば心を大将とし、手足を臣下郎等と思ひ、胴体を歩卒士民となし、国を治《おさ》め身を修《おさむ》る事、大小共に兵法の道におなじ。兵法の仕立様、惣体一同にして余る所なく、不足なる処なく、強からず弱からず、頭《こうべ》より足のうら迄ひとしく心をくばり、片つりなき様に仕立る事也。

③一、**太刀取様《とりよう》の事**

太刀の取様は、大指人さし指を浮《うけ》て、たけたか中くすしゆびと小指をしめて持ち候也。太刀にも手にも生死《いきしに》と云事有り。構《かまゆ》る時、受る時、留《とめ》る時などに、切る心をわすれて居付く手、これ死ぬると云也。生ると云は、いつとなく、太刀も手も出会やすく、かたまらずして、切り能《よ》き様にやすらかなるを、これ生る手と云也。手くびはからむ事なく、ひぢはのびすぎず、かゞみすぎず、うでの上筋《うえすじ》弱く、下すぢ強く持つ也。能々吟味《よくよくぎんみ》あるべし。

④一、**身のかゝりの事**

身のなり、顔はうつむかず、余りあふのかず、かたはさゝずひづまず、胸を出さずして腹を出し、こしをかゞめず、ひざをかためず、身をまむきにして、はたばり広く見する物也。常住兵法の身、兵法常の身と云事、能々吟味あるべし。

⑤一、**足ぶみの事**

足づかひ、時々により、大小遅速は有れ共、常にあゆむがごとし。足に嫌ふ事、飛足《とびあし》、うき足、ふみすゆる足、ぬく足、おくれ先立つ足、これ皆嫌ふ足也。足場いかなる難所なりとも、構《かまい》なき様に慥《たしか》にふむべし。猶《なお》奥の書付にて能《よ》くしるゝ事也。

⑥一、**目付之事**

目を付ると云所、昔は色々在るなれ共、今伝る処の目付は大体顔に付るなり。目のおさめ様は、常の目よりも少し細き様にして、うらやかに見る也。目の玉を動かさず、敵合近く共いか程も遠く見る目也。その目にて見れば、敵のわざは申すに及ばず両脇迄も見ゆる也。観見二つの見様、観の目つよく、見の目よわく見るべし。もし又敵に知らすると云目在《あ》り。意は目に付、心は物に付ざる物也。能々吟味有るべし。

⑦一、間積《まつも》りの事
間を積る様、他には色々在れ共、兵法に居付く心在るによって、今伝る処、別の心あるべからず。何《いづ》れの道なりとも、その事になるれば、能く知《しる》る物なり。大形は我《わが》太刀、人にあたる程の時は、人の太刀も我にあたらんと思ふべし。人を打んとすれば、我身《わがみ》を忘るゝ物也。能々工夫あるべし。

⑧一、心持の事
心の持ち様は、めらず、からず、たくまず、おそれず、直《すぐ》に広くして、意のこゝろかろく、心のこゝろ重く、心を水にして、折にふれ、事に応ずる心也。水にへきたん（碧潭）の色あり。一滴もあり。蒼海《そうかい》も在り。能々吟味あるべし。

⑨一、兵法上中下の位を知る事
兵法に身構《みがま》え在り、太刀にもいろいろ構えを見せ、強く見へ、はやく見ゆる兵法、これ下段と知るべし。又兵法こまかに見え、術をてらひ、拍子能き様に見え、その品きら在りて見事に見ゆる兵法、これ中段の位也。上段之位の兵法は、強からず弱からず、角らしからず、はやからず、見事にもなく、悪敷《あしく》も見えず、大《おお》いに直《すぐ》にして静《しずか》に見ゆる兵法、これ上段也。能々吟味有るべし。

⑩一、いとかねと云う事
常に糸かねを心に持べし。相手毎《ごと》に、いとを付けて見れば、強き処《ところ》、弱き処、直《すぐ》き処、ゆがむ処、

はる処、たるむ処、我が心をかね（曲尺《かねじゃく》）にして、いとを引きあて見れば、人の心能く知るゝ物也。そのかねにて、円《まる》きにも、角なるにも、長きをも、短きをも、ゆがみたるをも、直《すぐ》なるをも、能く知るべき也。工夫すべし。

⑪一、**太刀の道の事**

太刀の道を能《よ》く知らざれば、太刀心の儘《まま》に振りがたし。其上つよからず、太刀のむねひらを弁《わきま》へず、或《あるい》は太刀を小刀《こがたな》に仕《つか》ひなし、或はそくひべら（飯粒を練りつぶすへら）などの様に仕付ければ、かんじんの敵を切る時の心に出会いがたし。常に太刀の道を弁《わきま》へて、重き太刀の様に、太刀を静かにして、敵に能くあたる様に鍛錬有るべし。

⑫一、**打《うつ》とあたると云う事**

打とあたると云事、何《いづ》れの太刀にてもあれ、うち所を慥《たしか》に覚え、ためし物など切る様に、おもふさま打つ事なり。又あたると云事は、慥《たしか》なる打ち見へざる時、いづれなりともあたる事有り。あたるにも、つよきはあれども、うつにはあらず。敵の身にあたりても、太刀にあたりても、あたりはずしても苦しからず、真の打ちをせんとて、手足をおこしたつる心なり。能々工夫すべし。

⑬一、**三ツの先《せん》と云事**

三ツの先と云は、一ツには、我《われ》敵の方へかゝりての先也。二ツには、敵我方《わがほう》へかかる時の先也。又三ツには我も懸《かか》り、敵も懸る時の先也。これ三ツの先なり。

我か丶る時の先は、身は懸《かか》る身にして、足と心を中に残し、たるまず、はらず、敵の心を動かす、これ懸《けん》の先也。又敵懸り来る時の先は、我身《わがみ》に心なくして、程近き時、心をはなし、敵の動きに随《したが》ひ、その儘先《まません》に成《なる》べし。又互《たがい》に懸り合ふ時、我身《わがみ》をつよく、ろくに（まともに）して、太刀にてなり共、身にてなり共、足にて成共、心にて成共、先になるべし。先を取る事肝要也《かんようなり》。

⑭一、**渡《と》をこすと云事**

敵も我も互にあたる程の時、我《わが》太刀を打懸《うちかけ》て、との内こされんとおもはゞ、身も足もつれて身際《みぎわ》へ付べき也。とをこして気遣いはなき物也。此類《このたぐい》、跡先の書付にて能々分別有るべし。

⑮一、**太刀に替る身の事**

太刀にかはる身と云は、太刀を打出す時、身は連《つ》れぬ物也。又身を打つと見する時は、太刀は迹《あと》より打つ心也。これ空《くう》の心也。太刀と身と心と一度に打つ事はなし。中に在る心、中に在る身、能々吟味すべし。

⑯一、**二ツの足と云事**

二ツの足とは、太刀一つ打つ内に、足は二ツはこぶ物也。太刀に乗り、はずし、つぐもひくも、足は二ツの物也。足をつぐと云心これなり。太刀一ツに足一ツづゝふむは、居付きはまる也。二ツと思へば常にあゆむ足也。能々工夫あるべし。

⑰一、**剣をふむと云事**

太刀の先《さき》を足にてふまゆると云心也。敵の打懸る太刀の落つく処を、我《わが》左の足にてふまゆる心也。ふまゆる時、太刀にても、身にても、心にても先《せん》を懸《かく》れば、いかやうにも勝つ位なり。この心なければ、とたんとたんとなりて悪敷《あしき》事也。足はくつろぐ事もあり、剣をふむ事、度々にはあらず。能々吟味在るべし。

⑱一、**陰《かげ》を抑《おさ》ゆると云事**

陰《いん》のかげをおさゆると云事、敵の身の内を見るに、心の余りたる処もあり、不足の処も在り。我太刀も、心の余る処へ気を付る様にして、たらぬ所のかげにその儘《まま》つけば、敵拍子まがひて勝能《かちよ》き物也。されども、我心《わがこころ》を残し、打つ処《ところ》を忘れざる所肝要なり。工夫あるべし。

⑲一、**影《かげ》を動かすと云事**

影は陽《よう》のかげ也。敵太刀をひかへ、身を出して構ふ時、心は敵の太刀をおさへ、身を空《くう》にして、敵の出たる処を太刀にてうてば、かならず敵の身動き出るなり。動き出れば勝事やすし。昔はなき事也。今は居付く心を嫌ひて、出たる所を打也。能々工夫有るべし。

⑳一、**弦《つる》をはづすと云事**

弦をはづすとは、敵も我も心ひつぱる事有り。身にても、太刀にても、足にても、心にても、はやくはづす物也。敵おもひよらざる処にて、能々はづるゝ物也。工夫在るべし。

㉑一、**小櫛《おぐし》のおしへの事**

おぐしの心は、むすぼふれるを解くと云儀也。我心に櫛《くし》を持て、敵のむすぼふらかす処を、それぐにしたがひ、とく心也。むすぼふると、ひきはると、似たる事なれども、引はるは強き心、むすぼふるは弱き心、能々吟味有るべし。

㉒一、**拍子《ひょうし》の間を知ると云事**

拍子の間を知るは、敵により、はやきも在り、遅きもあり、敵にしたがふ拍子也。心おそき敵には、太刀あひに成《なる》と、我身を動かさず、太刀のおこりを知らせず、はやく空にあたる、これ一拍子《いっぴょうし》也。敵の気のはやきには、我身と心をうち、敵動きの迹《あと》を打つ事、これ二のこしと云也。又無念無想と云は、身を打様になして、心と太刀は残し、敵の気の間《あい》を、空よりつようつ、これ無念無想也。又おくれ拍子と云は、敵太刀にてはらんとし、受んとする時、いかにもおそく、中にてよどむ心にして、まを打事、おくれ拍子也。能々工夫あるべし。

㉓一、**枕《まくら》のおさへと云事**

枕のおさへとは、敵太刀打出さんとする気ざしをうけ、うたんとおもふ、うの字のかしらを空よりおさゆる也。おさへやう、心にてもおさへ、身にてもおさへ、太刀にてもおさゆる物也。此《この》気ざしを知れば、敵を打つに吉《よし》、入るに吉《よし》、はづすに吉《よし》、先を懸《かく》るによし、いづれにも出合ふ心在り。鍛錬肝要也。

㉔一、**景気を知ると云事**

景気を知ると云は、その場の景気、その敵の景気、浮沈《うきしずみ》、浅深《せんじん》、強弱の景気、能々見知るべき物也。いとかねと云は常々の儀、景気は即座の事なり。時の景気に見請《みうけ》ては前向《まえむい》てもかち、後ろ向《むい》てもかつ。能々吟味有るべし。

㉕一、**敵に成ると云事**

我身、敵にして思ふべし。或《あるい》は一人取籠《とりこもり》か、又は大敵か、その道達者なる者に会ふか、敵の心の難堪《なんかん》とおもひ取るべし。敵の心の迷ふをば知らず、弱きをも強きとおもひ、道不達者なる者も達者と見なし、小敵も大敵と見ゆる。敵は利なきに利を取付る事在り。敵に成て能く分別すべき事也。

㉖一、**残心放心の事**

残心放心は事により時にしたがふ物也。我太刀を取て、常は意のこゝろをのこす物也。又敵を慥《たしか》に打時は、心《しん》のこゝろをはなち、意のこゝろを残す。残心放心の見立、色々在る物也。能々吟味すべし。

㉗一、**縁《えん》のあたりと云事**

縁のあたりと云は、敵太刀切懸るあひ近き時は、我太刀にてはる事も在り、受る事も在り、あたる事も在り。受るもはるもあたるも、敵を打つ太刀の縁《えん》とおもふべし。乗るもはづすもつぐも、皆うたんためなれば、我身も心も太刀も、常に打ちたる心也。能々吟味すべし。

㉘一、**しつかうのつきと云事**

漆膠《しっこう》のつきとは、敵の身際《みぎわ》へよりての事也。足腰顔迄も、透《すき》なく能《よく》つきて、漆膠《うるしにかわ》にて物を付るにたとへたり。身につかぬ所あれば、敵色々わざをする事在り。敵に付く拍子、枕のおさへにして、静《しずか》なる心なるべし。

㉙一、**しうこうの身と云事**

愁猴《しゅうこう》の身、敵に付く時、左右の手なき心にして、敵の身に付べし。悪敷すれば、身はのき手を出す物也。手を出せば身はのく者也。もし左の肩、かひな迄は役に立べし。手先にあるべからず。敵に付く拍子は前におなじ。

㉚一、**たけくらべと云事**

たけをくらぶると云事、敵のみぎはに付く時、敵とたけをくらぶる様にして我身をのばし、敵のたけより我《わが》たけ高く成る心。身ぎはへ付く拍子は何《いずれ》も同意也。能々吟味有るべし。

㉛一、扉《とぼそ》のおしえへと云事

とぼその身と云は、敵の身に付く時、我身のはばを広く直《すぐ》にして、敵の太刀も身も、たちかくすやうに成て、敵と我身の間の透《すき》のなき様に付くべし。又身をそばめる時は、いかにもうすくすぐに成て、敵の胸へ我肩をつよくあつべし。敵を突たほす身也。工夫有るべし。

㉜一、将卒のおしへの事

将卒と云は、兵法の利を身に請ては、敵を卒に見なし、我身を将に成して、敵に少しも自由をさせず、太刀をふらせんも、すくませんも、皆我心の下知《げち》につけて、敵の心にたくみをさせざる様にあるべし。此事肝要なり。

㉝一、うかうむかうと云事

有構無構と云は、太刀を取て身の間《あい》に有る事。いずれもかまへなれども、かまゆるこころ有によりて、太刀も身も居付者なり。所により、ことにしたがひ、いずれに太刀は有とも、かまゆると思ふ心なく、敵に相応の太刀なれば、上段のうちにも三色あり。中段にも下段にも三つの心有り。左右の脇までも同じ事なり。爰《ここ》をもってみれば、かまえはなき心也。能々吟味有るべし。

㉞一、いわほの身と云事

岩尾の身と云は、うごく事なくして、つよく大《おおい》なる心なり。身におのづから万里を得て、つきせぬ処なれば、生有る者は、皆よくる心有る也。無心の草木迄も根ざしがたし。ふる雨、吹く風もおなじこゝろなれば、此身能々吟味あるべし。

㉟一、**期《ご》をしる事**

期をしると云事は、早き期を知り、遅き期を知り、のがるゝ期を知り、のがれざる期を知る。一流に直通《じきつう》と云極意あり。此事品々口伝なり。

㊱一、**万理一空の事**

万理一空の所、書あらはしがたく候へば、おのづから御工夫なさるべきものなり。

右三十五箇条は、兵法の見立《みたて》・心持《こころもち》に至るまで大概書記《かきしるし》申候。若端々《もしはしばし》申残す処も、皆前に似たる事どもなり。又一流に一身仕得《いっしんしとく》候太刀筋のしなぐ〳〵、口伝等は書付るにおよばず。猶《なお》御不審の処は、口上にて申しあぐべき也。

寛永十八年二月吉日

新免武蔵玄信

武蔵は常に二刀を持って戦う印象があるが、実はそうではなかった。冒頭に「此道二刀と名付る事」として、戦場においては片手で刀を持ったほうが有利な場面が多いことを例示し、多敵に対しても、たとえ片手を切られても、いかなる場においても勝つために、左右両手とも片手で使えるよう普段から二刀を持って鍛錬するのであり、武士が常に腰に差している二刀を余さず活かすのが本意としている。

最後の「万里一空の事」は兵法を極めた者だけが悟りえる真理であり、忠利に対し「おのづから御工夫なさるべきもの」とあえて独自の悟りを求めている事に注目する。これを除いた三十五箇条に武蔵兵法の見立・心得が網羅してある。ただし武蔵が実戦の中で会得した「直通の極意」は文章に表しがたいので口伝とし、「御不審の処は、口上にて申しあぐべき也」と、対面の上で補足する意向であった。

しかし、史料によれば武蔵がこれを書き上げた二月には忠利は中風（脳梗塞）を発症して病床にいた。はたして武蔵は忠利にこれを呈上することができたであろうか。

六、忠利の急死

1、忠利病状の経緯

前回に見たように、正月は本丸御殿や花畑屋敷で年賀の儀式をつつがなく終え、家臣団との祝宴、御謡始《おうたいはじめ》や武蔵など客分の者との交流も楽しく過ごし、三日、七日と鷹野にも出てすこぶる元気に過ごしていた忠利であった。

異変が起きたのは正月十八日、八代城の父三斎忠興を年始の挨拶に訪ねた帰りであった。『綿考輯録』ではこう伝えている。

一、十八日八代御出。御帰り小川にて右の御足しびれ、御もませ成され候て、宇土迄御出成され候処、御足なへ候に付、当帰斎に鍼仰《はりおおせつ》付けられ、御快成され御座候。此の為御褒美《ごほうび》、御膳にすわり候鮒《ふな》を下され候。

忠利は在国時の正月には必ず八代へ年始訪問するのが常であった。この年は遅れて十八日に訪問している。普段から忠利の父忠興への気の遣いようは尋常ではなく、そのためか帰路の小川宿で右足のしびれを発症、翌日宇土まで戻ったところで足が萎《な》えて動けなくなった。軽い脳梗塞の症状であった。

侍医の当帰斎を呼び鍼《はり》治療をさせたところ回復したので、喜んで御膳の鮒を褒美に授けたという。

しかし同日、花畑帰宅後にまた発症し、侍医の高本慶宅が主治医として治療することになる。この慶宅による忠利死去までの容体と詳細な治療の記録「慶宅覚書」が『綿考輯録』に収録されていて、その病状経緯が判明する。

●御煩《わずらい》之次第之覚

一、同日（十八日）御足しびれ候に付、慶宅薬召上られ候。同月二十一日まで薬召上られ御本復成され候に付、廿一日よりは御薬召上られず候事。

一、廿二三四五六七日迄は御気色吉《よし》。

一、廿八日に御鷹野に御出成され候へば、御鷹野にて右の御手足しびれ、御目舞《めまい》・心《しん》も御座候。然る処に権左衛門に御手足御もませ成され候へば、そのまま能《よ》く御座候て、御帰り成され候事。

一、同日とらの刻に御熱気さし、悪寒も成され候。慶宅薬召上られ候事。

正月十八日の発病は慶宅の薬が効いて三日ほどで本復。それから一週間ほどは気色よく、忠利は元気を取り戻していたようである。しばらく用心しておればよかったのに、忠利はまた鷹狩に出てしまった。そして鷹野で再発し、二十八日夜寅の刻（二十九日午前四時頃）から発熱、まる一日高熱で食事もとれない重篤状態となった。

以後の記事によれば三十日に一旦熱は引くが、その夜中（二月一日午前二時頃）再発して、今度は右の手足のしびれだけでなく舌もしびれ、一時言語不能になってしまう。

2、忠利へ『兵法三十五箇条』呈上

医師たちの治療の成果か、二月中頃には一時容体を持ち直す。中風ではないという慶宅以外の医師の見立てもあって安心し、忠利は江戸の嫡子光尚へ心配しないように書状を出している。（二月十五日付部分）

一、爰許弥《いよいよ》替る儀なく候。我等気色、先度佐野藤兵衛遣し候刻口《とき》上に申す通り、今以て其分に候。少も気遣い有る事にてこれ無く候。若《も》しや中風に成るかと存じ候へば、疝気《せんき》故筋つり候。あるき候へば悪しく候故、養生の為この頃は鷹野にも出ず候。食事も常の如く進み、気相悪敷事もこれ無く候。頓《やが》て山鹿の湯へ参り候事。

養生のため鷹野へ出るのを控えているが、食事も進み気分も良いので心配無用、山鹿にまた湯治に行く予定だと伝えている。山鹿にはまた武蔵を呼ぶつもりであろうか。慶宅の覚書でもこの頃二月十五日から十九日までは忠利の気色がよかったと記している。

武蔵が書き上げた『兵法三十五箇条』の奥付「二月吉日」が授与日であれば、忠利へ呈上したのはこの間しかない。

忠利からの依頼を受けて書き上げた兵法書である。忠利は待ちかねていたであろうし、自筆原本は残っていないが、奥付の日付が書かれていることは伝授の証である。忠利は一時的にも床をあげ、武蔵を部屋に招いて受けたであろう。そうであれば、それが忠利と武蔵、最後の対面となったと推察される。確証はないが、武蔵が忠利のために著した兵法書である。忠利に届いたと信じたい。

二十日には、また舌と手のしびれを発し、三月に入ると病状は急速に悪化していった。

三月六日には京都へ名医・盛方院を迎えに使者が立つ。

七日からは大量の下血が続き、藩内に一気に緊張が走った。この日より松井佐渡・有吉頼母・米田監物など家老たちが病床に昼夜詰め万一に備えた。予定では三月二十日に参勤のため熊本発駕となっていたが断念して、十日に幕府へ延引の使者を派遣する事態となった。この日付で使者に託した光尚への書状の添書（永青文庫蔵）が忠利の絶筆となる。

右のてくひより手なへ申計ニ候、シに可申様ニハ無之候、可心安候、以上

「右の手首より手萎《な》え申すばかりに候、死に申すべく様にはこれ無く候、心安くべく候、以上」

たどたどしい筆跡が痛々しい添え書きであった。

忠利の容体が急変し、昏睡状態となったのは十四日朝である。即座に江戸の光尚、八代の忠興へ危篤の知らせが飛んだ。

忠興は驚愕して通常は二日かかる八代・熊本間十六里（五十七キロ）を一日で駆け、忠利の枕頭に立ったのはその日の深夜であった。そして忠利の容体を一目見て絶句。同日付江戸の光尚へ発した忠興書状にその時の狼狽ぶりが表れている。

越中（忠利）煩《わずら》い此中我々へかくし候て、よき〳〵と計《ばかり》申すに付、さかと存じ候てこれ在る内に、今日十四日俄《にわか》につまり候由申越候間、驚き八代を未之下《ひつじ》刻に罷り出、熊本へ夜の四ツ時着せしめ、越中体を見候処、はや究《きわま》り申候。人をも見知り申さず、目も明き申さず体に候。言語に絶し候。此の如くに候間、讃岐殿・柳生殿などと談合候て御暇申上、下国待ち申候。我々事の外困り、正体無く候間、わけも聞へ申す間敷候、恐々

京都から名医盛方院も十七日未明に到着したがむなしく、その日申の刻（午前八時頃）に息を引き取った。享年五十六歳であった。

忠利の急死に藩内は動揺する。幕府に注進の使者が立ち、急報を受けた江戸では将軍家光をはじめ親しかった沢庵や柳生宗矩ほか幕閣・諸大名は大いに驚き、深くその死を悼んだという。

「いずれの道にも別れを悲しまず（独行道）」という武蔵にも、己の兵法を認め、修得を志していた忠利の死はさすがに大きな失意であったはずである。

第三章　二代光尚と武蔵

細川光尚肖像（永青文庫蔵）

一、忠利葬儀と遺領相続

1、忠利の死因は脳卒中

光尚が忠利危篤の急報を受けたのは、将軍家の許しを受けて国元に向けて江戸を立ち、西へ二十里進んだ小田原であった。その報は江戸まで届き、江戸留守居の小笠原長元から受理の旨を国許の六家老へあてた書中

一、御病症御中風《おちゅうぶ》に相極《あいきま》り候由、盛方院御着、其の上肥後様も御下国にて候間、御養生の御手立て易《やすか》り申すべく候間、御本復の頼み出来申し候と是専《もっぱ》らに存じる迄に候事。

忠利の病が中風（脳卒中）と断定されたことが国許からの急報に書かれていたことがこれで判明する。京より名医盛方院が着き、光尚も帰国したなら忠利の病も本復するのではないかとの願いが書かれているが、願い空《むな》しく、この書状を発した三月二十五日はすでに忠利の死後六日が過ぎていた。

末期の様子を『綿考輯録』はこう記している。

一、三月十七日申《さる》の刻《こく》、御逝去遊ばされ候。御年五十六、江戸への御注進には六島少吉・津田六郎

左衛門差立て申し候。

御病中、興長を御枕本に召され、御政事事等細かに御示し成され、光貞君御年若く御座成され候、万《よろず》に心を附け、よく補佐し奉り、三斎君御老年に及ばせられ候へば御気短にも御座有るべく、随分入念御心を安んじ候へ。御存命の内、頼母・監物等示し合わせ、其の外にも能々《よくよく》申し合わすべく旨、御遺言成され候。殉死願い奉りたる面々の事をも重々の御意《ぎょい》これ有り候間、興長落涙とどめかね、やうやうに畏《おそ》れ奉《たてまつ》り候とばかり申し上げ候と也。

命終の時を悟った忠利が筆頭家老の長岡興長を枕元に呼んで遺言する様子である。国政の事、何よりも後継の光尚のことと隠居三斎の扱いについて存念を述べ、三家老が協力して万全を尽くすように。そして自分に殉死を願っている家臣たちの事まで遺言があったと伝えている。先の小笠原長元書状により忠利の死因は脳卒中と決まった。末期には手は萎《な》えて文字は書けず、言葉もままならぬ中で、目にものを言わせて必死に遺言する様子が目に浮かぶ。興長ならずとも英傑忠利を知るものなら、まだやり残し感多く、死に切れぬ無念の思いが胸に迫る光景である。

2、忠利の心残り

忠利の不安は八代《やつしろ》の父三斎であった。溺愛する四男立孝《たつたか》に隠居領三万七千石を相続させ、八代家臣団の知行五万七千石余を合わせて分藩する動きがあったからである。

近年の稲葉継陽《いなばつぐはる》の研究によれば、当時の細川藩は三斎の八代家中と忠利の熊本家中が分断し、御家騒動寸前の緊張状況に置かれていたという（『細川忠利―ポスト戦国世代の国づくり』吉川弘文館二〇一八）。稲葉によると忠利死去直後から、光尚が五十四万石の相続を幕府に認められるまで混乱が続き、家老・重臣らは一斉に光尚にあて「決して三斎様に通じない」旨の血判起請文を提出していたという。代表例として筆頭家老の長岡（松井）興長が光尚側衆《そばしゅう》に提出した起請文をあげている。（永青文庫叢書一九七号）

拙者儀、肥後様へ対し毛頭如在に存ずる儀にてこれ無く候。第一御家の儀、此度大事の儀と存じ候。貴様御存じの如く、我人心を置き、目くらべの様に相見へ候ゆへ、何事も心を置き申す躰に候。八代の儀、皆々心に在《ある》の躰に候。宇右衛門尉・拙者儀は万事一心に此度肥後様御為然るべき様に、忠利様御ゆいごん少しもちがいこれ無き様にと申し談じ候。三斎様、我々を御にくみ候事は、大方江戸衆も御出入り仕られ候ほどの衆は御存の事に候。

興長は光尚を決して粗略にしない事、忠利の急死はお家の大事であり、肥後家中は八代の問題で家臣たちが互いににらみ合いのような状況にあるが、自分と沢村友好（松井氏同族家老）は万事心を一つにして肥後様（光尚）の為、忠利の遺言通りに事を運ぶべく談合している。八代の三斎が自分たちを憎んでいることは江戸の幕閣にも細川家に出入りの者にも知られており、三斎に通じることはないと誓約している。

思えば忠利発病は年始に八代の三斎を訪ねた帰路の事であった。熊本と八代の険悪な対立関係がわかると、忠利の許に武蔵がいる情報も忠興には伝わっていなかったと思われる。

武蔵にとっても、忠利の突然の訃報は予想外の出来事であった。熊本に来てまだ八か月の短い交流である。前年の初冬、忠利に落成したばかりの山鹿御茶屋に招かれ、湯治に相伴し、兵法稽古に鷹狩、川狩など親しく交流した日々の記憶も冷めやらず、ほんのひと月前の二月半ば、忠利の病状が持ち直した間に『兵法三十五箇条』一巻を呈上したばかりであった。

忠利の求めに応じ、武蔵が会得した兵法の見立て、心得の大概を書き表したものである。しかし、武蔵が生涯の実践勝負で会得した太刀筋の数々、直通の極意は文書に書き表しがたいとして口伝する旨を同書中に伝えていた。その機会が失われたのである。

3、忠利に十九人が殉死

『綿考輯録』より忠利死去後の様子、

十九日の晩、御入棺遊ばされ、御花畑御居間の床をはなし、御棺を土中に置き奉り、江戸よりの御差図を待ち奉り候。二十一日に長岡勘解由・朝山斎・大木織部・秦中庵《はたちゅうあん》、江戸に罷り越し候。

忠利の遺骸は花畑屋敷の居間で死後三日取り置きの後、十九日の夜に入棺され、居間の床をあけて土中に埋められた。江戸より光尚の沙汰があるまで葬儀は止められたのである。二十一日には忠利の末期の様子を伝えるために長岡（沼田）延之ら重臣三名と侍医の秦《はた》（波多）中庵が江戸へ派遣された。
忠利逝去の十七日に江戸への注進に発った六島少吉・津田六郎左衛門が帰国途上の光尚一行に出会ったのは浜松であった。

一、光貞（光尚）君は遠州浜松迄御上り成され候処、御逝去の御注進聞し召され、御引き返し成され候て、江戸より堀平左衛門指し下され、御火葬仕るべき旨仰せ下され候に付、四月廿八日御野送り仕り、飽田郡春日村岫雲院の地にて御火葬有。

堀平左衛門が熊本に到着し、光尚の意向を伝えたのは四月二十六日であった。家老衆と火葬や葬儀の日程を決め、その日の内に殉死を願う者たちを集め、上意を伝えている。

『綿考輯録』の記事。

御供願い奉り候面々の事も堀平左衛門に仰せ付られ越し候て、夫々相済み、追々殉死仕り候。太田小十郎・内藤長十郎・原田十次郎・大塚喜兵衛・橋谷市蔵・野田喜兵衛・本庄喜助・林与左衛門・宮永勝左衛門・伊藤太左衛門・右田因幡・寺本八左衛門・宗像加兵衛・宗像吉大夫・田中意徳・津崎五助・阿部弥一右衛門・井原十三郎・小林理右衛門、合せ十九人なり。

この記事では許されて全員が殉死を遂げたように見える。この当時は大名の死に殉死するのは美徳とされ、主君のための戦死に準じ、その家の名誉となって子孫は厚遇された。特別な恩顧を受けた家臣は殉死しなければ武士にあるまじき卑怯者とされ、不忠者と非難される恐れがあったのである。のちに『阿部茶事談』の記事をもとに、阿部弥一右衛門が許しなく腹を切ったとして一族が討伐される悲劇を描いた森鴎外の小説『阿部一族』は、そこに注目した作品である。しかし、果たしてそのようなことがあったのであろうか。

真実を山本博文が『殉死の構造』（弘文堂一九九四年）で明らかにしている。藩内種々の事件を逐日《ちくじつ》書留めた奉行所の『日帳』に注目、忠利火葬の前、四月二十六日の日帳に、御供願いの者を花畑に集めての通達が記されていた。

一、御供衆、達して御留《とどま》り成されとの仰せ渡し、御花畑にて何《いずれ》も御揃いて仰せ渡され候

なんと、光尚は殉死をやめるよう命じていたのである。そして『日帳』は即日に十四名が切腹して果てたとしてその名を記していた。阿部弥一右衛門の名はその中にあり、その後段々に五名が切腹していた。すなわち全員が主命に背いて殉死を遂げていたことになる。ここに阿部弥一衛門だけが許可なく遅れて切腹したとする『阿部茶事談』の創作が明らかとなった。光尚はやむなく殉死を追認したものと考えられる。

武蔵はこの殉死事件の目撃者である。殉死をどのような思いで見ていたのであろうか。

4、岫雲院《しゅううんいん》にて火葬

忠利の遺骸を火葬にしたのは死後四十日を過ぎた四月二十八日であった。忠利の遺言により、春日村の岫雲院にて荼毘《だび》に付された。遺言の経緯について『綿考輯録』は忠利の鷹狩途上の和尚との逸話を収録している（略）。

忠利は鷹狩が好きで、病に倒れた後も鷹野に出ていたほどであったが、火葬時に忠利愛蔵の鷹の不思議な行動が記されている。

平生御秘蔵成され候て有明と名付けられたる大鷹、明石と名付けられたる鴘《はいたか》を御火葬の時放し候へば、有明は烟《けむ》りの中に飛入りて死し、明石は火屋の上を輪をかけ舞たりしが翌朝近辺の池に入りて死す。一に古井に入りて死すとあり、御火葬場は今以て岫雲院の藪中にしるしこれ有、池も其の辺にこれ有。

鴘《はいたか》は小ぶりの鷹で「疾き鷹《はや》」が語源であり大鷹と共に鷹狩に用いられた。おそらく武蔵も鷹狩相伴の折に見ていたであろう有明と明石二羽の鷹の死に様は、忠利への殉死と噂された。これら忠利火葬の逸話は小説『阿部一族』の中にすべて取り入れられているので参照ありたい。

火葬の翌二十九日の様子

晦日には御名代として式部少輔、次に興孝主両人にて御骨をひろい、泰勝院御仏壇に御納り成され、御位牌も安置せられ候。

御法名　妙解院殿台雲宗伍大居士と申し奉り候。矢野三郎兵衛に尊像を書かせ、江戸に差上げ候。賛は大淵和尚なり。

江戸にある光尚の名代として岫雲院で忠利の遺骨を拾ったのは長岡式部少輔（忠利の末弟・松井興長の養嗣子寄之）と長岡興孝（忠利弟・一万石刑部家祖）二人の異母弟であった。遺骨は細川家菩提寺である龍田山泰勝院の仏壇に位牌と共に仮安置された。祖父・幽斎（泰勝院）と祖母・麝香《じゃこう》の方および母・玉子（細川ガラシャ）を祀るために忠利が建立した寺である。（現泰勝寺）

5、武蔵が葬儀焼香順一番

忠利の遺骨が納められた泰勝院にて、その日から家中焼香の法事が始まった。

四月二十九日より五月五日迄四十九日の御法事の御仕上相済候、沅西堂・天授庵・不二庵等下向、四十九日迄の謹行これ有候、御家中の面々、晦日より五番に分、参拝焼香仕り候。

この時の焼香順の触を見ると、驚いたことに、家老重役から始まる最初の日、家老衆に先立って一番に焼香したのは「御牢人衆」すなわち宮本武蔵と足利道鑑らであった。忠利に対する武蔵の立場が表れており、賓客としていかに大切に扱われていたか伺える。

しかし武蔵は忠利なきあとをどうするか。肥後を去るか。二代藩主光尚の許で、家老衆以下、細川藩士に広がった武蔵二刀一流の師範として残るべきか。思案の時であった。

6、光尚肥後五十四万石を相続

忠利の四十九日の喪が明けた五月五日、光尚は江戸で将軍家より忠利の遺領五十四万石すべてを無事相続する許可を得た。異例の早さであった。これまで見てきたように、ひとえに忠利と将軍家光の日頃からの親密さゆえ、忠利の意向は直接明確に伝えられていたのであろう。これにより忠利が心配した三斎による八代分藩の企図は潰《つい》えた。

それでは肥後細川藩二代光尚とはいかなる人物か、武蔵との関係も絡めて見てみよう。

細川忠利の嫡男である。母は二代将軍秀忠の養女として細川家に降嫁した小笠原氏・千代姫（保寿院）。武蔵の養子宮本伊織が筆頭家老をつとめる豊前小倉小笠原藩主・忠真の妹である。兄妹は徳川家康の曾孫であり、光尚は生母を通じて将軍家の血筋に列したことになる。元和五年（一六一九）の生まれ、幼名は六丸。三代将軍家光より偏諱《へんき》を受け、当初は光利と名乗ったが、その後光貞と改め、この肥後細川藩二代藩主就任を機に光尚と改名した。

寛永十四年（一六三七）に勃発した天草島原の乱には忠利に先立って帰国し、一万六千人の兵を率いて天草へ出陣した。十九歳であった。翌年正月また二万余の大軍を率いて島原有馬に着陣、江戸より忠利が合流するまで大将として指揮を執った。二月の原城総攻撃においては鍋島勢抜け駆けの混乱の中、果敢に采配を振って軍勢を動かし、天草四郎の首を取り戦功第一とされた細川軍で、内外に次代藩主として認知される見事な働きを見せた。

一方武蔵は小笠原忠真の頼みで忠真の甥、中津藩主小笠原長次を後見して本丸乗り入れを果たす。養子の宮本伊織は本家小笠原藩の家老であり、侍大将・総軍奉行として指揮を執り大功をあげた。光尚にとって小笠原家は母の実家であり、有馬滞陣中に何らかの交流があったと考えられる。細川藩家老の長岡興長から小笠原陣中の武蔵のもとに音信が届けられていた事実（武蔵書状）も関連があるかもしれない。

7、武蔵の経歴に見える思い

光尚は武蔵が客分として仕えた最後の大名となるわけだが、ここで光尚に至る武蔵が生涯に客分した大名の関係図（正室を入れた女系図）を作成してみた。すると、武蔵の足跡には徳川家康の血筋が深く関与していることが見えてきた。武蔵に何か意図があったのか。図中①②③④の在籍順に従って考察してみよう。

①最初に武蔵を招いたのは家康の従弟の三河刈谷城主・水野勝成である。戦場では鬼日向の異名で恐れられた武将であった。慶長十三年（一六〇八）に武蔵が勝成に与えた兵法極意書『兵道鏡』が伝

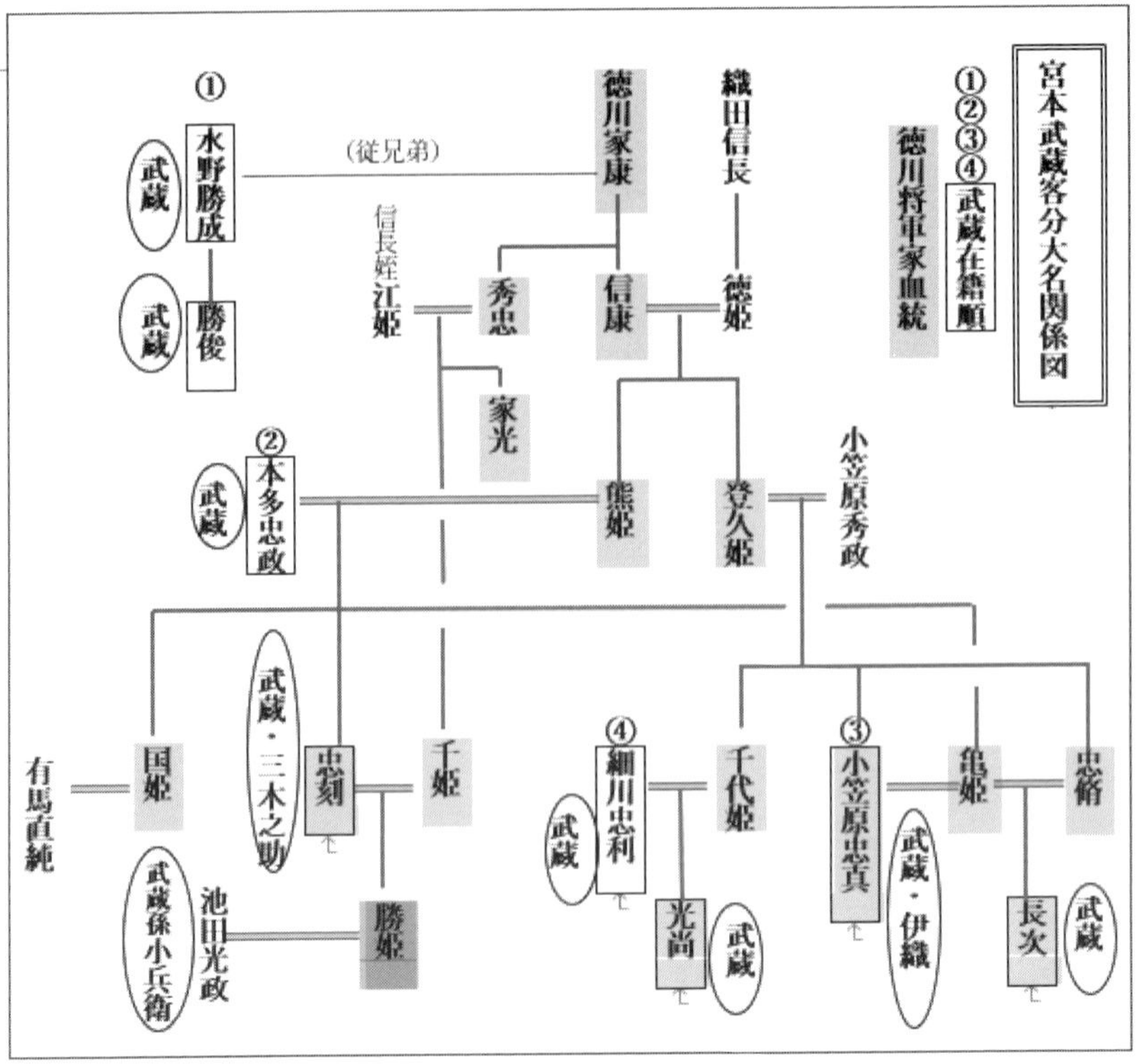

わっている。当時武蔵は二十七歳、まだ六十余度の勝負に明け暮れていた途上にあった。その後、慶長二十年の大坂夏の陣では水野勝成の嫡男勝俊の旗本武将として出陣した記録があり、通説の西軍説を否定、東軍説を決定づけた。水野家は抜群の軍功により倍加増で大和郡山へ移封となるが武蔵は仕官せず、水野家の武者奉行中川志摩之助の末子二人を養子に引き取って水野家を去り故郷の播磨へ帰った。武蔵の養子戦略の始まりである。

②そこで播磨姫路藩・本多忠政の客分となった。大坂陣での武蔵の活躍を見て本多家から強い招聘《しょうへい》があったと考えられる。忠政の正室は家康の孫である。この時、武蔵は養子三木之助・九郎太郎兄弟を忠政の嫡男の姫路新田藩

主・本多忠刻の小姓に仕官させ、自らは客分として自在な生き方を示す。忠刻は豊臣秀頼の正室であった将軍秀忠の長女千姫が、豊臣家滅亡後戻っていたのを正室に迎え、幕閣の重鎮となるべく期待されていた。三木之助は忠刻の小姓頭として重用されるが、十年目に忠刻が急逝し主君に殉死する。姫路の書写山円教寺にある本多家代々藩主の霊廟には忠刻の墓の後ろに傅《かしず》くように三木之助の墓が据えられている。七百石の三木之助の跡式は本藩の忠刻の父忠政の許で弟九郎太郎に継承され、三木之助の名も襲名させられた。名誉の証である。武蔵の許で訓育され、いわば武蔵の分身であった三木之助の殉死はそのまま武蔵の考えと思って間違いないであろう。すなわち先に見た細川忠利への殉死事件も、武蔵は肯定的に見ていたと推察できる。

③忠刻の死去を機に武蔵は隣藩明石の小笠原忠真に招聘され明石に移る。忠真もまた家康の曾孫、将軍家血筋である。武蔵は新たに甥（兄の子）の伊織を養子とし、忠真側近に仕官させ、自らは客分として後見する。伊織は新参の身でわずか五年の間に若干二十歳で藩の執政職に抜擢されるという、当時の武家社会にありえない大出世を果たす。伊織も武蔵の分身であり、武蔵の陰の働きあっての事であろう。伊織が藩の筆頭家老として宮本家を盤石にするのを見届けてから武蔵は小倉を去る。

④そして寛永十七年初秋七月に細川忠利の招聘を受け熊本に来たのであった。この招聘に忠利の正室・小笠原忠真の妹千代姫が無関係ではありえない。千代姫が生んだ光尚は神君家康の血を引く将軍家の爪の端とされ、細川家は光尚の代に徳川の血筋に列した。後に光尚の遺領相続にも小笠原家と伊織が重要な役を果たすことになる。

武蔵が原城攻めにおける日向延岡藩主・有馬直純の武功を証明する書状を直純に出したのも、この図を見れば直ちに理解できる。有馬直純と武蔵・伊織親子が属する小笠原忠真は共に本多忠政の娘を正室にする義兄弟の関係にあったからである。

武蔵の経歴になぜ徳川家の血筋が見えるのか、それは常に「厭離穢土欣求浄土《えんりえどごんぐじょうど》（汚れた世を厭《いと》い平和な世を開く）」の旗印をたてて戦国の世を戦い、艱難辛苦《かんなんしんく》の末に太平の世を招来した家康と徳川家に、武士の道、兵法の極致を見た武蔵の共感ではなかっただろうか。武蔵は大坂夏の陣で水野勝成・勝俊に従って家康の本陣近くへ行っており、この家康の旗印を見たはずである。この戦をもって戦国の世は終結し、天下太平の世が開かれた。武蔵はこの太平の世を守る意図を持っていたのではないだろうか。

二、熊本残留と兵法指南

1、将軍家光の喜び

忠利の四十九日法要も無事に済んだ寛永十八年（一六四一）五月五日、光尚は江戸で老中より、忠利の跡目一式相続の上意を伝えられ、翌六日江戸城へ将軍に御礼のため登城した。若き新藩主は二十三歳。この時家光は光尚をそば近く招き寄せ、直々に慈愛に満ちた激励の言葉をかけている。その時の感激の思いを光尚は即日国許へ早飛脚をもって知らせた。

一、今日、嗣目《つぎめ》の御礼首尾よく申し上げ候処《ところ》、御前近く召し為され、上意には、越中様（忠利）の事、御取立て為され候処、御奉公遊ばさるべきとの御覚悟にて御座候て、今度有馬表にても御精を入れられ、御内存に付き御譜代同然に思召され、九州に差し置かれ候処、不慮に御果てなされ、別して御残念に思召され候。我等儀は母へも相続如在思召されず候。それに就き越中様御跡一式仰せ付け候間、いよいよ御奉公仕るべく候。もし又国の仕置き等によく分からぬ儀も候はゞ、御内意を得申すべく候。少しも如在思召されず候旨、上意に候。か様の仰せ出られ、終《つい》に承りたる事もこれ無く、我等事は申すに及ばず、何れも迄有難く存ずべきと推量申し候。此の由、人持ち物頭其の外何れにも残らず申し聞かすべく候事。

春日局肖像（麟祥院所蔵）

家光は「忠利を信頼して取り立てた所、忠利も格別の覚悟で奉公してくれ、有馬陣でも大功があった。忠利を譜代同然に思い九州の要所に差し置いたのに、この度の不慮の死は格別に残念である」と悔やみを述べた。家光の「譜代同然」の言葉には重みがある。細川家は外様であるが、これまでも見てきたように、柳生邸に赴いて共に兵法に励むなど、家光と忠利の間は特別に親密であった。光尚は「母（小笠原氏）を通じて将軍家の血筋に連なる者なので一層近しく忠利の遺領一式を相続させた。もし領国の治世に何か分からないことが出たら内証で相談しなさい、お前のことは少しもおろそかにはしない」と細川家が光尚をもって将軍家の血筋に連なったことを喜び、親しみを込めて激励した。光尚は感激し、このような将軍の仰せは特別なこと。自分だけでなく家中一同が肝に銘じ有難く思うべきだと、家中に周知するように命じたのである。光尚の喜びと興奮が伝わってくるようだ。

家光もまたこの光尚を謁見した時の喜びを乳母の春日局《かすがのつぼね》に語っていた。忠利と親しかった旗本榊原職直《もとなお》が細川家の波多中庵に宛てた書状の中でその様子を如実に伝えている。

昨日春日殿にお目に懸かり候へば、うれしき事御かたり候はんとて、上意に、春日うれしき事があるは、肥後守は越中が年若く成りたる者にて、世間にもかしこきと言うと聞いたわやいと仰せ

られ候。これ程の良き満足なる事は御入りなきと御物語にて候。珍重々々、いよいよ御国の御仕置き等大事に候。（『綿考輯録』）

家光が光尚と会見後に乳母の春日局を訪れ、

「春日、うれしき事があるぞ、肥後守は越中が年若く成りたる者にて、世間にもかしこきと言うと聞いたわやい」

と、家光の興奮した語り口そのままにその喜びの様子を語ったというのだ。家光の見立てでは光尚は忠利を若くしたように顔もそっくりだった。世間でも賢いと評判だそうだと言って喜んでいる。いかに忠利が有能な大名で、将軍家光に愛されていたかが伝わる。また春日局も「これ程の良き満足なる事はない」と榊原に我が事のように嬉々と物語ったという。当時は将軍御局《おつぼね》として老中をも上回る権力を持っていたとされる春日局にさえ、忠利は愛されていた。家光のブレーンというべき沢庵や柳生宗矩も同然で、この時代が将軍家と細川家の最も親密な時期にあったといえよう。沢庵はこの後、光尚に細々《こまごま》新藩主としての心得を書状でアドバイスしている。

2、光尚も武蔵を優遇

光尚が肥後国を就封して初の国入りを果たしたのはこの年寛永十八年六月十四日であった。花畑屋敷に入り、熊本城へは十六日に入城し本丸御殿にて家臣一同と対面した。

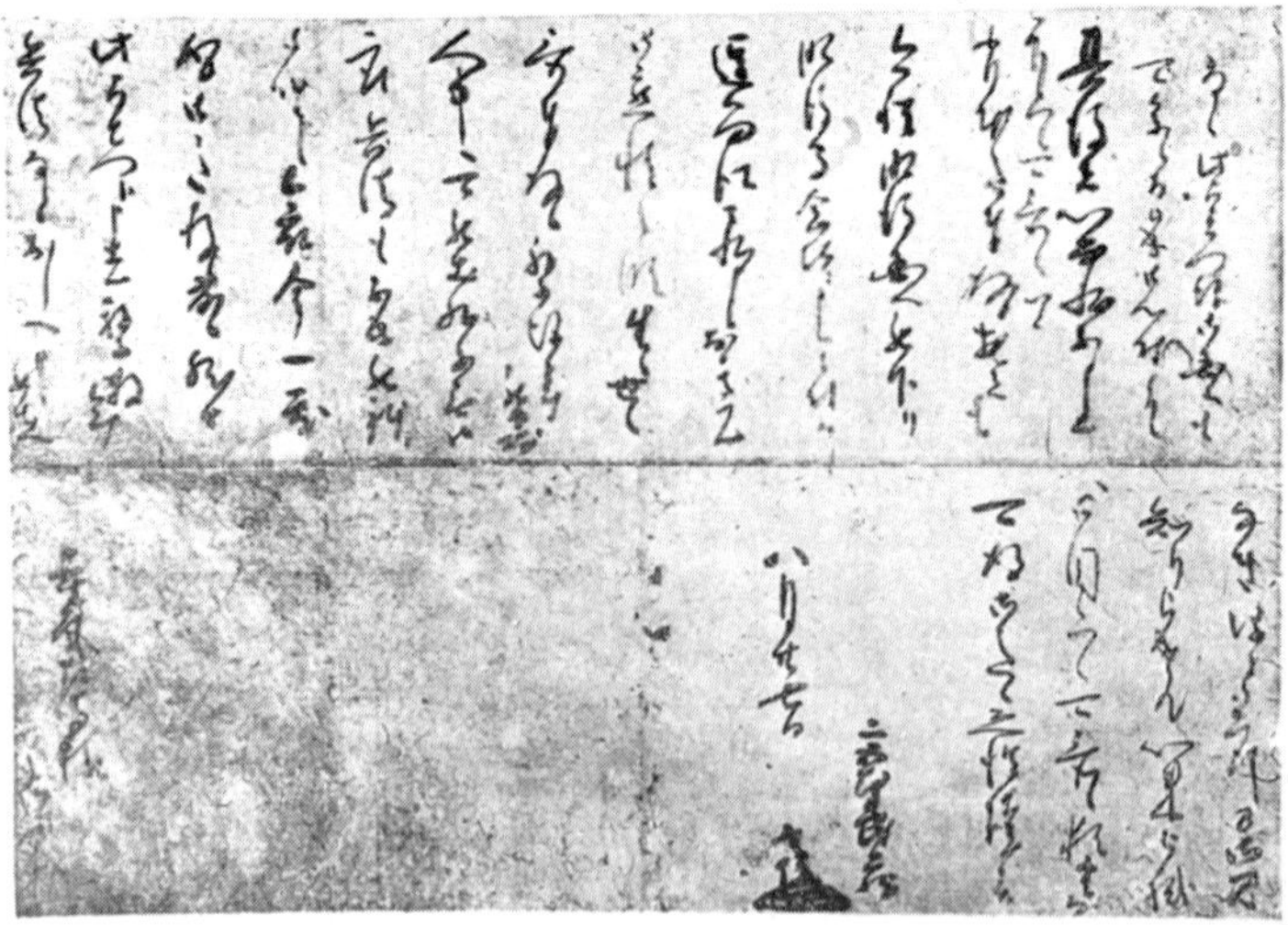

宮本武蔵書状（新見家蔵）

武蔵とも対面したはずである。光尚は武蔵へどのような言葉をかけたのであろうか。確かなのは忠利の遺志を継いで武蔵を熊本に留めたことである。光尚の印判が押された奉書がそれを証明している。

宮本武蔵ニ米三百石遣候間、可相渡候者也
寛永拾八年九月廿六日　御印
奉行中

細川家はこの年江戸在府に当たり、この奉書の三日後の二十九日、光尚は再び参勤の為慌ただしく江戸へ出立した。国許滞在はわずか三月、この度は跡目就封のための一時帰国であったのだ。

光尚に優遇されていたという武蔵自身の書状がある。吉川英治が発見して、新聞連載の小説『宮本武蔵』が大好評のうちに完結して後、昭和十四年刊行の『随筆宮本武蔵』初版本に口絵写真として紹介したものである。読み下しで見てみよう。

尚々此の与右衛門儀、御国へも参るべく候間、御心付成され候て下され候はゞ忝《かたじけな》くべく候、以上

其の後は書状を以ても申上げず、本意に背《そむ》くと存じ奉り候。拙者も今程肥後国へ罷り下り、肥後守念頃に申し候に付けば逗留仕り居申し候。其元に於いて御懇情の段、生々世々忝く存じ奉り候。我等儀、年罷り寄り、人中へ罷り出るべき様子御座無く、兵法も罷り成らず体に御座候。哀れ今一度御意を得存じたく候。然らば此の与右衛門と申す者、我等数年兵法などおしへ申し、如在なき儀に御座候間、御見知り成され候て、以来御目に掛けられ候はゞ、忝《かたじけな》くべく候。猶重ねて御意を得べく候。恐惶謹言

八月廿七日　　宮本武蔵

玄信（花押）

寺尾左馬様

人々御中

これは武蔵が弟子の与右衛門という者を旧知の寺尾左馬という人物に宛てて兵法指南役に推挙した書状と思われ、「此の与右衛門儀」とあることから、与右衛門本人に持たせたものと考えられる。文中の棒線部、「拙者も今程肥後国へ罷り下り、肥後守念頃（懇ろ）に申し候に付けば逗留仕り居申し候」の一文が、武蔵が肥後在住であり、肥後守すなわち光尚に優遇されていることを自ら証言している。それゆえに「其元に於いて御懇情の段」、おそらく忠利の死去を知った寺尾に武蔵が招聘《しょうへい》されたことを

示唆する文言に、自分は離れることができないと回答しているのである。

「年罷り寄り、人中へ罷り出るべき様子御座無く、兵法も罷り成らず体に御座候」というのは断りの方便であろう。自分の代わりに兵法を習得した与右衛門を派遣するので宜しく、という内容で、武蔵が熊本を終焉の地と決めた決意を窺《うかが》わせる書状である。時期は寛永十九年か。

3、竹村与右衛門を尾張へ派遣

せっかく最初に武蔵の書状を発見しておきながら、吉川英治は書状の与右衛門にも宛名の寺尾左馬にもたどりつけず、「宿題としてなお他日再考してみる」（昭和二十五年再刊本）と書状の解釈を投げ出してしまった。しかしその後、書状の所蔵者である新見吉治《しんみきちじ》氏が、「尾張と宮本武蔵」（『郷土文化』昭和二十六年）として、書状の解読と、尾張（愛知県）と武蔵の事績について自ら論文を発表している。新見氏は旧尾張藩士家系の著名な歴史学者（旧制広島文理科大学教授）であった。それによると与右衛門は武蔵の弟子で尾張円明流の開祖となった竹村与右衛門頼角のこと。宛名の寺尾左馬は徳川御三家筆頭の尾張徳川家初代義直の出頭人、義直の小姓から出て八千石の家老職にまで昇った寺尾土佐守直政のことであることが判明した。即ち尾張徳川家の誘いを断って武蔵は肥後熊本に残ったのである。

尾張藩史料『藩士名寄』『武業雑話』や『尾参宝鑑』その他、尾張地方には武蔵逸話が多く残っていて、ここに若き頃の武蔵が逗留して兵法を教えていた時期があったようである。寺尾左馬との所縁はその時であろう。
これにより、武蔵が熊本へ伴ってきた弟子の一人が尾張に出て行ったことが判明した。当時の尾張藩には兵法指南役に尾張柳生流開祖の柳生兵庫助利厳《としとし》がおり、その子利方《としかた》・連也厳包《としかね》を中心に、天下の剣客尾張になびくと言われたほどの武芸どころであった。そこへ乗り込んだ与右衛門はよほど強かったのであろう。寺尾土佐守の同心にはかって武蔵について兵法修行した弟子、林資輝もいた（尾張藩『藩士名寄』）。柳生流から転じる者もいて、次第に尾張円明流は隆盛を誇ることになる。

4、熊本の弟子たち

熊本の弟子筋による武蔵伝記『武公傳』には、武蔵の直弟山本源五左衛門（士水）語るとして、

一、士水伝云、武公肥後ニテノ門弟
太守初メ長岡式部寄之、沢村右衛門友好、其外御家中御側外様及ヒ陪臣軽士ニ至リ千余人ナリ、

と伝えたことは前にも書いた。続けて曰く、

寺尾孫之亟勝信後ニ夢世・寺尾求馬信行兄弟ハ武公親睦シテ常ニ細工等ヲシテ諸弟稽古ニモ交ラス、終《つい》ニ一流相伝ナリ。

一門の中でも寺尾兄弟だけは別格で、他の門弟の稽古にも交じらず武蔵に親睦し、細工等も手伝っ

ていたという。

千葉城の武蔵屋敷には連日多くの弟子たちが詰めかけて庭で稽古に励んでいたであろう。屋内では、武蔵がゆったりと書画細工に時を過ごしている様子が目に浮かぶ。側近で墨をすったりして手伝いをしているのは寺尾兄弟である。寺尾家に武蔵の書画が多く伝来した由縁であろう。

寺尾兄弟には兵法の伝授も特別になされたのでついに一流相伝に至ったとしている。武蔵の直弟からの直話であり、多分に真実が伝えられていると考えてよい。

5、武蔵の稽古場景

右の士水伝にもあるように、熊本における弟子中一番に指を折るのは後に武蔵から『五輪書』を授かることになる寺尾孫之丞であろう。武蔵没後、その孫之丞に七年随仕して二天一流三代目を継いだ柴任義矩の談話を載せた『武州伝来記』は、次の逸話を伝えている。

一、武州門人数百人ノ内、肥後ノ住人、寺尾孫之允信正一人、多年ノ功ヲ積テ当流相伝セリ。或時、武州ノ打太刀ニテ小太刀入ヲ推返《おしかえ》シ推返シ指南セラレシガ、小太刀、中ヨリ折レテ武州ノ打ル、木刀、信正カ頭ニ当ルトミヘシガ、月代《さかやき》ノキハニテ打留ラル。少モ頭ニ疵《きず》ツカス。加様ナル手業《てわざ》ノキ、タルコトハ常住有之《これあり》タリト云ヘリ。

武蔵が打太刀となり仕太刀の孫之丞に小太刀の入れようを教えているときのこと、武蔵が上段より打ち込んだ木刀を受けた寺尾孫之丞の小太刀が中より折れ飛んで、武蔵の木刀がそのまま頭に当ると見えた寸前で止めた。このような武蔵の手技の冴えを見ることは常の事であったというのである。

また別の武蔵の直弟子・中西孫之亟は武蔵の立ち合いの様子を『武公伝』の著者豊田正剛に次のように述べている。

一、武公兵法ツカイ至極静《しずか》ニシテ譬《たと》エハ江口《えぐち》・湯谷《ゆや》ナトノ仕舞ヲ見カ如シ。常ニツカハズト中西孫之亟語ル。

打ち込みは強くとも、武蔵の動きは極めて静かで、まるで能の『江口』や『湯谷』を見るようであったと伝えている。中西孫之亟は松井家の家臣で武蔵の看病のために付けられた人物であり、長命で九十七歳まで生きた。真実を伝えているものと思われる。

足遣いについて武蔵は『五輪書』に、

「足の運びは事により大小遅速はあれど常に歩むがごとし。足に飛び足、浮足、踏み据ゆる足とてこの三つ嫌う足なり」と述べている。

実戦では足場、地面の様子も様々であり、敵も複数・多数、前後左右どこから来るかわからない。足が居つかぬよう、右左交互に歩むような足運びをせよというのである。それは能の足さばきに似ていた。

6、入門初稽古で大手柄

『武州伝来記』には、肥後での出来事として、武蔵に初めて教えを受けた少年が、初日にさっそく人切りの狼藉者と出会い、教えの通りに実践してこれを倒した逸話を載せている。

又或時、肥後ニテ小知ノ士、十八九歳ノ賎息ヲ一人召連、武州ノ処ニ来、弟子ニイタシタキ由ヲ申ス。健《すこやか》ナル若者ユヘ許容アリタリ。親ハ罷《まかり》帰リ若者ハ残リ、終日稽古ス。喝吐《かつとつ》ノ位《くらい》ヲ数百返《へん》教ヘ、及晩《ばんにおよび》帰ル所ニ、町ニテ人ヲ誤リタル者、血刀ヲ振テ向ヒ来ル。跡ヨリ声々ニ、其者トメテタマワレト申ス。彼若者、只今稽古ノコトナレハ、両刀ヲ抜放シ、喝吐《かつとつ》ニテカヽル。狼藉者、無拠《よんどころなく》一刀打込後ヘシサル。若者カスリ揚《あげ》テ打込。サレトモ跡ヘシサリシ故不当《あたらず》。又追カクル。以前ノ如ク、打込テハシサリ、カスリ揚テハ打チ、五六度、七八度モ右ノ如ニテ跡エシサリ行。其内ニ町口ノ門ヲタテ、揵《かんぬき》ヲ打。門際マテ追ツメ、打込ム所ヲカスリ揚テ打。跡ノクワン（門）ヌキニツカエ、シサルコト不能《あたわず》。伽裟《けさ》カケニ打放ツ。追手ノ者トモ悦《よろこ》ヒ《び》、死骸ヲカタツケタリ。彼者親、早速カケ付、右之趣《おもむき》聞届ケ、賎息召連、武州ヘ伺公《しこう》、御影《おかげ》テ《で》手柄仕、忝《かたじけなき》由、及謝礼。武州ノ玉フハ、我等ノ兵法ニテ候間、今日稽古シ、今日打勝候段、不珍《めずらしからず》候。同シコト二三度ハサモアルヘシ。数反ノ間、指南ヲタカエス遂《ついに》打勝候段、志《こころざ》シ丈夫ニテ祝着《しゅうちゃく》ノ由、甚《はなはだ》感称シ玉ヘリトイヘリ。コレハ武州ノ手柄ニ非《あら》ス《ず》トイヘトモ、聞置タル咄《はなし》ユヘ記置《しるしおく》ナリ。志シ丈夫ナラテハ何事モ調《ととの》イカタカルヘシ。

武蔵の教えは即効性があるようだ。

「我等の兵法にて候間、今日稽古し今日打ち勝ち候段、珍しからず候」と武蔵はこともなげに言っている。そのことよりも、血刀を下げて向かってくる凶暴な狼藉者に対し、恐れることなく、武蔵の教えを信じて勇敢に立ち向かった少年の強い意志を武蔵は褒めている。

何時にても役に立つように稽古し役に立つように教ゆる事、是兵法の実《まこと》の道也

と『五輪書』にいう武蔵。この初心少年の逸話はまさにその好例であった。

7、武蔵の指導方針

では、武蔵の弟子への教え方はいかなるものであったのだろうか、誰しもが知りたいところであろう。武蔵は『五輪書』（風の巻）他流との比較で次のように述べている。

一、他流に奥表といふ事

兵法のことにおいて、いづれを表といひ、何れを奥といはん。芸により、ことにふれて、極意・秘伝などといひて、奥口あれども、敵と打合ふ時の理においては、表にてたたかひ奥を以て切るといふ事にあらず。我が兵法の教えやうは、初めて道を学ぶ人には、そのわざのなりよき所をさせならはせ、合点のはやくゆく理を先に教え、心の及びがたき事をば、その人の心のほどくる所を見分けて、次第〳〵に深き所の理を後に教ゆる心なり。されども、大形はそのことに対したる

事などを覚えさするによって、奥口といふ所なき事也。されば世の中に、山の奥を尋ぬるに、なお奥へゆかんとおもへば、又口へ出づるもの也。何事の道においても、奥の出会ふ所もあり、口を出してよき事もあり。この戦いの理において何をかかくし、何をか顕はさん。然るによつて、我道を伝ふるに誓紙・罰文などといふ事を好まず、此の道を学ぶ人の智力をうかゞひ、直なる道を教へ、兵法の五道・六道のあしき所をすてさせ、おのづから武士の法の実《まこと》の道に入り、うたがひなき心になす事、我兵法の教えの道也。能々《よくよく》鍛錬有るべし。

誓紙・罰文なし。極意・秘伝なし、奥口なしというのは他流の指導法とは全く異にする所であろう。初心の者にも勿体ぶらず全てを合理的に個人の能力に応じて順に教える。兵法の様々な悪癖、誤った考えを捨てさせ、おのずから武士の法の実の道に入り、疑いなき心にするのが武蔵の教え方だというのである。

また武蔵は弟子に対し、兵法を学ぶ心得を次のように諭《さと》している。

我兵法を学ばんと思う人は道をおこなふ法あり
第一に、よこしまになき事をおもふ所
第二に、道の鍛錬する所
第三に、諸芸にさはる所
第四に、諸職の道を知る事

第五に、物事の損得をわきまゆる事
第六に、諸事目利《めきき》を仕覚ゆる事
第七に、目に見えぬ所を悟ってしる事
第八に、わづかなる事にも気を付る事
第九に、役にたゝぬ事をせざる事

大形如此《かくのごとき》理を心にかけて兵法の道鍛錬すべき也。此の道に限りて、直なる所を広くみたてざればは兵法の達者とは成りがたし。

剣の鍛錬のみにて道を究めることはできないという教えである。正しい行い、広く世の中のことを知り、先見の明を磨き、細心の注意と合理的な行動を心がけることが大切だと。そうして兵法を学び得てはいかなる効用があるか。

此法を学び得ては一身にして二十、三十の敵にもまくべき道にあらず。先ず気に兵法をたえさず、直なる道を勤めては手にて打勝ち、目に見る事も人にかち、又鍛錬をもつて惣躰自由なれば、身にてもひとにかち、又此道に馴れたる心なれば、心をもつても人に勝ち、此所に至りては、いかにとして人にまくる道あらんや。

武蔵は武士の道、兵法を学ぶ目的を明瞭に指し示した。そして一身の兵法の理は一国を治める大の兵法も同じだと次のようにいう。

又大きなる兵法にしては、善き人を持つ事にかち、人数をつかふ事にかち、身をたゞしくおこなふ道にかち、国を治むる事にかち、民をやしなふ事にかち、世の例法をおこなひかち、いづれの道においても人にまけざる所をしりて、身をたすけ、名をたすくる所、是《これ》兵法の道也。(地の巻)

武蔵は忠利の後継光尚にも、この大の兵法、国を治め、民をやしなう道の伝授を志したのではないだろうか。

三、平居閑静の日々

1、光尚の気づかい

光尚が肥後細川藩二代藩主を継いだ寛永十八年は、歴史上「寛永の大飢饉」と呼ばれる全国的な大飢饉の年であった。肥後も稲に虫害が発生し家中武士・百姓共に困窮した。

当時知行地の年貢割合は四公六民が一般的であったが、細川家では三公七民、年貢を少なくして百姓優遇の政策であった。藩士は知行高百石に三十石の手取りである。それでも飢饉で百姓から年貢を取れず困窮に及んだ。このため光尚は参勤で江戸へ向かう船中より十月十一日に家中知行人救済の触れを出している。

一、殿様御船中より仰せ下され候は、先日御上洛前に仰せ出られ、御家中衆知行、当年むしくひ候ニ付、知行悪敷衆ニハ銀子御借遣《かしつか》わされ御つゝけ成さるべきと最前は思召され候へ共、知行悪敷衆ニハ御扶持方遣わさるべき旨、仰せ下され候間、その意を得らるべく候。忝《かたじけな》き仰せ付けられ様共にて、何れも忝く存じられ候事。

困窮の家臣へは銀子を貸付てきたが、救済の扶持米を支給するよう指示したのである。そんな苦しい財政中にもかかわらず、光尚は江戸へ向かう間際、武蔵に月々の扶持米とは別に三百石の合力米を支給するよう奉行に命じて行った。これは蔵米支給であり、細川家中知行取の一千石の手取りに相当する。武蔵は軍役のない客分であるから家臣を雇い入れる必要もなく、大変な厚遇である。

「老身に財宝所領もちゆる心なし（独行道）」

という武蔵には無用の気遣いであったが、光尚の気持ちを武蔵は有難く受け取った。

更に翌寛永十九年（一六四二）にも武蔵に対する四度目の奉書が出されている。

宮本武蔵ニ御米三百石遣候間可相渡者也

寛永拾九年十一月八日　御印（光尚）

奉行中

宮本武蔵ニハ御米被遣候時、御合力米と不申、

唯堪忍分之御合力米として被遣之由、可申渡候　奉　七郎衛門

武蔵へは例年通り三百石の合力米を支給せよというのである。しかもこれは唯《ただ》の「堪忍分《かんにんぶん》」であると武蔵に伝えるようにわざわざ光尚のコメントが付けられている。堪忍分とは、ほんの生活費の足しにという意味である。俸給ではないことをあえて伝え、御客分である武蔵に失礼のないようにと気遣っているのである。

武蔵は光尚の母方の伯父・小笠原忠真が治める徳川譜代小倉藩の筆頭家老・宮本伊織の父である。

生母保寿院に小笠原家から付けられた用人岩間六兵衛を通じて、伊織の陰になり小笠原藩の繁栄に長く貢献してきた武蔵の実績を光尚は知っていたはずである。光尚にとって武蔵は細川藩の兵法指南役というよりは、政治顧問として大切な存在となっていたことが察しられる。

光尚の兵法修行はこれまで江戸で柳生新陰流を学んできた。寛永十一年に父忠利が柳生宗矩の高弟の梅原九兵衛という者を知行三百石で召し抱え、江戸定勤として光尚の指南役に付けたのである。梅原は島原の陣にも光尚について出陣し、戦功をあげたことが記録されている。今後は国許では武蔵に師事し、江戸在府の折には梅原相手に兵法稽古をすることになったものと考えられる。

2、武蔵の日常

細川藩の武蔵伝記『武公伝』はこう伝えている。

平居閑静シテ、毎《つね》ニ泰勝寺ノ住持春山和尚ニ参禅シ、連歌、或ハ書画、小細工等ヲ仕テ日月ヲ過了ス。故ニ武公作ノ鞍・揚弓・木刀・連歌・書画数多《あまた》アリ。

武蔵の書画・木彫など遺作が熊本に多く残されているのは事実である。それについては追々考証するとして、前項に見たように、これほど細川家の厚遇を受けている武蔵がただ平居閑静にして、参禅、連歌、茶、書画、細工等にて日月を過ごしていたとは思われない。

この頃の武蔵の生活を考えてみよう。

まず光尚に兵法を教授し、様々な諮問に応えるために、折々花畑屋形を訪ねたであろう。太守のみならず、国政の実務を担当する家老重役とも交流し、細川家の厚遇に応えるべく意見を述べたものと考えられる。中でも筆頭家老の長岡（松井）興長と武蔵は同年で、慶長年間に武蔵の父無二斎が兵法指南した豊後杵築以来の関係があった。先の島原の陣でも小笠原陣営に居た武蔵に興長より音信の使者が送られていた事実がそれを証明している。

幕府の九州探題ともいうべき地位にある小笠原藩の筆頭家老を武蔵の子・伊織の宮本家が務め、肥後細川藩筆頭家老が松井家である。前の領地豊前の引き渡しや島原の陣でも接点があり、これまでもこれからも深い関係が続くことになる。細川家では武蔵の寄り親ともいうべき立場にあって格別懇親を深めていた。とくに興長の継嗣寄之が細々《こまごま》と武蔵の世話を心がけた。

寄之は実は先代藩主忠利の末弟で藩主光尚には叔父にあたる。興長の養嗣子となって、当時すでに興長と共に家老職にあった。

武蔵は二の丸の寄之邸にも度々兵法指南に出向いたようである。寄之の嫡男直之《なおゆき》は当時五、六歳の幼年であったが、武蔵に親子で剣を習ったらしく、松井家には直之のために武蔵が手彫りしたという大小二刀の木刀が伝わっている。

幼い直之の手をとって剣の振り方を教える武蔵、少し離れ目を細めて見守る寄之、ほのぼのとした稽古の情景が目に浮かぶ。直之は武蔵を深く尊崇し兵法を研鑽、後に『五輪書』や『兵法三十五箇条』を家臣に講義し『二天一流兵法書目註解』等の解説口述書を遺すほどとなる。

3、寄之邸で連歌の会

武蔵に連歌の嗜《たしな》みがあることはあまり知られていないようだ。文化人武蔵の一端を、小笠原家にあった小倉時代の作がいくつか連歌集に収められているのでまず見てみよう。

『鉋屑集』（備前岡本仁意胤及偏一六五九刊）

巻一　梅

鑓梅《やりうめ》のさきとをれかな春三月

小倉の住　宮本武蔵无何《むか》

巻二　寺にて雨乞の会に

あみだ笠やあのくたら〱夏の雨

小倉の住　宮本武蔵无何

『到来集』（豊前中津坂部弥堅編一六七六刊）

巻五　雑部

楊貴妃《ようきひ》の遊びはことも夥《おびただ》し

宮本武蔵玄信

五七五だが、これは俳句ではない、連歌の上の句である。次席が下の句を七七で読む。連歌は前の歌にかけて読むので、前の句の流れを見て鑑賞すべきだが、武蔵の句は一見して洒脱で温《あたた》かい。会席の衆の笑い声さえ聞こえるようだ。

雅号を「无何《むか》」としているのにも注目する。「无何＝何も無い＝空」武蔵らしい。

武蔵は熊本でも連歌の会に招かれて度々出向いた。『武公伝』に長岡寄之邸の連歌の会に武蔵が出席したときの様子が記されている。

一、寄之主モ連歌ヲ嗜《だしな》マレ、熊本二ノ丸屋舗歌仙ノ間ニテ度々《たびたび》連歌ノ会アリ。長岡右馬助重政主・武公・森崎玄三ナド会衆也。其他ニモ連中アリ。何角ト物声次ノ間ニ聞ユレドモ武公ノ声ハ一向ニナカリシト、其比近習ノ者、何《いずれ》モ云アエリ。

寄之邸は今の二ノ丸県立美術館の南側にあった広大な長岡佐渡屋敷の中にあった。これは武蔵の直弟で寄之の近習であった中西孫之亟の話を、嫡男の角之進が伝えたものだ。

会場の歌仙の間からは寄之や細川一門の長岡（三渕）重政など連衆の声が漏れ聞こえてくるが、近習の者たちが耳をそばだてても武蔵の声だけは聞こえなかったというのである。寡黙《かもく》に座して周りに溶け込まぬ固い武蔵のイメージが浮かぶだろうが、先に紹介した武蔵の句を見ればそうではなかったはずだ。座を和ませる柔和な武蔵の姿が見える。

連歌に参加して武蔵が歌を詠まないわけはなく、声が聞こえないのは、声を隣室にまで漏らさぬ兵法の心得を伝えた逸話であろう。

武蔵の熊本で詠んだ句はまだ未発見だが、当時の歌集を探せばどこかに埋もれているかもしれない。

『武公伝』は武蔵が寄之邸に来た時の様子を、迎えた家中の弟子たちの目線で伝えている。

細川藩重臣邸玄関（刑部邸）

一、武公寄之主ノ二ノ丸ノ第ニ来ラル時、山本源吾左衛門（後ニ士水）ヲ初、其外ノ門弟中何《いず》レモ玄関マテ出迎ヒシト也。或時武公玄関ノ箱段ヲ上ラルトテ、左ノ手ニテ腰板ヲ押ヘテ、エイト声ヲカケテ上ラル。源吾左衛門出迎ヒ、御手ヲ引可申哉《もうすべきや》ト云、武公、道フ危《どうあやう》イ《い》乎《か》、手ヲ引ニハ不及《およばず》ト也。此方ニテノ家士中ノアヒシライハ、当時御備頭《おそなえがしら》衆ナトヲアイシラウ程也。

武蔵が寄之邸に来ると、家中の武蔵門弟たちが揃って出迎えたという。或時、武蔵が玄関の高い箱段を上がるとき、左手で壁の腰板を押さえてエイと掛け声をかけて上がったので、思わず山本士水が「お手を引きましょうか」と尋ねると、武蔵は「それには及ばぬ」と言って断ったという話。年寄り扱いされて、ちょっとムキになる武蔵の意外な一こまを捉えているようで面白い。

末尾には当時、細川家中の武蔵に対する扱いを記している。備頭、すなわち軍団の侍大将（家老職）並、興長や寄之と同等の扱いで接していたという証言である。

この武蔵の老風に関しては続きがあった。

一、熊本新一丁目ニ火事アリ、時ニ八百屋町ノ狭キ丁並ノ屋ノ上ニ梯子《はしご》ヲ横ニ打渡シ、其上ヲ二足踏ンテ飛渡ル者アリ、諸人コレヲ見テ、是ハ〳〵イカナル人ゾト尋ルニ不知《しらず》、何《いずれ》モ驚クバカリ也。後ニ聞《きけ》ハ武公也。平日気ヲ包ミ沈静ニシテ極《きわめて》老躰ノ如ク、既ニ二ノ丸玄関ニテハ腰ニ手ヲ添ヘ可《もうす》申《べきや》哉トモ云程ノ体佩《たいはい》ニテ、軽捷如是《けいしょうこのごとし》。誠ニイカントモ評シ難シ。

新町の火事の時、八百屋町の町並の屋根の上を梯子《はしご》を渡して二足踏みで軽々と飛び渡る者があるので、諸人あれは誰だと尋ねるが誰も知らず、ただ驚いて見るばかり。後で武蔵だと判明した。平日は気を包み沈静にして老躰のようにしているのに、寄之邸の玄関での様子と比べて、この身軽で敏捷な動きは、どうにも信じ難い人だとあきれた話である。

この話を伝えた中西孫之丞は後に武蔵を看病して武蔵自作の鞍を贈られた人物である。この頃の武蔵の普段の風貌が伺えて興味深い。

4、旗指物の試しと手錠

寄之邸での逸話はまだある。
武蔵直弟の山本源五左衛門こと士水伝なので、かなり信憑性の高い話である。

一、或時、寄之主、武公ニ尋《たずね》ラルヽハ、番指物竿《ばんさしものざお》ハ如何《いかが》シテ試《ためす》カ能《よく》候ヤトテ、未《いま》タ拵《こしらえ》ヌ竹数本、玉名知行所ヨリ切ラセ置候由也。武公、其竹ヲ御見セ候ヘトテ、右ノ竹ノ本《もと》ヲ取、片手ニテ打振ラル、其内ニ中ヨリ折ルヽモ在《あり》、折レサルヲ選除《えらびのぞき》テ是カ能《よく》候ト也。寄之主、感笑シ玉ヒ、ナルホト試ハタシカナルコトナレトモ、誰カ貴公ノ如ク、其竹ヲ片手ニテ打振ルコト難シトアリ、膂力《りょりょく》モ尋常《じんじょう》ノ人ニ非《あら》ズ。

番旗指物とは部隊の馬印である。その竿の良いものをどうやって選んだらよいでしょうかと寄之の問に、武蔵は一本一本竹の根元を片手で持ってブンと打ち振り、折れなかったものを「これがよい」と勧めた。太竹を振り折って試すなど余人には不可能なことなので、寄之が感嘆あきれて笑ってしまったという、超人的な膂力の武蔵ならではの逸話である。

武蔵の膂力に関し『武州伝来記』には捕手師範の塩田濵之助との逸話を載せている。

一、武州、肥後の塩田濵之丞所にて手錠を見玉ひ、これにては男子の手には不相応なり。京女など

のやさしき手には相応の器との玉ふ。塩田腹を立て、只今迄数十人の手におろし候へども少しも危きことなしと答ふ。武州、さあらば、予が手におろし見よとの玉ふ。濵之丞、即時に武州の腕にはめ錠をおろす。其の時武州、左右の手に力を入れ、曳《エイ》といゝて一同にねじ玉へば手錠ひらき、かねおれたり。大力は勿論、兵法達人ゆへ、か様のことも自由なり。

捕縛の拘束具として手錠（手鎖《てぐさり》）は江戸以前からあったようである。濵之助もこれを使っていたのであろう。武蔵の驚くべき瞬発力と膂力を伝えている。濵之助は捕手の名手で武蔵に挑戦して敗れ、門下となった逸話を前に紹介した。

最近のこと、濵之助のご子孫家に伝わる史料調査の機会を得た。そこに見事な彩色の塩田濵之助の肖像画幅があった。

賛は濵之助による兵法相伝の自賛である。

直通之位爰也、教外別伝タリ
故兵法之入三学見[redacted]、過現未作此妙
縦雖為親子、依其覚悟、不授之
誠拠他事執心、神妙之旨
此一巻相渡者也、可秘々々如件
天下無雙

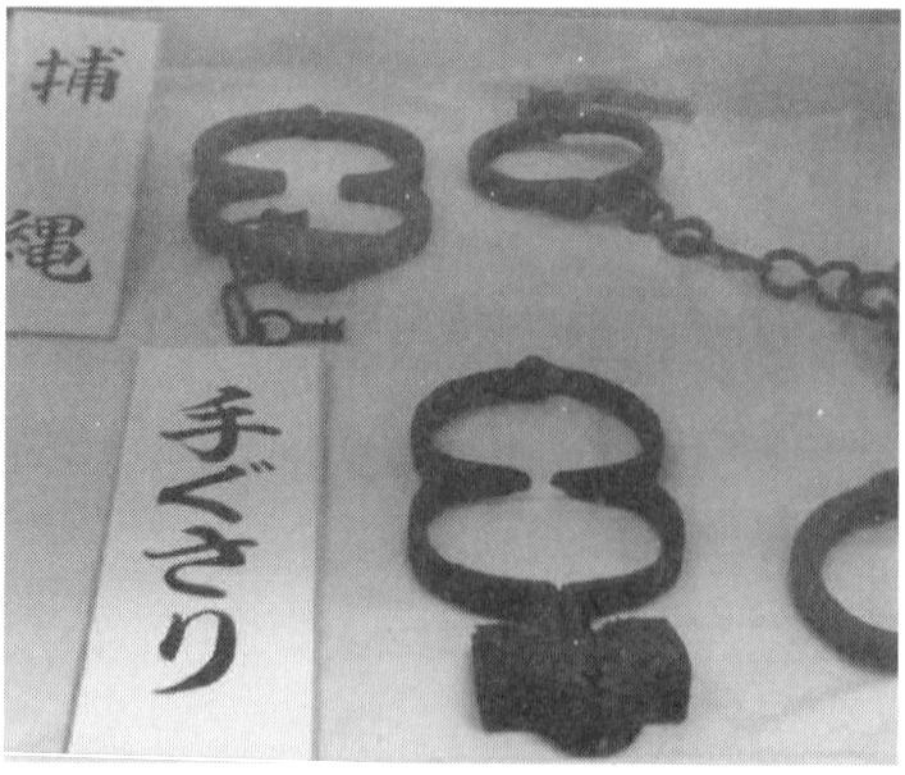

江戸時代の手錠（川越歴史博物館）

播磨住藤原朝臣　塩田濵之助清勝

画像は濵之助が嫡男の塩田流兵法二代塩田正斎へ相伝の証として伝授したものと考えられ、代々正統の証として継承されることを想定した流祖肖像画幅ではないか。

江戸初期の今から三百八十年前当時、武蔵と兵法勝負をした一人の兵法者が、生前の風貌のまま現代に鮮やかに蘇った。その後、島田美術館に委託され、折に触れて展示されている。

塩田濵之助肖像（島田美術館寄託）

5、武蔵一門で花見の会

松井寄之と共に、当時細川六家老の一人として国政にあたっていた沢村宇右衛門友好も武蔵門下であった。松井家から沢村大学の養嗣子となった人である。沢村の発案であろうか、武蔵の無聊《ぶりょう》を慰めようと、一門で花見の会を催した折の逸話が『武公伝』にある。

一、武公、桜谷ト云所ニ、沢村宇右衛門殿ヲ始トシテ、門生千余人ノ過半、武公ニ随《したが》イテ木ノモト

ニ筵《むしろ》ヲモウケ、酒肉席ニ充《みて》リ、皆座シテ武公上席ニ進メ、門生二行ニ座シ宴シハヽ、頻《ひん》ナラント欲シ、宇右衛門殿ヨリ武公ニ盞《さかずき》ヲ献シ、側酌《そばしゃく》輩、肴《さかな》ヲ献ス、武公右ノ手ニテ是請《これう》ケントシタマヒケル時、鳶《とび》空中ヨリ電光ノ如《ごと》下リ来テ肴ヲ掴《つかん》テ揚《あが》ラントスル所ヲ、武公短剣ヲ左ノ手ニテ抜ト否《いなや》、鳶ノ真中ヲ差シ通シタマイケル、其早ワサ如此《かくのごとしき》、聞人《きくひとの》耳ヲ驚カシケルト也。

桜谷が熊本のどこを指しているかはわからないが、城下を外れた郊外であろう。ふと思い当たったのは、一番弟子寺尾孫之丞の墓のある旧宇土郡花園村である。弟求馬《もとめ》の知行地松山村を含み、調べるとその字《あざ》に桜谷があった。今は花園工業団地となっているが、もとは字名の通り桜の名所であったに違いない。花園池周辺は今も地域有数の桜の名所である。

それにしても「門生千余人の過半」は大げさと思うが、大花見の宴が催された。満開の桜の下に筵《むしろ》を敷き詰め、武蔵を上座において二列に座して酒と肴を席に満たした。

ここで事件が起きた。まず家老の沢村友好が武蔵の盃に酌をして、隣の者が肴を献じ、武蔵が右の手でこれを受けようとした時、空中より鳶が電光の如く下り来てその肴を掴んで飛び上がろうとした。刹那、武蔵は左手で短剣を抜いて鳶の真中を刺し貫いていたという。この武蔵の早わざが世間に広がり、聞く人の耳を驚かせたというのである。

不測の事態にも身が自然に反応して勝つ。鍛錬の末に得た、武蔵の兵法の境地を顕わした逸話である。注目するのは藩家老の沢村友好といえども武蔵を上に置き、尊崇する姿である。同役の松井寄之も同様であっただろう。彼らは藩政を執行する立場として武蔵に大の兵法を学んでいたと思われる。

6、泰勝院へ参禅

『武公伝』は武蔵の日常に、「毎《つね》ニ泰勝寺ノ住持春山和尚ニ参禅シ」と書いている。

細川家菩提寺泰勝寺は細川忠利が寛永十四年（一六三六）に立田山の山麓に祖父・藤孝と祖母・沼田氏麝香《じゃこう》および母・明智氏玉子（ガラシャ）を祀る寺を建立し、藤孝の戒名から泰勝院としたのに始まる。寺号が泰勝寺となるのは忠興が死去後、その墓も加え、八代にあった泰勝寺を合わせた正保頃の話で、この頃はまだ泰勝院であった。

忠利死後の葬式や諸法事はここで行われ、寛永二十年に忠利の菩提寺妙解寺が落成し三回忌法要が行われるまで、忠利の遺骨はここに祀られていたのである。

しかし武蔵が泰勝寺住持春山和尚に参禅したというのは明らかな誤り。当時の泰勝院住持は大渕和尚であり、春山が住持したのは武蔵没後のことである。

寛永十九年秋、光尚は京都の大刹・妙心寺住職を務め、朝廷より紫衣賜った程の高僧、大淵玄弘を三顧の礼で迎えて住職とした。武蔵在熊三年目のことである。

連歌の席に飾られることの多い『天神図』を武蔵が描き、大渕が賛を書いた一幅がある。落款に「前妙心・大渕謹讃」と書いているので来熊以前の作である。即ち武蔵とは旧知の間柄であった可能性が高い。大渕は武蔵より二歳年下だが同年代で、大渕の来熊を武蔵は喜びを持って迎えたであろう。

そして千葉城の屋敷から馬を駆って、折々に泰勝寺の大淵和尚のもとへ参禅したのであろう。

『武州伝来記』に二人の談笑逸話がある。武蔵が「死んだら和尚に引導を頼む」と言うと、和尚は笑って「武蔵殿は悟道の人なり引導に及ばず」と辞退したという。
しかしのちに武蔵の葬儀を大淵和尚が執行することになるのだ。

武蔵筆大渕賛『天神図』
（丸岡宗男編『宮本武蔵名品集成』より）

7、茶人桑山宗仙の孫との逸話

令和四年九月、熊本大学永青文庫研究センターより「宮本武蔵晩年の人物像を示す新史料四点を発見」のニュースが発表され、注目された。そのうち三点は永青文庫史料で、寛永十七年に武蔵を迎えた頃の山鹿御茶屋へ武蔵と共に呼ばれた人物の名がわかる「惣奉行衆書状控」が二点、これについては第二章の「忠利と武蔵四」で解説した。あと一点は寛永二十年の江戸参勤中の光尚から熊本の武蔵へ宛てた書状控であり、武蔵の『五輪書』執筆にかかわる新史料として重要な発見であった。これについては後の項目で考証する。

ここではもう一点の松井文庫史料について考証する。

これは寛永十九（一六四二）年閏九月に細川藩筆頭家老の松井興長から細川家の大坂留守居役下村五兵衛へ宛てた書状控で、著名な茶人桑山宗仙の孫の桑山作右衛門と武蔵が懇意にしていたことを示す新史料であった。まず書状内容を見てみよう。

「松井興長書状控　細川家大坂留守居宛」

（読み下し）

わざと御小早差上せ一筆申し入れ候。しからば桑山理斎子息、作右衛門殿と申す仁、妙解院様御代に理斎より預けられ候て、この中まで爰許に御入り候ところに、おでき出来について、先月中旬、当国山鹿の湯へ御入り候由にて参られ候ところに、何と存じられ候か、筑後を通り立ち退かれ候。その段、先度我等ところより曾我丹波殿へ書状をもって申し入れるについて、理斎へも右の様子を申し、書状遣わし候間、丹波殿への状の内へ入れ遣わし申し候。定めて御届けなさるべく候。ついてはその作右衛門殿、諸道具を爰元に御残し置き候分、理斎へ持たせ遣わし候へと、御意について、ただ今かちの御小姓相添え持たせ上せ候。諸道具目録仕り、差越し申し候。理斎は大和の内に御住宅の内にて候間、和州へ持ち参り候へと、この歩の御小姓に申し付遣わし候。理斎

その意を得られ、首尾よき様に被存、理斎へ持ち参り［虫損］候。右の通り貴殿へ申し遣わす旨、御意について此の如く候。
山鹿の湯へ御越し候刻、宮本武蔵となりに居申すに付き、長持と具足びつは宮本武蔵に御預け有るべき由御申し候。［・・・・］（虫喰い）封を御付候へ、預かり申すべし、と武蔵申し候へば、長持・具足びつには作右衛門殿、封を御付置かれ候間、［・・・・］（虫喰い）上せ候。（以下略）

口語訳すると、

「急ぎ一筆申上げる。桑山理斎の子息・作右衛門殿という者が忠利代から藩に寄寓していたが、おできが出来たといって先月中旬、当国山鹿の湯へ湯治に行ったまま出奔してしまった。このことは大和（奈良）に住む親の理斎へ書状で伝えたが、その書状（写し）も入れて、大坂町奉行の曾我丹波殿へも届けた。ついては作右衛門が屋敷に残した諸道具を親の理斎のもとへ送り届けよと殿さまが申されるので、目録を作り、徒歩の御小姓に持たせて上らせた。うまく事が運ぶように、大坂留守居の貴殿に伝えるようにとの主命であるのでよろしく頼みます。

なお、作左衛門は山鹿の湯へ出かける時に、隣に住んでいる宮本武蔵に長持と具足びつを預けて行った。武蔵は預かるに付いては開けられないよう封をするように求めたので、作左衛門は長持・具足びつに封を付けて武蔵に預けた。これはそのままで理斎のもとへ上らせた」

という内容である。

注目されたのは、孤高の剣士のイメージのある武蔵が、近所の武士が湯治に行くのに長持ちと具足びつを預かるような気さくな一面があったのかという驚きであった。

発表当時の熊本日日新聞は「武蔵孤高にあらず─人物像覆す新史料」の見出しをとって衝撃的に報じていた。記事には永青文庫研究センター長の稲葉継陽教授の「これまでの武蔵には孤高の剣客でとっつきにくいイメージがあったが、一流の故実家や儒学者、世俗の藩主らとの交流を通じて自らの道を突き詰める、開かれた兵法家だったことがわかる」との談話を載せていた。

筆者にしても、これまでの研究で見えていた「武蔵の優しさ」を裏付ける新史料の発見であった。ただ、桑山作右衛門と武蔵の関係がただの近所関係としかとらえられていないのが残念である。

本書状にある作右衛門の父、大和住の桑山理斎については不詳であるが、祖父桑山宋仙（貞晴）は世に知られた武将茶人であり、元和元年（一六一五）の大坂夏の陣では、兄元春（和泉谷川藩主）、甥の一直（大和新庄藩主）と共に、先鋒の水野勝成に従って出陣し、道明寺口の合戦で戦功を挙げている。武蔵はこの時、大将水野勝成の客将として幕下にいたので、陣中で宗仙との交流があったと考えられる。管見ではこの時以来の宗仙との縁で孫の作右衛門と懇意にしたものと推察した。ただの隣家交流ではなかったのである。

水野藩の『大坂御陣御人数附覚』（福山城博物館蔵）がこの事実を証明している。

一、夏御陣御旗本覚

五万石　堀　丹後守様

一万石　松倉豊後守様

一万石　丹羽勘助様

二万石　桑山伊賀守様　（元晴・和泉谷川）
二万七千石　本多左京様
一万石　山岡図書様
七千石　神保長三郎様
一万三千石　桑山左衛門佐様（一直・大和新庄）
二千石　桑山左近様　（貞晴・宋仙）
三千石　別所孫次郎様
三千石　奥田三郎右衛門様
（以下略）

武蔵の参陣は同史料の「作州様附」の項、四番目に「宮本武蔵」と記されて証明している。
（詳しくは第一章三―2「大坂の陣に徳川方で参戦」の項を参照）

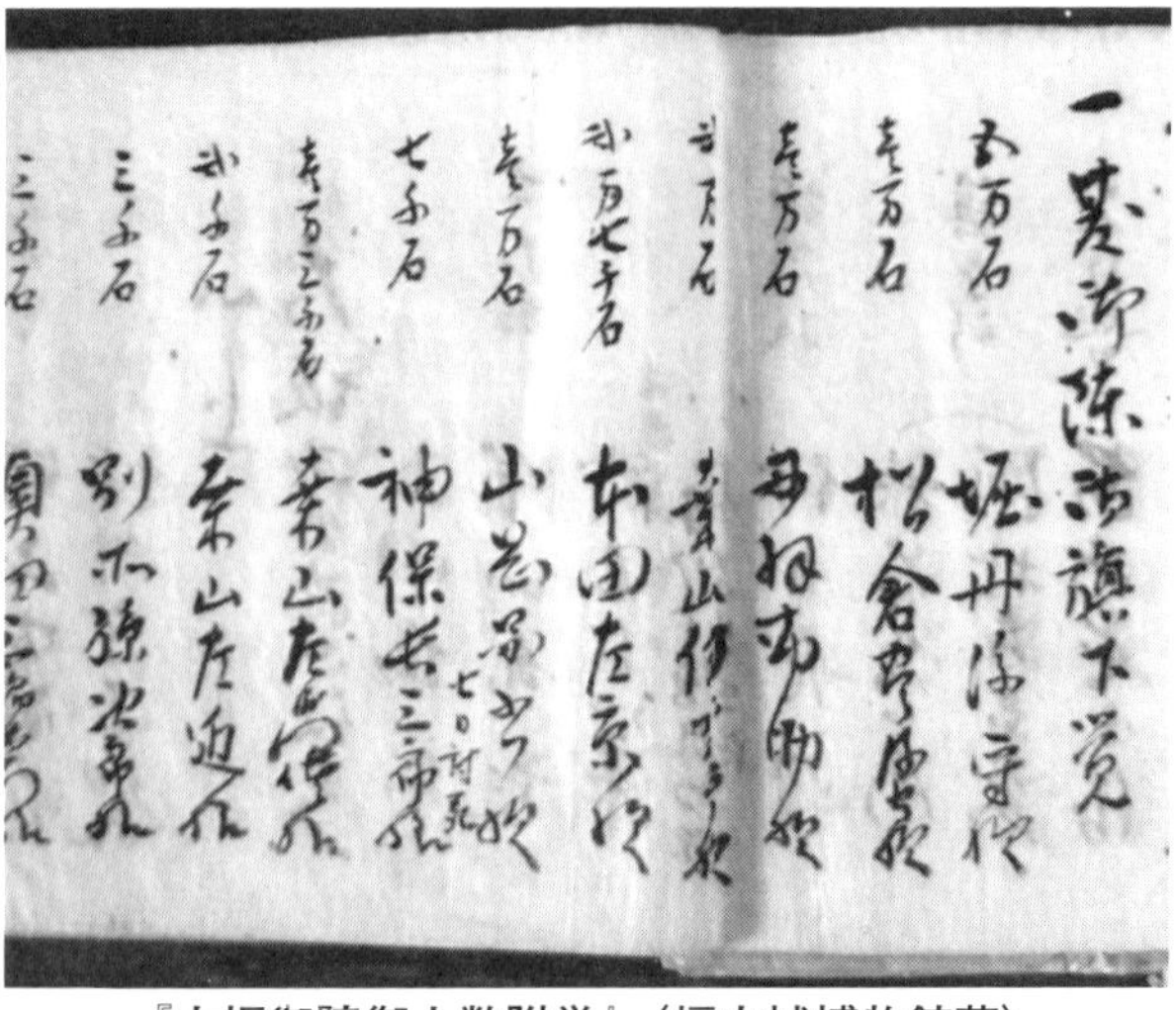

『大坂御陣御人数附覚』（福山城博物館蔵）

四、水墨画に見る武蔵の思想

1、剣気漲《みなぎ》る初期の水墨画

『鷲図』東寺観智院客殿（筆者撮影）

兵法者、剣豪として生前から著名であった武蔵であるが、芸術家・文化人としても早くから秀でた才能が認知されていた。これは晩年に熊本に来てから開花したものではないのである。

空海が開いた真言宗の根本道場である京都・東寺の観智院、その国宝客殿床の間に武蔵画と伝わる『鷲図』がある。対角に二羽の大鷲が描かれ、右上空から鋭い爪を立てて襲い掛かろうとする一羽、応戦するようにもう一羽が激しく羽ばたいて地上から飛び上がった瞬間を捉えた図である。

寺伝では客殿が造営された慶長十年（一六〇五）京都で天下一と評判の吉岡兵法所と勝負しこれを倒した後、東寺に隠棲していた時の作という。事実なら武蔵二十四歳、吉岡一門を倒し、巌流小次郎との決闘にも勝利して独自に円明流を創設し、自信にあふれていたころの作である。筆者はこの画に対面し前に座して静観した時、まさに武蔵・小次郎の決闘の場にいるような凄まじい剣気に圧倒された。宗教の道場である寺院の客間になぜこのような殺気立った画を描かせたのだろうか。なぜ大切に保存してきたのか。

剣気を感じさせる武蔵画といえば『枯木鳴鵙図』（久保惣記念美術館蔵）が挙げられよう。白刃を抜いたような枯木にとまる一羽の鵙《もず》、その観の目下に這い登ってくる虫の構図はその先の運命を予感させて緊張が漲《みなぎ》る。

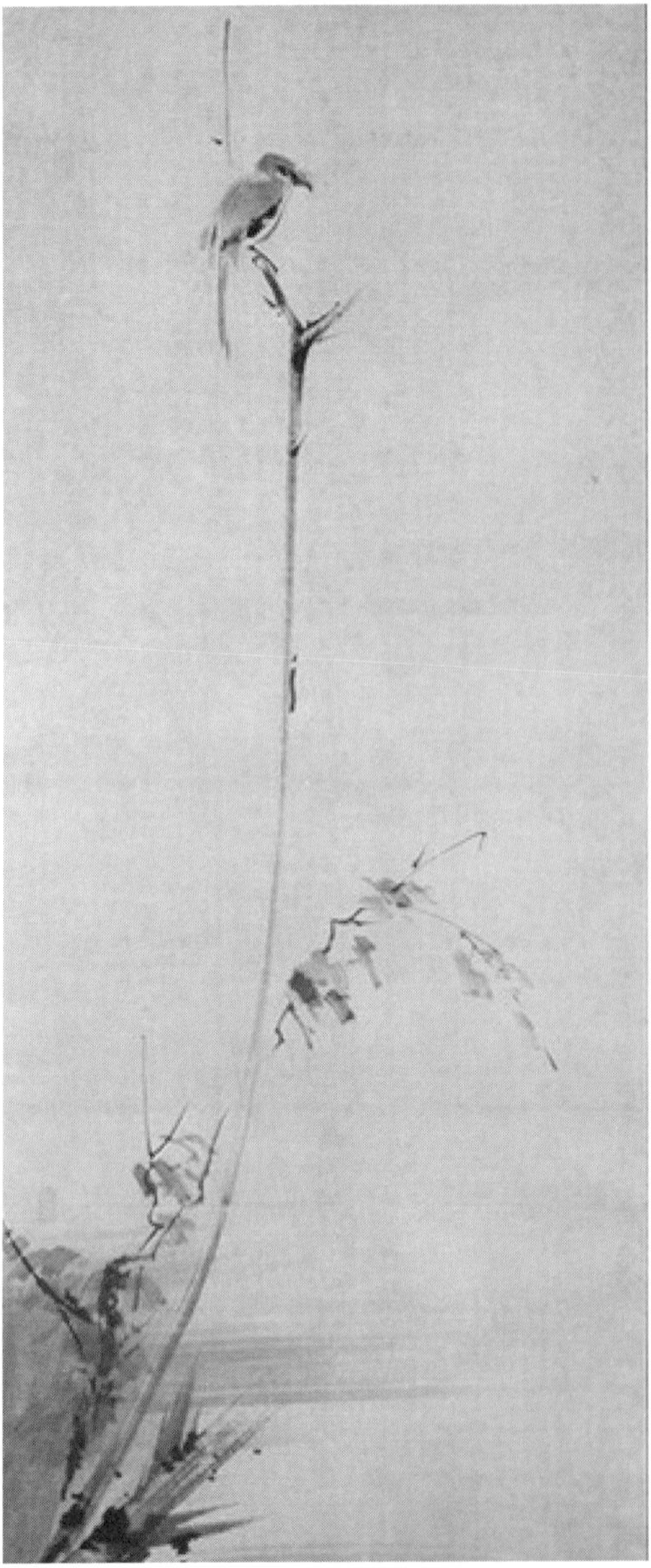

『枯木鳴鵙図』（和泉市久保惣記念美術館蔵）
和泉市久保惣記念美術館デジタルミュージアムより

ただし、幕末に武人画家・渡辺崋山によって江戸の骨董店で発見されたものでその由来は不明である。真筆であれば、剣気に満ちていた武蔵の青壮年期の作であろう。昭和十年（一九三五）国の重要文化財に指定された。

同じ構図の『枯木鳴鵙図』が熊本の島田美術館にあるが、これは細川藩士の家に伝来した晩年熊本での作である。比較して一目瞭然、穏やかで剣気が消え、枯木は鵙を休ませて優しい。

『枯木鳴鵙図』島田美術館蔵

2、剣気を消した武蔵

武蔵から剣気が消えたのはいつ頃からであろうか。武蔵は『五輪書』に曰く。二十九歳までに全国諸流の兵法者と六十余度の勝負にすべて勝利したが、三十を過ぎて「兵法至極して勝つにはあらず」と反省し、なおも深き道理を得んと日夜朝鍛夕錬することさらに二十年、兵法至極の境地に至ったのは「五十歳の比也」と述べている。その間に武蔵がどこで何をしていたか空白の二十年といわれていたが、近年の研究で概略が判明した。本稿第一章「熊本への道」で見たとおりである。

武蔵は姫路・明石で本多家・小笠原家という徳川譜代の雄藩に三木之助・伊織という少年を養子にして藩主側近に仕官させ、宮本家を立て、自らは客分として後見しつつ兵法の道を究めていた。

姫路の三木之助は藩主に殉死したが、その後明石で伊織が若干二十歳にして小笠原藩の家老に抜擢された。小笠原家は甲斐源氏の一流で鎌倉時代には阿波国守護、室町時代には信濃国守護であった古来連綿たる名家である。新参の若輩がいきなり古参歴々の上に立つなど、当時あり得ないことであった。陰に武蔵あり。藩の治世に武蔵の存在が欠かせないと認知されていたとしか考えられない。武蔵は伊織を表に自分は裏となって治国の剣を極めていたのである。伊織の家老就任は、伊織と武蔵、表裏一体宮本家に対しての辞令だったのではないか。武蔵から剣気が消えたのはその頃であろう。

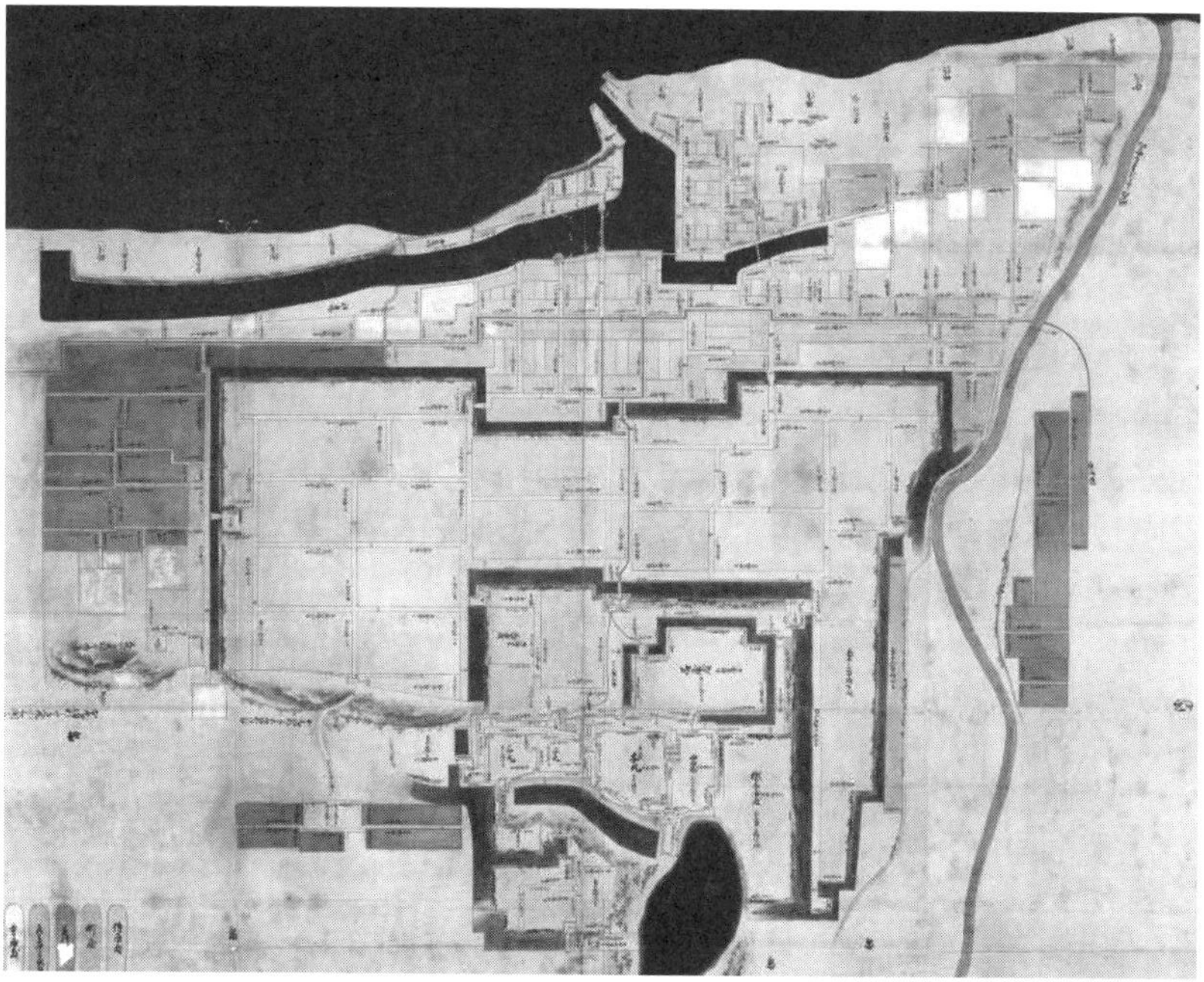

播磨国明石城下絵図（国立公文書館蔵）

3、文化人武蔵の経歴

第一章でも述べたが武蔵は大坂夏の陣後に幕命による明石城築城の折、西国より上方へ陸海の口となる要衝・明石城下の町割りという大仕事を委任され成し遂げている。

その仕事を城下町研究の権威であった矢守一彦は「ほとんど完ぺきに近い近世的プランで設計されている」と絶賛した。平山城の下を縁取る海岸低地に主要国道である西国街道を付け替え、湊を開いて海陸交通の結束点とし商工業の繁栄を企図した。注目すべきは城下の東西口に鉄砲足軽屋敷を集住させて防衛を固め、内濠の外に侍屋敷を配置し、そのすぐ外側をぐるりと外濠を張り巡らせ、町家はさらにその外側に配置して士・町の居住区を明確に区別した点である。これによって町民が戦闘に巻き込まれる犠牲を抑制したと、矢

武蔵作・円珠院の庭（明石市）

明石城「武蔵の庭（模擬）」

守は武蔵の領民慈悲の配慮に感嘆し、大坂夏の陣における大坂城下の混乱と悲惨な情景が武蔵の設計に活かされたと推測している。（姫路市文化振興財団『バンカル』２００３年冬号）

更に武蔵は藩主の依願を受けて明石城三の丸に「御樹木屋敷」と呼ばれる大規模な池泉回遊庭園を造園したことがわかっている。『小笠原忠真一代覚書』に「御茶屋、築山、泉水、滝など、植木迄の物数寄は宮本武蔵に仰せ付けられ、一年懸り御普請成就にて候」と記録されており、武蔵が大名庭園を任されるほど造園の名手であったことを証明している。大名庭園は美的感覚に優れているだけでなく、御茶屋の作事、茶室・蹴鞠など大名の数寄にも深い素養がなければできないことである。また明石城下の本松寺、福聚寺、圓珠院などいくつかの寺院には今も武蔵作庭と伝わる庭園が現存しており、武蔵は頼まれれば民間の作庭も気軽に応じていたことが察しられる。

いずれも枯山水に二刀に比した大小二つの滝を配し、天地自然を万里一空に入れたような雄大な景色が特徴である。その武蔵作庭の心境を伝えたとされる歌がある。

乾坤《けんこん》を其儘《そのまま》庭に見る時は
我は天地の外にこそ住め

自然を賛美し、生きる喜びと太平の世を護《まも》る気概を示した心境は、後で見る水墨画にも共通して感じられるのである。

この頃の武蔵は上方や江戸にも出、多くの文化人、儒者・高僧・公卿と交流していたことがわかっている。武蔵の絵に公卿歌人で能書家として知られた烏丸光廣や、将軍家侍講の儒学者・林羅山が賛を書いた軸が今に伝わってそれを証明している（第一章明石時代参照）。

また武蔵は大名など上級武士の嗜みであった能や謡・囃子にも堪能であった。『五輪書』にも仕舞や、謡、鼓に例えて兵法を説いていることにそれは表れている。小笠原家文書『旧新雑録』には武蔵の推挙で林右衛門太郎という太鼓の名手を忠真の小姓に召抱えたとの記録もある。『武州伝来記』は武蔵が平日から仕舞をし、家老となった養子の伊織に仕舞を教えたと伝えている。

その伊織が父武蔵を讃えて曰く

「礼・楽・射・御・書・数の文に通ぜざる無し、況《いわん》や小芸功業をや、殆《ほとん》ど為して為さざる無き者か、蓋《けだ》し大丈夫の一体なり」（『小倉碑文』）。

武蔵は兵法に限らず文化全般に秀でた万能の人であった。こうして残された史料や足跡を見てくると、武蔵がただの剣客・兵法者ではなかったことがよく理解されたことであろう。

武蔵作の面白いものに、明石在城時代に小笠原家から将軍秀忠に献上された「湯たんぽ」がある。（小笠原文書『拾聚録』）小笠原家が晩年病気がちであった将軍秀忠の身を気遣って贈ったものであろう。当時は主に銅製で作られた高級品で、将軍に献上する湯たんぽを武蔵が作っていた事実に驚く。その以前に小笠原家内で武蔵作の湯たんぽの良さが評判になっていたことが想像される。

武蔵はそれらの技法を誰かに学んだのであろうか。水墨画は当時活躍した長谷川等伯や海北友松に画を学んだという説もある。しかし武蔵はこの疑問に、「兵法の利にまかせて諸芸、諸能の道となせば、万事において我に師匠なし（『五輪書』）と言い切っている。武蔵は何事をするにおいても人に習うのではなく、観・見二つの目で見て、兵法で得た利をもって諸芸諸能の道に臨んだ。であるならば、武蔵の作品からその境地が読み取れるはずである。

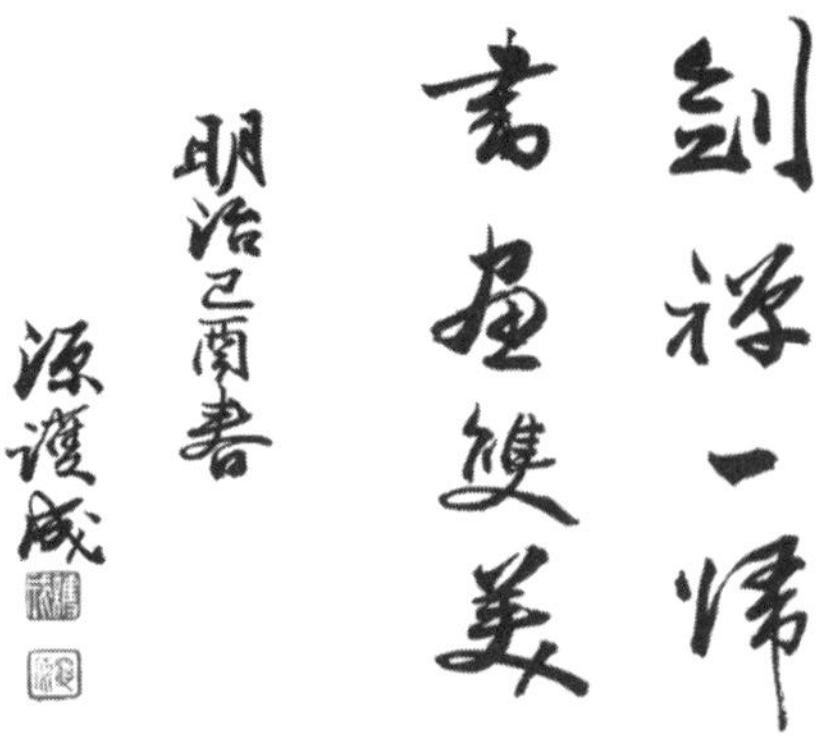

細川護成筆「剣禅一帰　書画双美」

4、熊本で描いた水墨画

細川家十五代当主護成《もりしげ》は、明治四十二年宮本武蔵遺跡顕彰会による『宮本武蔵』を上梓したその巻頭に武蔵を讃えて「**剣禅一帰　書画双美**」の一書を献じている。剣と禅一に帰し、書と画は双《ふた》つながら美しいという意味である。武蔵を簡潔に見事に表現していると思う。

武蔵が熊本で描いた伝来の確かな水墨画をあげると次のようである。

伝来と現所蔵者を下部に示す。（☆**国重要文化財**）

☆『蘆雁《ろがん》図屏風』細川家伝来　永青文庫蔵

『面壁達磨《めんぺきだるま》図』　細川家伝来　永青文庫蔵

『蘆葉達磨《ろようだるま》図』　松井家伝来　松井文庫蔵

『野馬《のま》図』　松井家伝来　松井文庫蔵

『葡萄栗鼠《ぶどうりす》図』　米田家伝来　個人蔵

『正面達磨《しょうめんだるま》図』　寺尾家伝来　永青文庫蔵

『欠伸布袋《あくびほてい》図』　寺尾家伝来　永青文庫蔵

☆『紅梅《こうばい》に鳩《はと》図』　寺尾家伝来　永青文庫蔵

☆『鵜《う》図』　寺尾家伝来　永青文庫蔵

『出来坊《できぼう》図』　寺尾家伝来　北里柴三郎旧蔵

『枯木鳴鵙《こぼくめいげき》図』　細川藩士伝来　島田美術館蔵

『雲 龍《うんりゅう》 図』　細川藩士伝来　個人蔵

『蘆雁図』　細川藩士伝来　島田美術館蔵

細川藩の客分の立場の武蔵であれば、細川家や家老の松井家・米田家に伝来の作品は確かなものであろう。最晩年に藩主に命じられて武蔵の看病に付、臨終まで看取った寺尾家伝来の作品が多いのも、病床の武蔵が書き残したものを授かったと納得できる。

他にも二天印や武蔵印を押した武蔵作とする画が多数存在し、真筆もあろうが、由来の明確でない作品は、大方贋作である。武蔵の画は余技であり、画師ではないので自作の画にほとんど落款を入れ

『蘆雁図屏風』一双（永青文庫蔵　熊本県立美術館寄託）

なかったようで、印判は所蔵者によって後世に押された可能性が高いのだ。そのため同じように見えてよく見ると微妙に違う別印の場合がある。すなわち武蔵に限っては、落款印は真贋判定の基準にはならないのである。

5、畢生《ひっせい》の大作『蘆雁図屏風』

武蔵の水墨画はほとんど一息に描かれたような小品が多い。しかし唯一の大作として、細川忠利の依頼で描かれたと伝わる屏風絵がある。細川家伝来の『蘆雁図屏風』で、一双広げて七メートル余の壮大さである。

大正九年に徳富蘇峰の国民新聞社主催で『宮本武蔵遺墨展』が東京で開催された。一堂に公開された武蔵の遺墨を観賞しようと社前に市をなす盛況であったという。当屏風は「侯爵・細川護立君蔵」として出品され、初めて世に公開された細川家秘蔵の一品であった。翌年に民友社より刊行された図録『宮本武蔵遺墨集』に編纂者の森大狂は次のように解説している。

「武蔵の遺蹟の今世に存するものの中において、第一の大作なりと

す。画局変化に富み、能くその姿態を盡《つく》し、詩趣津々《ししゅしんしん》として盡《つき》ることなし。細川家に傳ふる説に依るに、妙解公忠利の命に依て作りたるものにて、三たび構を改めたりといへば、武蔵が尤も精力を用ひたるを知るべし。即ち寛永十七八年、武蔵の年六十前後の筆にして、武蔵の手腕を看るには、先ずこの画を推さざるべからず。この六曲の如きは、実に国宝として擁護すべき明蹟なり」

細川家の伝承では、本作は武蔵を熊本に招いた初代忠利の要請に依って製作され、武蔵は三度構想を改めて描きあげたという。右隻3曲目を写したような『蘆雁図』（島田美術館蔵）などは構想の内の試筆ではないか。正に武蔵の畢生の作であり、森は日本の国宝にすべき名品と絶賛している。本作は昭和十年（一九三五）美術品として国の重要文化財に指定された。

『宮本武蔵名品集成』の編者丸岡宗男は

「大自然の触目一切の事物の中から蘆雁の風物を切り取って、万物の光彩、自然の動静を的確に把握している。完璧な絵画技術の極致を示したもの」と絶賛し、「この蘆雁図には、もはや作者は影すらとめていない」と書いている。そうだろうか。筆者の印象は違う。この画に武蔵の影、思いを強く感じるのである。

『蘆雁図屏風』右隻部分

湖畔の朝か、清々しい情景にまず心が癒される。右隻は白雪積もる冬景色。芦陰に憩う黒雁は、首を羽毛に埋めて眠るもの、草を食《は》むもの、中の二羽が首を伸ばす上空には、舞い戻った母鳥が首を向け、子雁の群れとの間に深い情愛の空気を醸《かも》している。鳴き声さえ聞こえるようだ。よく見ると、この心和《なご》む家族を慈《いつく》しむように優しく見守る者。右端柳の古木に仮託した武蔵の影が見えないだろうか。幹《みき》の雪陰《ゆきかげ》部に雁の群れに向けた顔、微笑む目や唇まで感じられるではないか。前に交差した枝は守護の二刀か。雁の群れを庶民に見たて、明らかな武蔵の慈愛の心が見えてくる。

左隻には夫婦、親子か三群れの白雁が描かれている。一羽一羽の安心しきった姿態が印象的だ。こちらにもこの白雁の群れを見守る武蔵の眼が、左端松の大木の上、松葉の中にいくつも感じられる。それは屏風発注者である忠利や細川家へのメッセージではないか。「武士の役は、民の平穏平和な生活を護《まも》る事なり」という武蔵の声が聞こえてくるようである。

6、平和の象徴―紅梅鳩図

鳩が平和の象徴とされるのは旧約聖書「創世記」の、鳩がオリーブの葉をくわえて戻ってきたノアの箱舟の物語にもとづくとされているが、そのイメージが世界的に広まったのは、戦後の一九四九年にパリで開かれた「第一回平和擁護世界大会」のポスターのためにピカソが制作した『平和の鳩』の絵がきっかけであったという。しかし、それより三百年も前の日本で、武蔵筆の水墨画にそれが描かれていたといえば驚かれるだろうか。

武蔵筆『紅梅鳩図』（永青文庫蔵）は、画幅の中央やや右寄りに一木の梅の古木が画かれ、その枝に

『紅梅鳩図』
（永青文庫蔵　熊本県立美術館寄託）

一羽の鳩が止まって毛を膨《ふく》らませ、ぬくぬくとまどろんでいる。墨一色で描かれているのに、温かい春の日差しや鮮やかな紅梅の色、梅の香りさえ感じられる。

よくみると、梅の古木が人の右腕に見え、そのかざした掌に鳩が止まっているように見えてくる。そこからスーッと二本の若枝がどこまでも空に伸びていて、それは大小二刀で鳩の安らぎを守っているように見える。鳩は平和の象徴、それを守るのが武士の役目だといっているように、民に優しい武蔵の心が感じられる。武蔵はこんなにも心温まる画を描いていたのである。武蔵の思想、兵法の行きつくところは「平和」であることがよく分かる。

本作は昭和三十四年（一九五九）に国の重要文化財に指定された。

7、空無の世界―鵜図

武蔵の代表作の一つ『鵜図』（永青文庫蔵）を見よう。無心に崖棚《がけたな》に立つ一羽の海鵜《うみう》。ふと見返るその喉元《のどもと》が膨《ふく》らんでいる。捕食した獲物を溜めているのか。それは生きていくための日常。しかしその眼差しは遠き所を近く見る兵法の観の目。鵜はまるで空無の世界に居るようだ。武蔵がこの画に込めた心は何だろう。武蔵の言葉《万理一空》の句が浮かんできた。世の全ての理《ことわり》は「空」だと言う。空とは何だ。

《空はなきなり、ある所をしりてなき所をしる、是即ち空也》（『五輪書』）―この世の実像が空であることがわかった時、生有ることに感動し、また必ず無に戻ることを知れば、何物にも捉《とら》われず、今を有意義に輝いて生きようと思う。これ即ち空だと武蔵が教えている。

禅の悟り《本来無一物》も空。あの世へ持っていけるものは何もない。残す事しかできない。では何を残すか。武蔵は己の極めた兵法の全てを「武士の道」として書物に著して残す事にした。画中の鵜が、最後に孤高の志をたてた武蔵の姿に見えてくる。その意志はこの画に武蔵が珍しく署名している所に表れている。

『鵜図』(永青文庫蔵　熊本県立美術館寄託)

丸岡宗男はこの画を「一点一画の加減も許さない完璧な名画。武蔵の画蹟の中でも特に極点に立つ傑作」と評した（『宮本武蔵名品集成』新人物往来社刊）。これは同感である。

この画は昭和二年（一七二七）国の重要文化財に指定された。

筆者は幸いにも武蔵没後三七〇年の雑誌『サライ』（小学館）企画「武蔵に尋ねよ」で武蔵の画と足跡を一年間連載する機会を得て、写真家藤森武と共に、現存する武蔵作品のほぼすべてをガラスなどの防護物を通さず直に鑑賞・撮影する機会を得た。武蔵研究家として心の宝物になっている。

武蔵の水墨画を見ていると、武蔵の心の声が胸にしみこんできて深く感動した。その感動をそのまま毎回の記事に書いたつもりである。

本稿では永青文庫など所蔵者からのデータ提供だけでなく、『宮本武蔵遺墨集』（大正十年民友社刊）から写真を撮影引用した。大型サイズの本体は紐綴じ迭入りの豪華本である。百年以上前の出版で、写真はモノクロであるが、関東大震災や本土空襲被災前であり、すでに失われた作品も多く収録されている。解説に武蔵筆の由来、当時の所蔵者が紹介されていて現在までの経緯も推測出来て貴重であった。

思うことは、本当の武蔵を知るためには、既存のイメージを排し、武蔵の遺墨や著作を真摯に見て武蔵の声を聴いてほしいということである。

五、禅と二天道楽

1、『戦気』の心

有名な武蔵の書に『戦気』というものがある。「戦気」と大書した下に流麗な草書で「寒流帯月澄如鏡」と書かれ、右下端に「二天」朱印と「道楽」の署名がある。

武蔵が松井寄之に贈った秘伝の書として松井家に大切に秘蔵されてきたもので、伝来が確かなため、武蔵の真筆として筆跡鑑定の基準作の一つとされている。即ち署名の「道楽」は武蔵の号であるということになる。しかし丸岡宗男は《款記の「道楽」は後入である。あらずもがな、まことに惜しい》と、この落款は後から入れた異筆と鑑定した（『宮本武蔵名品集成』）。

では「二天道楽」は武蔵の号ではないというのだろうか。

実はほとんど知られていないが、もう一本同じ『戦気』の書があった。武蔵の兵法二天一流を継承した寺尾家に、他の多くの画と共に伝来していたものである。行方不明で現物を見る事は叶わないが、大正九年の国民新聞社主催の『宮本武蔵遺墨展』に出品され、幸いにも翌年刊の図録に収録、そちらには武蔵の筆跡で「二天道楽」と署名されていた。

松井家本と並べてみれば、「戦気」の「戦」の字に刎ねがなく止めてある違いはあるが、どちらも武蔵の筆跡に間違いない（画像参照）。他に武蔵の画にも一点「二天道楽」自筆署名落款の作品『出来坊

（左）寺尾家旧蔵『戦気』（『宮本武蔵遺墨集』より）
（右）松井文庫蔵『戦気』（『宮本武蔵名品集成』より）

図』があり、「二天道楽」が武蔵の最晩年の道号であることは確かといえる。

　道号の由来は別項で考察するとして、では武蔵はなぜ兵法の弟子である松井寄之と寺尾勝信にこれを与えたのだろうか。

　これは禅の公案のようなものではないか。禅では何事も教えず自得させる。公案とは師匠が弟子に悟りのきっかけを問答の形で残したものである。「戦気」とは何か。武蔵はこれに唐の白楽天の詩の一節で「寒流帯月澄如鏡（寒流月を帯びて澄めること鏡の如し）」と答えた。その心を弟子たち、松井寄之、寺尾勝信に考えさせたものではないか。

心を空にして敵の攻撃の気を映して先を取れと解くか、敵の戦気を察知して戦いを未然に防ぐ策を取れと解くか。

寄之には大藩の家老職にあるので後者の心を期待したのではないだろうか。

白楽天は唐を代表する詩人で大臣まで務めた政治家である。山あり谷ありの生涯を楽しみ「達哉白楽天行（達せるかな白楽天の行）」という詩を残し、七十五歳で大往生したという。日本では奈良時代に作品が伝来して以来絶大な人気を博した。

能の演目にも「白楽天」がある。漢詩であるのに、白楽天の詩は古典の知識を必要とせず、誰にもわかりやすいのが特徴とされる。そこには詩を通して世の中を改善したいという理想があったからといわれる。武蔵も『五輪書』を「仏法・儒道の古語をもからず、軍記・軍法の古き事をも用いず（地の巻）」自分の体験からわかりやすく書いた。白楽天の詩に己が兵法と通じるところを感じたのではないだろうか。「白楽天」に対し道号を「二天道楽」として「楽」「天」の字を共有していることからの想像である。

2、自画自賛『出来坊図』の教え

「二天道楽」署名落款の画が一点ある。それが『出来坊図』である。

画も賛も武蔵の筆跡、唯一の自画自賛の作品である。一見して、武蔵の作品の中でもとりわけユニークであることがわかる。

武蔵を看病し臨終を看取った寺尾家伝来の確かな逸品で、『宮本武蔵遺墨集』には北里柴三郎蔵として収められている。解説に、

「出来坊が一瓢《いっぴょう》を肩にして踊り、躍如《やくじょ》として幅外に出《い》てむとす。その筆、軽快にして洒落《しゃれ》、二天先生胸中の閑日月を窺《うかが》うべし。また自ら賛を題す、その謡《うたい》その書共におもしろきものなり。昔日は寺尾家の珍襲《ちんしゅう》なりしかと、近年遂《つい》に北里博士の手に属せり」の評と由来あり。

北里が寺尾に懇願して取得した様子がうかがえる。北里は新千円札の肖像になった免疫学の世界的権威で熊本県阿蘇小国出身の偉人である。

画はその後関東大震災や戦争を経て被災したものか、これも現在行方不明で現物を見る事は叶わない。

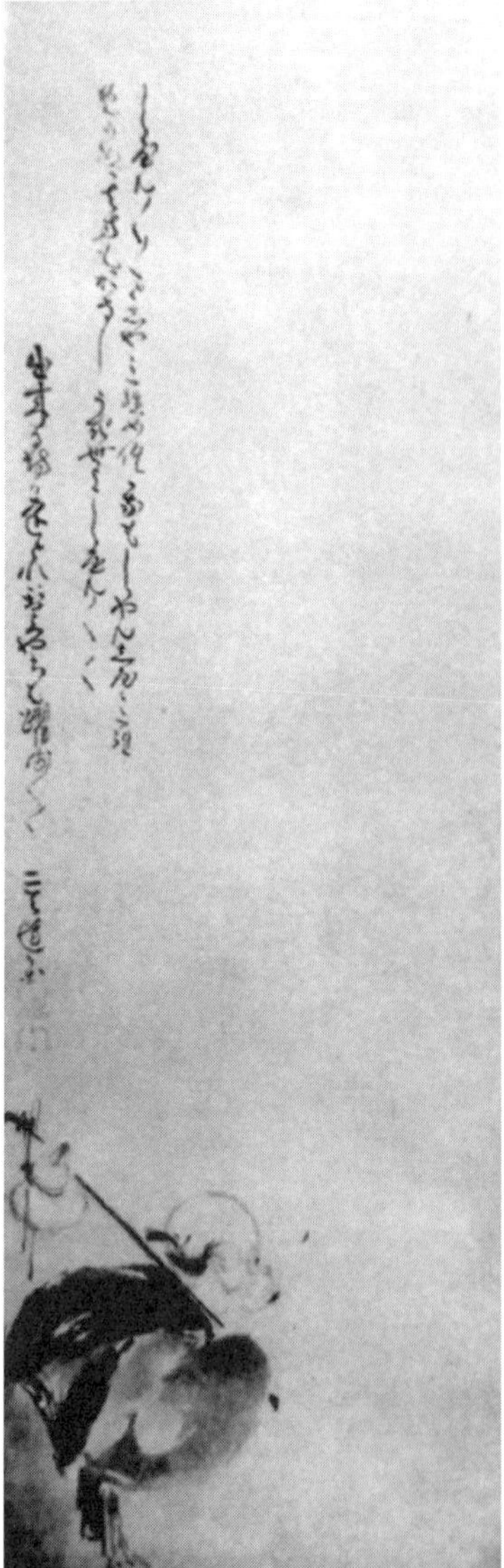
宮本武蔵筆『出来坊図』
（『宮本武蔵遺墨集』より）

「出来坊」とは木偶《でく》の坊、木彫りの操り人形のこと、役に立たない人を言う。この画の人は担げた杖の先に瓢箪をひっかけてひょいひょい踊る自由陽気な人物に見える。瓢箪の中身は水か酒か。武蔵の自賛が実に愉快だ。

しやん〳〵と、しゃしゃらめく、我もしゃん、しゃしゃらめかぬ其方も、おなじうき世とし
やん〳〵〳〵、
出来る坊がおどれば、おしゃちも躍る〳〵　二天道楽（印）

現代語に訳すれば、

「お天道様がサンサンと輝いているよ。私も輝いているよ。輝いていないそなたも、同じ限りある人生なのだから、サンサンと輝かないか。木偶《でく》の坊が踊れば、お城のお鯱《しゃち》だってホラ、尻尾《しっぽ》を逆立てて踊りだすよ」

役に立たない人なんていない。スターになるか木偶になるかは自分次第。思い切って動き出せば人も権威も付いてくる。自分を信じて思い切って挑戦すれば、必ず道が開けるのだよと。生涯不敗の武蔵が優しい言葉で教えている。

誰か特定の者へのメッセージか、頭の固い武士たちへ向けて普遍的に書いたのか。後の白隠《はくいん》や仙厓《せんがい》のような、ユニークな絵とわかりやすい言葉で禅の教えを説いた禅画の先駆けともとれる作品である。

北里柴三郎がこの軸を座右に掛けて伝染病撲滅に取り組み、破傷風治療、血清療法の開発、ペスト菌の発見など世界的偉業の励みとしたとするならば、のちに多くの偉人や成功者たちが『五輪書』など武蔵の言葉に励まされて偉業をなしたその先例と言える。

落款に『戦気』と同様「二天道楽」と自著している。香炉印も同じである（図参照）。武蔵が熊本で生涯を終える時期に「二天道楽」を称号していたことは確かである。

3、道号「二天道楽」の由来

道号は、悟りを開いた者に与えられる称号とされる。日本大百科全書の解説には「禅僧が一定の法階に達し、本師や恩師から授与される称号。俗人の字《あざな》と同じ。出家得度の際に本師から与えられる法諱《ほうき》とともに四字連称され、道号を付した名が禅僧の正式な呼称となった」とある。これに依拠して考えてみよう。

武蔵はすでに寛永十七年（一六四〇）に熊本に来た時から「二天」の号を称していたことは、長岡佐渡守への武蔵書状に明らかである。では「道楽」は？

出家に際して師から与えられる法諱と思われるが、そのようなことがあったのだろうか。肥後の二天一流師範豊田正剛の覚書『武公伝』に、

玄信公播州赤松ノ家族也、（中略）**老年ニ及肥後ニ来テ泰勝寺春山和尚ニ参学シテ道号ヲ二天道楽ト云**

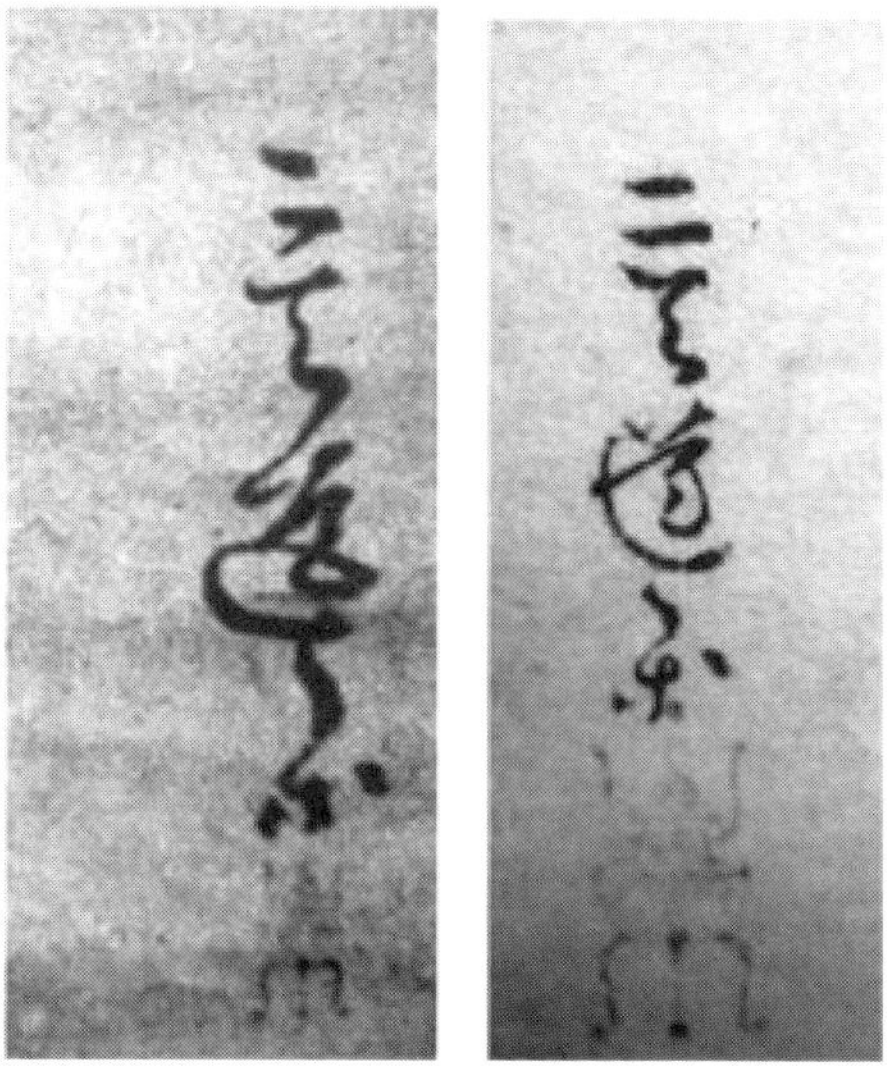

右『戦気』左『出来坊図』落款

以前にも解説したように当時の泰勝寺住持は臨済宗大本山妙心寺の前住職にあった大渕玄弘で、光尚に招かれて就任した名僧である。春山は大渕没後の住持であり明らかな誤り。しかし武蔵が泰勝寺に参禅して「道楽」の法諱を受けたことは考えられる。のちに武蔵の葬儀を大渕が執行しているからである。

剣禅一如の悟りを得て道を楽しむ境地にある武蔵を見て贈られたものであろう。

『武公伝』著者により江戸中期に熊本鍛冶屋町・養寿院に存在が確認され、大正年間の『宮本武蔵遺墨集』に写真が掲載されていた武蔵位牌の戒名は、

兵法二天一流元祖

◎新免武蔵藤原玄信二天道楽先生之神儀

であった。武蔵の道号として「二天道楽」が認知されており、「神儀」は兵法の弟子たちによって神に祀られていたということであろう。昭和まで泰巖寺にあったが、残念ながら先の大戦で焼失したという。

4、『正面達磨図』と『直指人心《じきしにんしん》』

武蔵の祖師像の代表作といえばまず『正面達磨図』が思い浮かぶ。これも寺尾家に伝来し、今は永青文庫蔵となっている。数ある武蔵画の中でも、その由来・筆法から絶対武蔵といえる鑑定基準作の一つとされる。濃墨《こずみ》の筆で一突きした目玉、気迫のこもった口元、太い衣の線に武蔵独特の運筆が見える。

この達磨と向き合うと、達磨は目玉が寄ってこちらを見ていない。どこを見ているのか。これは己の心を凝視して本心と向き合っている目だ。自分は何者か。何のために生きている。何をすべきかと。

座禅するのは自分の本心と向き合い、自分自身の存在の真実を探すこと。それが禅である。武蔵は禅の神髄を捉え、達磨の目に表現した。禅語に言う『直指人心』である。「直ちに人の心を指す」人とは他人ではない自分の心だ。己の本心を見よということ。そうすれば仏になれる。迷いを払い、そのままの自分を認めて真に生きよと教えているのだ。仏は自分の内にある。自分自身が仏であり、他に頼むものではないというのが禅の教えであり、武蔵が兵法修行で得た道理だった。禅の対象はあくまで「自己」であり、自己を超えた超越的な神や仏の存在を認め、信心し、頼る宗教とは全く異なる。その意味で禅は宗教ではないのである。『独行道』で《仏神は貴し仏神をたのまず》とした武蔵の真意がここにある。

武蔵直筆の『直指人心』の書が野田派二天一流の野田家に伝わっていた。おそらくこれも寺尾家から出たものであろう。柔らかい筆致でいかにも武蔵らしい味わいのある書だ。自筆で「武蔵書」と落

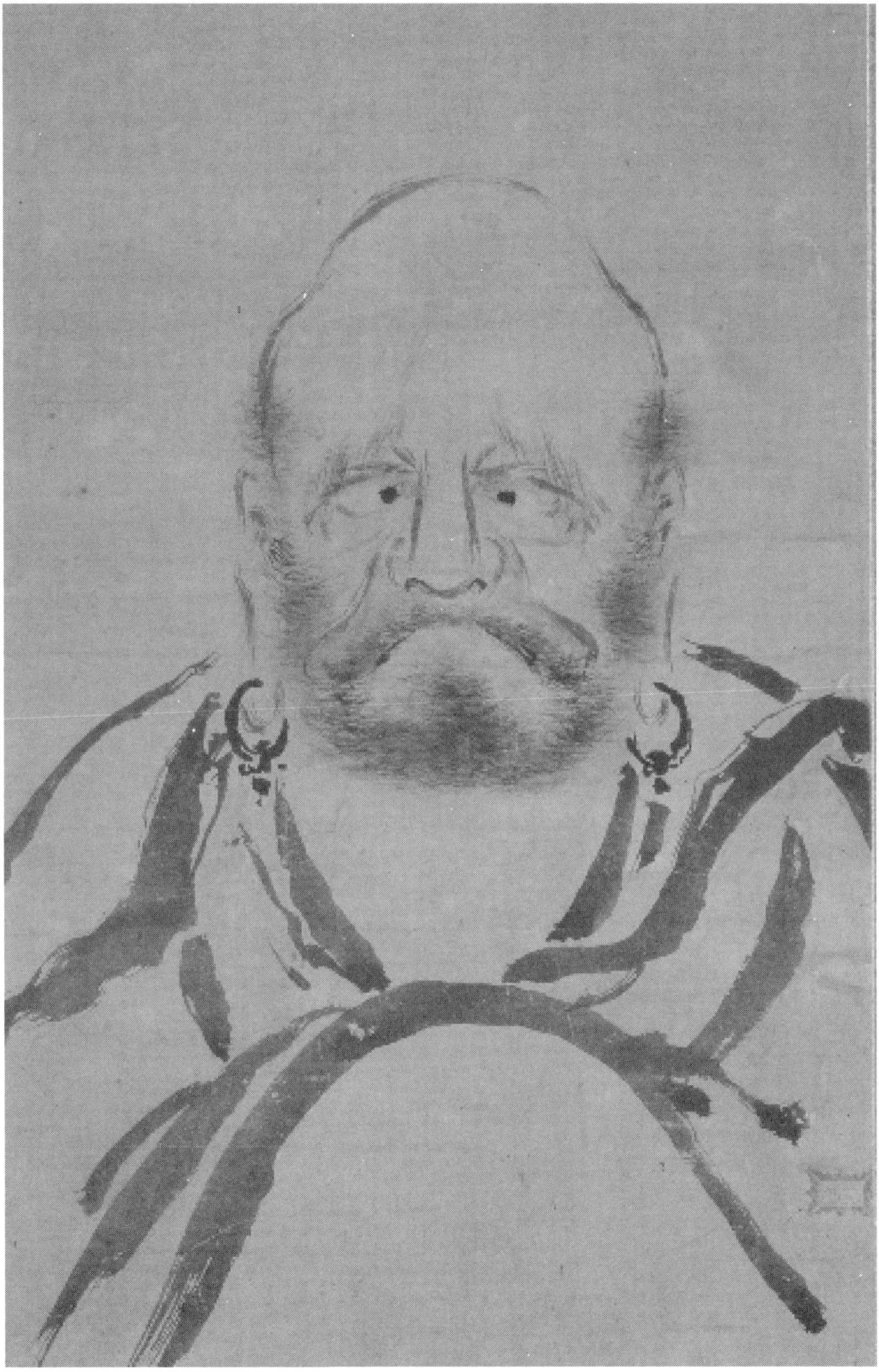

宮本武蔵筆『正面達磨図』(永青文庫蔵)

宮本武蔵筆『直指人心』（『宮本武蔵遺墨集』より）

款しているのも珍しい。武蔵が禅の神髄を理解し、剣禅一如の境地に至っていた証である。これも今は所在不明で、『宮本武蔵遺墨集』収録の写真でしか見る事ができないのが残念である。

5、武蔵自彫りの石仏　鎌倉で発見

金峰山から南に流れ出る谷尾崎川のほとりに「武蔵先生座禅の石」と伝えられてきた大岩がある。上は畳二畳ほどの平らな平面を持つ岩で、座禅するのに適した岩である。当時は金峰山麓の雲巌禅寺に行く途上にあって、霊巌洞を目指す武蔵が座禅をしたという伝承があっても不思議ではない。

ここはもと細川家菩提寺の妙解寺別院・谷隠軒《こくいんけん》の寺域で、明治維新の廃仏令によって妙解寺と共に廃寺となり民間に譲渡された。その最初の所有者が旧細川藩士で武術家の井上平太であった。

谷隠は古くより梅の名所で、谷隠軒の庭園は水前寺庭園に匹敵する名園として昭和の初めまで残っていたが、戦後は熊

武蔵の座禅石（熊本市西区谷尾崎）

本市の所有となり老人施設に変わり、その移転によって住民の希望を入れて現在の梅林公園となった。

この武蔵座禅石は昭和六十年（一九八五）より毎年二月に梅まつりが催されるようになって藪に埋もれていたのを地元の古老たちの記憶をもとに切り開いて現出させたものである。

この座禅石にはかって付属する地蔵石があった。平成の初め、今から三十五年も前のことになるが、筆者が当時の谷尾崎公民館主事であった西澤鶴雄氏から次のような経緯を聞いた。

「武蔵座禅石と向かいあい、地蔵石という高さ六寸（十八㎝）ほどの丸い石の祠《ほこら》があって中腹に穴があり石蓋で塞がれていた。武蔵自彫りの祠との伝承で、地元では開けると目がつぶれるとされ、誰も開けるものがなかったのを、明治に至り、当地の所有権を得た井上平太が開けると、中に二寸五分（七㎝）ほどの小さな石地蔵菩薩が祀られていた。調査の結果、素材は座禅石の一部で、武蔵が切り取って石仏を自彫りしたものであろうとされた。井上は武田流騎射の師範であったので、全国から弟子たちが来て馬場で騎射の稽古をしていた。その弟子の一人が井上家から武蔵の石地蔵を譲り受けて関東

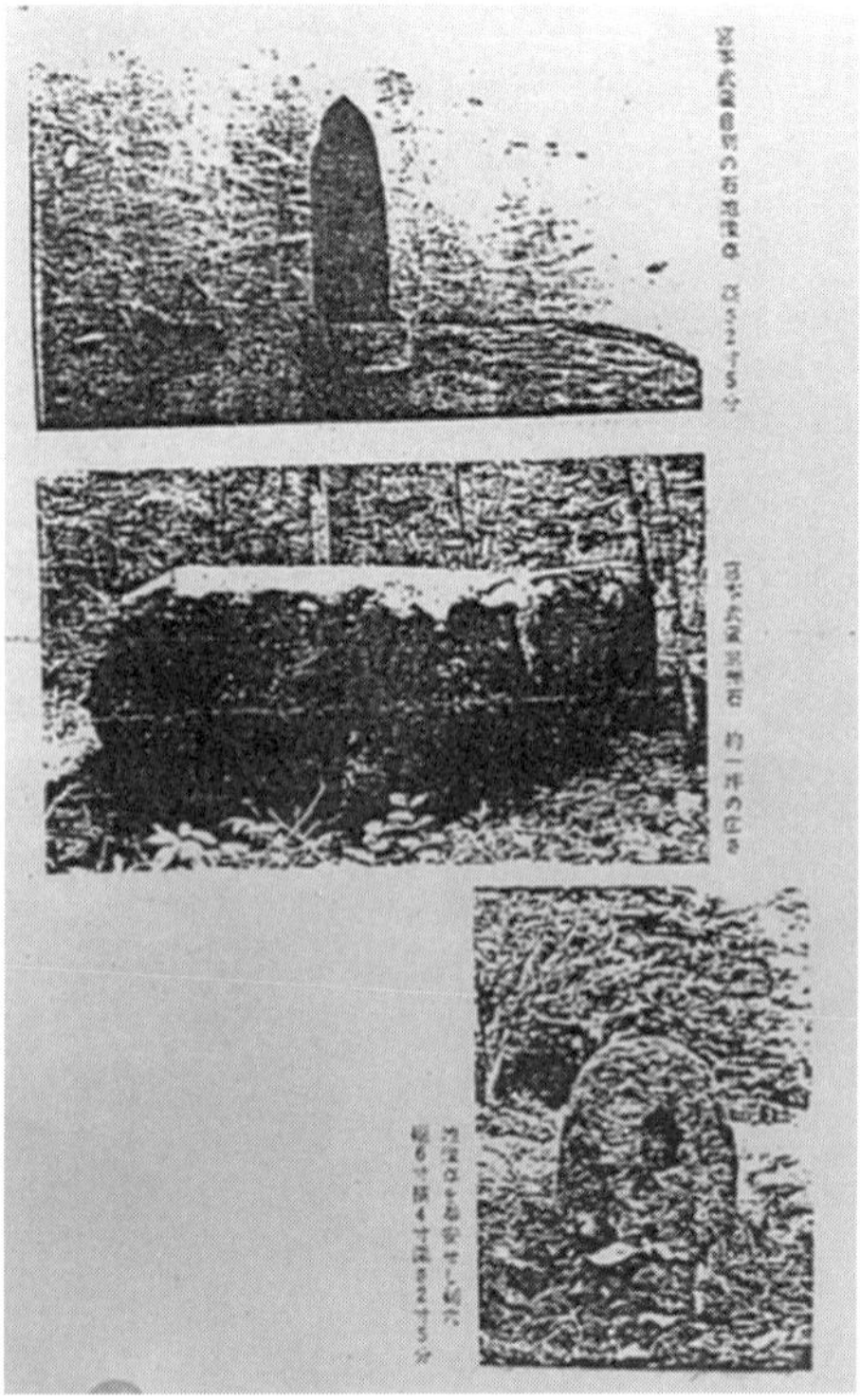

の鎌倉へ移した」

と言うことであった。

（写真は西澤鶴雄『谷尾崎の歴史と谷隠の由来』一九八五年より）

武蔵が最晩年の霊巌洞へ向かう道で石地蔵を自彫りしたとすればどのような心境で彫ったのだろうか。己の生涯を回顧して、他流の剣士と六十余度勝負して倒した相手の慰霊のためと考えるか。武蔵が熊本で描いた画に滲む優しさ、民の平安・平和を願う心から思えば、地蔵菩薩の由来は「大地」が全ての命を育む力を「蔵」するように、全ての苦悩の人々を、その無限の大慈悲の心で包み込み救う所から「地蔵」と名付けられたとされるので、世のすべての人々の平安を願って彫ったのではないだろうか。

後日談になるが、令和四年の夏、この武蔵自彫り伝承の石仏地蔵尊が厨子に納められて発見された。鎌倉の武田流弓馬道司家の金子家敏氏にあったものが熊本日日新聞社に連絡があり、熊日から連絡を受けて筆者が確認した。そして翌年正月の熊日新聞に報じられ石仏の写真が公開された。

また石仏が納められていた地蔵石も個人宅の庭石として現存することも判明した。せめてこの地蔵石だけでもいつの日か、谷尾崎の武蔵座禅石のもとの位置に安置されることを祈りたい。

武蔵自彫り伝承地蔵尊石仏と
元収納されていた地蔵石（下）

6、雲巌禅寺・霊巌洞への道

熊本城から眺める西山の山波は美しい。その最高峰が標高六六五メートルの金峰山である。武蔵が住んだ千葉城の屋敷からも見えたであろう。その金峰山麓にある雲巌禅寺の奥之院が霊巌洞である。

熊本城からの西山の山波と金峰山

この後『五輪書』を書くために武蔵が籠ったところである。なぜ霊巌洞だったのか、ここではそのいきさつを考えてみたい。

雲巌禅寺の境内一帯は平安時代から修験の道場で、奇岩と秋の紅葉が美しく肥後耶馬渓と呼ばれている。

その渓谷にある鼓ヶ滝は、清少納言の父で、三十六歌仙の一人に数えられる平安時代中期の歌人、清原元輔が肥後守に就任時に訪れて「おとにきくつづみのたきをうち見ればただ山河のなるにぞ有りける」（拾遺集）と詠んだ当時の京都にも知られた名所であった。

また有明海を望む岩窟、霊巌洞に収められた石体四面の馬頭観音は、大陸から流れ着いたとされ、古くから「岩戸観音」と崇められ信仰を集めていた。平安期の女流歌人「桧垣」も日参した逸話から、後に世阿弥が謡曲「桧垣」として著し能の演目となった。謡曲も仕舞も養子の伊織に仕込むほど上手であった武蔵には好ましい場所であったはずだ。

南北朝時代（一三三六～一三九二）に元（中国）の帰化僧東陵永與《とうりょうえいよ》がこの岩戸観音を本尊として雲巌禅寺を開山、観音を祀る岩窟を「霊巌洞」と名付けた。岩の天井部に彫り込んだ文字が今でも残る。

また洞内部の壁に細川家の重臣・沢村大学吉重の逆修が彫られていることから、武蔵と親しい沢村大学の紹介でここを知ったものと考えられる。

沢村大学は若狭高濱の生まれ、足軽から身を起して細川忠興に仕え、数々の戦で武功を重ね重臣となった。八十過ぎの老体で島原の陣にも出陣し、武蔵が在熊当時もかくしゃくとして、病床の武蔵を見舞った逸話がある。武蔵より長生きして九十一歳の長寿を全うした。藩の家老で武蔵と花見など逸話を様々遺した沢村友好は大学の養子であった。

武蔵がいきなりこの洞窟に一年余り籠ったわけではあるまい。雲巌禅寺や霊巌洞のたたずまい、岩戸村の様子が心に合って何度か訪れていたものであろう。『五輪書』執筆を思い立つのはまだ先のこと、その前にそこに至る由来を考証しなければならない。

霊巌洞

沢村大学逆修彫刻

六、『五輪書』執筆を決意

1、光尚に男子誕生

寛永二十年（一六四三）初冬十月より武蔵は霊巌洞に籠り『五輪書』執筆にかかる。そのきっかけは何であったのか、本稿では年初からそこに至る経緯、由来を考証してみたい。

この年武蔵は六十二歳となり、熊本で三度目の正月を迎えていた。二代藩主光尚は二十五歳、国許で迎える初めての年始であった。

家譜『綿考輯録』によると、元日、二日の御礼の儀、本丸御殿にて済み、二日夕は御謡《おうたい》初めを光尚は上段の間に座して鑑賞した。ただし御囃子《おはやし》二番済んだところで「御長座ならせられず候とて御入りなされ候」と退出している。

実は光尚は強い痔疾《じしつ》と瘧病《おこりやまい》でかねてより苦しんでいた。江戸の沢庵和尚からも痔の妙薬調合法を教えられ施薬していたようだ。連日続く年始の儀式は過酷に感じられたのではないだろうか。

武蔵も忠利の時同様に登城して光尚に賀詞を述べたことであろう。千葉城の屋敷に戻っては多くの弟子たちの年始を受けて、晴れがましくも息の抜けない時を過ごしたと思われる。六十歳を過ぎて、さすがに少しは身に堪《こた》えるようになっていたのではないだろうか。

正月十日、光尚の病状は急激に悪化、命の危機に至る。末期養子が禁じられていた時代、細川藩に無嗣改易の危機が迫った。光尚は万一の事を考えて同日付で幕府老中あての遺書を書いて家老に預ける事態となった。その内容を要約すると、

「若輩でありながら大国の相続を認められ、忝《かたじけな》き上意に浴したにもかかわらず、何の奉公もできず相果てることは無念である。肥後五十四万石は御公儀に返上します。細川家は弟（松之助尚房）に継がせてなにがしか奉公できるようにしていただきたい」というもので、後継嗣もいないので領国を返上するという、家老以下家臣団にはとても容認できぬ壮絶な遺書であった。

そんな悲壮感漂う正月二十日、江戸の岩間六兵衛から早飛脚で吉報が届いた。光尚の妾が男子を出産したという知らせである。細川家の危急を救う朗報であった。

（正月八日付家老・長岡監物宛）

一筆啓上致し候。然らば内々申上げ候御奉公人、今月七日之夜九ツ半時分（八日午前一時頃）、するゝとよろこび申され候。殊にうつくしき若子様にて御座なされ候。珍重これに過ぎず、大慶に存じ奉り候。

「内々申上げ候御奉公人」とは光尚の妾きち（清水氏のち清高院）である。京都で光尚の子を懐妊した後に、事情があって京都から江戸の岩間六兵衛の屋敷に移され、匿われて隠密裏に出産した。

岩間六兵衛は光尚の母保寿院（小倉藩主小笠原忠真妹）付の用人で、小笠原家から輿入れ時に付けられた両家家臣というような存在であった。隠密出産の事情とは。

細川家譜『綿考輯録』によれば、「寛永十九年（一六四二）光尚、綱利生母に御暇を下されんとす。懐妊の旨を報告するも流産致さすべきの御意、岩間六兵衛諫言《かんげん》しこれを預かる」とある。懐妊当時は光尚喜ばず、きちを辞めさせるつもりであったが岩間六兵衛が諫言してこれを止め、隠密に江戸の自邸へ引き取って夫婦で出産まで面倒を見たとされている。

光尚の正室は烏丸寧々《からすまるねね》であるが、この七年前寛永十三年（一六三六）に産後の肥立ちが悪く、僅か十七歳で亡くなっていた。子も亡くなり、以後光尚は継室を取らず、子供はいない。藩にとって後継嗣の確保は御家の大事であった。

実は光尚の再婚話を忠利が生前に進めていた。寛永十五年秋頃、室保寿院の兄である小倉藩小笠原忠真の息女を後室にと申し入れていたのである。しかしなかなか忠利の思うように進展せず、この年末、忠真の弟小笠原忠知（豊後杵築藩主）へ仲介の労を求める書状を出している。

●寛永十五年十二月十八日付細川忠利書状（細川家史料・第二五巻）

態《わざと》申入候、仍《よって》右近殿（小笠原忠真）**御息女と肥後守**（光尚）**と縁邊之儀、右近殿へ御内談如申候、御前苦《くるし》からず候ハヽ、御取成《おとりなし》を成され下されるべく由、我等も讃岐殿**（酒井忠勝）**へ申すべく候**（以下略）

忠真の息女と光尚は母を通じて従兄妹《いとこ》同士である。江戸で育った二人に接点があり、あるいは光尚本人が望んだ縁談であったかもしれない。しかし、この恋は実らなかったようだ。光尚の落胆がその後、生涯結婚しなかったことになったものであろうか。

光尚に男子誕生の吉報は熊本中にさざ波のように広がり、家中は歓喜に包まれた。その隠しきれない歓びの様子が、同月二十二日の長岡監物から江戸留守居への書状に表れている。（一部抜粋）

一、其許にても先ず隠密になされ候段、一段尤もに候。併せて左様に隠密に成し申す儀にても御座無く候間、諸事およびただしくこれ無き様に御沙汰候て然るべく候。爰元にては何れも申し聞かせ、か様なる目出度儀御座無く候と申し候て、上下共に歓び申し候。熊本中ざざめきわたり申し候。はや三斎様へも頼母・我等所より河内所迄注進申し候。其許にてもさのみ隠密にも成るまじく候間、大方になられ然るべく候。
さてさて目出度き儀と御家中上下共に万歳、万々歳をうたい祝い申す儀際限なく候。


継嗣誕生の吉報を、いち早く八代の隠居三斎へも知らせたので、江戸表でも隠さなくてよいと指示、国許の喜ぶ様子を伝え安心させている。

この妾きちの産んだ子がのちに光尚の継嗣として認められ、細川藩三代綱利となるのである。

2、忠利三回忌と阿部一族の乱

若君誕生の慶事を受け、一時は命も危ぶまれた光尚の病状も回復に向かった。継嗣を得て生きる勇

細川忠利廟

妙解寺跡総門・石橋

気が湧いたのであろうか。

領国返上を記した光尚の遺書が公儀に出されることはなく、細川家の危機は去った。

花畑邸で祝いの能興行が行われるなど細川藩内が喜びに包まれる中で、先代忠利の三回忌法要のため、京都から大徳寺の天祐和尚が到着した。

忠利逝去の後、城下の高麗門外、祇園山の麓に菩提寺が建立され、二月十三日竣工、寺号は忠利の戒名「妙解院殿台雲宗伍大居士」から院号をとって妙解寺とされた。開山はかの沢庵和尚である。

ここで忠利の遺骨が仮安置の泰勝院から妙解寺の墓に移された。それまで二年の間は、月命日ごとに家中藩士は各々泰勝院への参拝が義務付けられていたのである。

二月十七日、真新しい妙解寺において忠利の三回忌法要が盛大に執り行われた。祥月命日は三月十七日であったが、この年は細川家の参勤の年に当たるため、三月には江戸へ向けて出立しなければならない。そのためにひと月繰り上げてこの日に取越法要が行われたのである。

細川忠利廟内忠利墓

当然、武蔵も参列したであろう。

城下を高麗門より出て南へ、のちに「御成道」と呼ばれる妙解寺への参道が開かれていた。祇園山（花岡山）麓の妙解寺へは井芹川に架けられた石橋を渡る。総門をくぐり本堂や庫裡、庭園を抜けた高台に忠利の墓が建立されていた。墓地への路、高い石段の両側には藩の重臣たちが競うように奉納した石灯篭の列。九十六段の石段を上ると堂々たる唐破風付き四脚門がある。振り返ると東北方向に熊本城と城下が一望である。家祖幽斎藤孝を祀る泰勝寺を熊本城の東北鬼門に置き、初代忠利の妙解寺を対角の南西裏鬼門に据えて、二つの細川家菩提寺で熊本城と城下を護ろうという意図であるか。

唐門をくぐった奥の霊廟は三間四方の宝形造瓦葺き。当日は扉が開けられて巨石の五輪墓が白く輝いていたであろう。その右手には忠利に殉死した十九士の墓が傅《かしず》くように居並んでいる。

法要の様子を想像すれば、天祐和尚の読経の中を光尚を始めに、重臣たちに先立ってまず殉死者の遺族による焼香が続いたであろう。

殉死遺族の中にも武蔵の弟子たちがいた。中でも本庄喜助の次男熊助《くまのすけ》は後に二天一流三代目を継ぐことになる。喜助の嫡男角兵衛が豊前時代に新知百五十石を賜って別家を興していたので、喜助の五人扶持十五石の跡式はこの熊助に継がせられていた。故あって柴任三左衛門と改名し、武蔵没後、二

忠利公殉死者の墓（妙解寺細川家廟内）

代目寺尾孫之丞より三代目を継いだのち、武蔵の兵法を世に広めるために喜助家を兄の角兵衛に託し、藩を致仕して熊本を出ている。まず江戸へ出て指導、その後福岡黒田藩（三百石）、大和郡山本多藩（四百石）、姫路本多藩（五百石）へと武蔵に由緒ある大名家へ次々招聘されて仕え、武蔵ゆかりの明石、龍野へも流儀を伝え、武蔵が町割りをした明石の町に没した。更にこの教えが広島、越後へと広まっていくことになる。武蔵の伝承を伝えた『武州伝来記』『兵法先師伝記』はこの系統の福岡・越後で編まれたものである。（詳細は拙著『武州傳来記』二〇〇五年ブイツーソリューション）

この忠利三回忌法要の場で大事件が起きた。

阿部弥一右衛門の遺族として継嗣で嫡男の阿部権兵衛が焼香の際、元結を払い、忠利の墓前に目安と共に供えたのである。光尚以下藩士一同注視の中、予想もしない権兵衛の行為に動揺が走り、狼藉者として直ちに権兵衛は捕縛された。

権兵衛の行為は光尚への反逆とされ、その嫌疑は一族に及んだ。そのため、次男の弥五兵衛、三男市太夫、四男五太夫、五男市之丞はじめ阿部一族の妻子と郎党まで覚悟を決し、権兵衛屋敷に立て籠った。藩から直ちに討伐の討手が差し向けられ、一族は討手と死闘を展開して全滅する。

討手側も大将・竹内数馬（千百五十石・鉄砲組三十挺頭）以下多くの犠牲を出した。

事件の発端の阿部権兵衛はこの後、井出ノ口刑場に引き出され縛り首となった。

この事件は討手の一人栖本又七郎の談話『阿部茶事談』をもとにした、文豪森鴎外の小説『阿部一族』でよく知られることになった。しかし阿部一族の乱の原因は小説とは異なり、阿部弥一右衛門の殉死に起因するものではなかったとする藤本千鶴子などの研究がある。

この事件を武蔵がどのように見ていたかはわからない。武蔵に関して一つだけ細川家譜『綿考輯録』に討手の人物に関し次の逸話が記されている。（巻六十「光尚公」より抜粋）

一説、畑十太夫は天岸様御肝煎《おきもいり》にて召抱えられ候。兼《かね》て臆病者とは聞こし召され候え共、恰合万端《かっこうばんたん》よろしき者故、いつぞは剛《つよ》く成る事もあらんかと思召され候処、今度の仰せを承り候時、新免武蔵、手柄《てがら》を仕《つかまつ》りやれと云て背中を打候へば、はや腰がぬけ候由。さて小便すれば討死せぬものとて、小便いたし候と也。山崎喰違丁に屋敷有之候え共、阿部討果候砌《みぎり》は、我家も分らずうろつき候と也。これにより御暇下され、その頃御家中にては十太夫という名さへも嫌い候と也。

武蔵に背中を叩かれただけで腰を抜かすとは、あきれた臆病ぶりである。討手は当然武術に秀でたものが選ばれたはずであり、選別に武蔵の意向が問われたり、弟子たちが含まれていたことは推量される。

3、光尚から武蔵へ心遣いの書状

継嗣誕生と、忠利の三回忌を済ませて光尚は元気を取り戻したようだ。参勤のため三月十九日に熊本を出立、およそ一月《ひとつき》をかけて四月十七日に江戸上屋敷に着座した。この時は筆頭家老の松井興長が同行している。

同二十五日に興長と共に江戸城へ登城し、将軍家光に拝謁を済ませたあと、光尚は生後百ヵ日の祝いを迎えた我が子と初めて対面した。

継嗣誕生は将軍・幕閣にも知られ、八月には上屋敷に光尚母方の小笠原一門衆を招いて大伯父小笠原忠真を烏帽子親・名付け親として若子は「六」と名付けられた。この時来賓した小笠原一門衆は、小笠原右近太夫忠真（豊前小倉藩主）・同壱岐守忠知（豊後杵築藩主）・同信濃守長次（豊前中津藩主）・同出羽守・同大和・同民部・松平市正英親（豊後高田藩主）であった。いずれも大権現家康の血を引く徳川譜代衆で光尚もその血筋に連なる。細川家にとっては強力な味方であり、武蔵との関係も深い。

この関係があって、六年後の光尚死去により数え七歳の六丸（綱利）の相続が危ぶまれたときに、親分の小笠原忠真の監督を条件に肥後一国五十四万石の相続が認められることになるのである。その折は小笠原家の筆頭家老として武蔵の子の宮本伊織も両家の間で大いに働いている。光尚の母小笠原氏とその用人岩間六兵衛に守られて出生した光尚の子は小笠原氏に守られる宿命にあったと言えよう。江戸でも光尚は瘧病《おこりやまい》で間欠的に発熱して悪寒や震えに苦しんでおり、寝込むことが多かった。細川家中ではかなり行く末が心配されたようである。

そんな自分の体調が大変な折柄、光尚が国許の武蔵へ宛てた体調を気遣う書状控《ひか》えが令和四年の熊本大学の永青文庫研究センターの調査で発見され、注目を浴びた。

●九月十三日付光尚書状控（永青文庫蔵）

一筆申し候。我等事、瘧煩《おこりわずらい》候へともすきと復に至り候にて、少し力付けせしめ候迄に候。気遣い有るべからず候。其方事、寒天につき息災に居られ候哉《や》、聞きまほしく候。ずいぶん心の儘《まま》に保養肝要候。春は下り候て申すべく候。謹言

九月十三日

宮本武蔵殿

旧暦九月十三日は新暦十月末頃、朝晩急に冷える時期に当たる。光尚はわが身の病を差し置いて老齢の武蔵の身を心配しているのである。そして一日でも早く会いたいという気持ちが伝わってくる。光尚と武蔵がいかに心を通わせた親密な関係になっていたかを証する一級史料である。

この若き藩主の思いやりにあふれた書状を武蔵はどのような気持ちで受け取ったであろうか。年初には遺書を書くほど衰弱していた光尚が武蔵に会いたいという。武蔵は光尚に力を与えられるものを準備して迎えねばならぬと考えたのではないだろうか。

さらに光尚は追いかけるように、国許の家老宛てに武蔵へ例年通り（三百石）合力米を支給するように命ずる書状を発していた。

●十月二日付長岡佐渡守他一名宛て（松井文庫蔵）

一、宮本武蔵ニ毎年の如く合力米相渡すべく候。年々定まり候て遣わし候様ニハ仕る間敷候由、去年、奉行の者共ニ申し渡し候間、当年も其に就き申し遣わす事候。

武蔵が熊本へ来た寛永十七年から同十八年、同十九年の奉書に加え、寛永二十年の本書状の指令により、ここまでの四年間は毎年三百石ずつ武蔵へ支給されていたことが確認される。但し、この光尚書状は平成六年度から八代市立博物館の自主事業として始まった松井文庫所蔵古文書調査によって、平成十一年に刊行された『松井文庫古文書調査報告書四』に報告された一四五通の中に筆者が見出したもので、これまで武蔵の待遇に関して本状が論じられた報道、論文は管見の限りではない。

この書状で注目されるのは、光尚が武蔵への合力米は毎年定まったものではないとしていることである。これにより、これまでは毎年三百石は決まったものと受け取られてきたが、年々の働きに応じた賞与のような扱いであったことがわかる。

光尚が藩の財政苦しい中、武蔵へ変わり無い待遇を続けていたことは、武蔵が細川家の期待に応える十分な働きをしていたものと考えてよいであろう。

4、兵法書執筆の決意表明

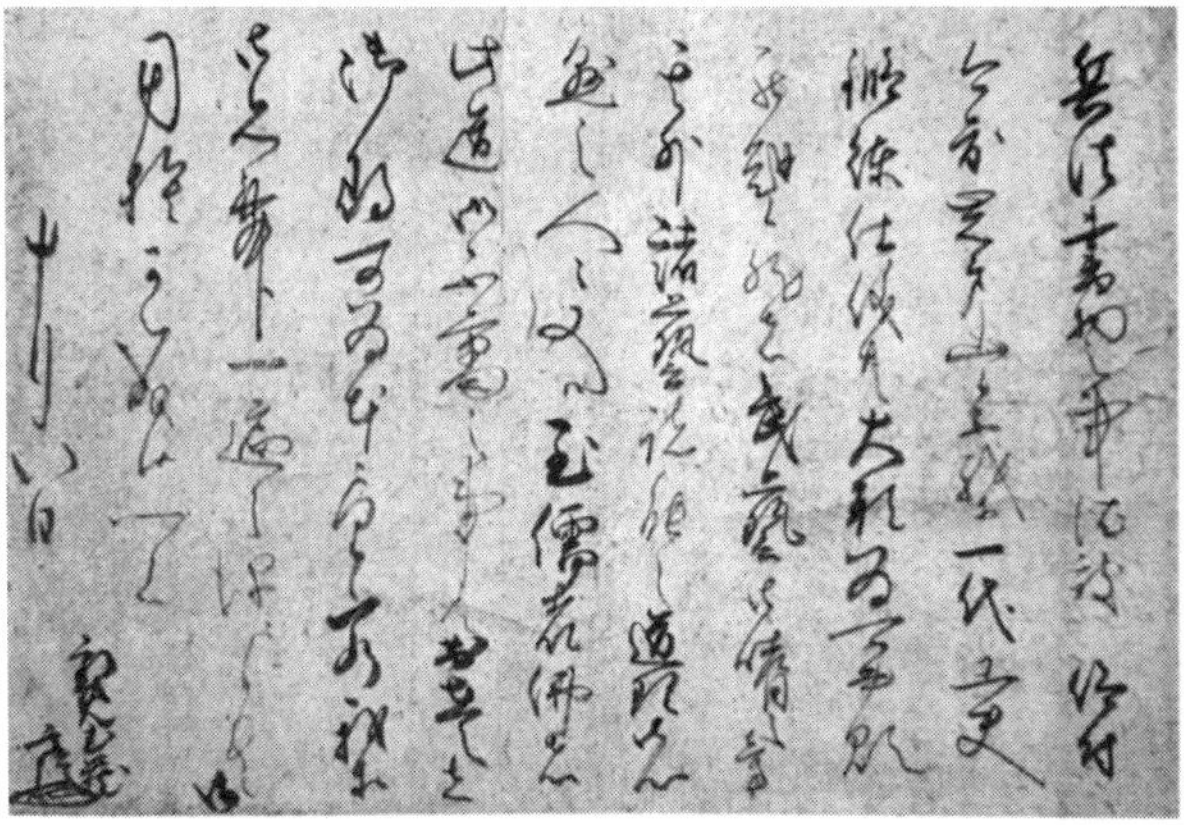

兵法書執筆武蔵覚書（島田美術館蔵）

光尚が武蔵へ書状を発し、そして家老の長岡佐渡守らへ武蔵に毎年と同様の合力米支給を命じた頃、武蔵は千葉城の屋敷を後にして、かねてより訪れていた岩戸山雲巌禅寺へ参篭し、そこから兵法書執筆に専念する決意を表明した書状を発していた。

●十月八日付新免武蔵覚書（島田美術館蔵）

兵法書物の事、被仰付《おおせつけられる》により、今度《こたび》岩戸山に参り、我等一代工夫鍛錬仕《つかまつ》る儀共、大形書き顕《あらわ》すべく罷《まか》り越し候。然らば武芸御嗜《たしな》みの旁《かたがた》、其外、諸芸諸能の道理、御心懸《こころがけ》の人々、又ハ儒者佛者に至り、此の道御不審の事共これ有るに於いては、御尋ね本望為《な》るべく候。若《も》し、我等御見舞一遍の儀ニ候ば、御用捨て成さるべく候、以上。

十月八日　新免武蔵玄信（花押）

冒頭一行目「被　仰付」に注目する。仰付の前に一字空けてあるのは貴人への敬意を表す闕字法《けつじ》であり、これにより武蔵に「兵法書物之事」を仰付た貴人は藩主光尚であることが容易に想像される。やはり武蔵は光尚から兵法書をまとめるように依頼を受けていたのだ。そして武蔵が急に岩戸山に登り兵法書執筆に掛かろうとするのは、直前に届いた光尚からの温情あふれる書状と結びつくのである。「我等一代工夫鍛錬仕る儀共、大形書き顕すべく罷り越し候」武蔵が生涯をかけて会得した兵法の集大成を「来春に光尚公ご帰国までには完成させたい」という使命感からであろう。武蔵は先代忠利に『兵法三十五箇条』を呈上していたが、この文面では、光尚だけのためではなく、武芸必須の武士はもとより、諸芸諸能の道、儒者・仏者にまでも通じる兵法の普遍的道理を書き顕わすつもりだと宣言している。

宛名はないが、特定の個人へ宛てたものではなく、武蔵が山籠りすれば見舞いに訪れるであろう者たち、即ち家老の長岡佐渡守・同寄之・沢村宇右衛門ほか、大勢の弟子へ向けたものではないだろうか。

「我等御見舞一遍の儀ニ候ば、御用捨て成さるべく候」の文言から、武蔵の兵法書執筆に賭ける強い決意が伝わってくる。見舞いお断り、面会謝絶の申し入れであった。

七、霊巌洞『五輪書』執筆

1、岩戸の里へ

霊巌洞（雲巌禅寺）

寛永二十年（一六四三）九月十三日付、参勤の江戸から藩主光尚より直々に健康を気遣う書状を受けた武蔵の心境はいかなるものであったか。光尚の書状より推測して、当時六十を過ぎた武蔵の老齢の身に何か病の兆しが見えていた可能性がある。

命の終わりを予感したものか、光尚より兵法書執筆の望まれていた武蔵はほどなく千葉城の屋敷を出て金峰山麓の岩戸の里へ向かった。なぜなのだろうか。千葉城の自邸は兵法の道場であり、弟子たちの集合場所のため、執筆に集中することができないとの判断か。そこには武蔵の生涯最後となる畢生の書に取り組む強い覚悟を感じ取ることができる。

武蔵が籠ったのは岩戸の里にある霊巌洞とされてい

岩戸観音石仏（霊巌洞内）

東陵永璵禅師倚像（熊本市博物館蔵）

る。曹洞宗の寺院・岩殿山雲巌禅寺、その奥の院が霊巌洞である。

『肥後国誌』に「岩洞即チ霊巌洞ナリ、洞中ニ百人ヲ入ルヘシ、岩洞ニ安置セル本尊ハ石体四面ノ観世音也ト云ヘリ」と記されている。人が百人も入れるような広さを持つ大きな自然の洞窟である。洞奥に石体四面の馬頭観音が祀られており、古来霊験あらたかと評判で、寺ができるはるか以前より「岩戸の観音さん」として崇められてきた。今は防犯のため何重もの格子がはめられていて、普段はその姿を拝むことは難しく格子の前で礼拝するしかないが、武蔵の時代はオープンであったはずだ。

この岩戸観音を本尊とし、修行の場として雲巌寺を開基したのは南北朝時代（十四世紀）に中国・元より渡来した禅僧・東陵永璵《とうりょうえいよ》である。曹洞宗東陵派の祖とされ、京の天龍寺・南禅寺、鎌倉の建長寺・円覚寺など大刹《だいさつ》の住持を歴任した稀代の高

霊巌洞上より雲仙を望む

僧である。昭和時代まで寺の本堂にあった禅師の木像は国の重要文化財に指定され、今は熊本市博物館に収蔵されている。禅師が自ら洞内高所に鑿《のみ》で刻んだとされる「霊巖洞」の篆刻大文字が今もくっきりと残っている。

武蔵はなぜ霊巌洞を選んだのだろうか。

平安時代の女流歌人桧垣《ひがき》が岩戸観音を深く信仰して日参した故事から、室町時代初期に世阿弥が謡曲『桧垣』を著した。能の演目としては幽玄の美を最高目標とした世阿弥作最奥の能として扱われている。雲巌禅寺のすぐ近くに桧垣が庵を結んでいた「山下庵跡」もあり、謡曲や仕舞に堪能であった武蔵はこの故事も知っていて霊巌洞を訪れていたと思われる。

「仏神は尊し、仏神をたのまず」という武蔵が観音の霊験をたのんだとは思われない。観音も照覧あれと偽りなく兵法の実《まこと》の心を著すのに最適と思ったからではないだろうか。

西方に洞穴を開いた洞内からは有明海のきらめきの向こうに雲仙普賢岳を望み、晴れた日には裾野に島原の風景が見えたであろう。そこをたどれば武蔵が戦った島原の乱で一揆勢を全滅させ、討伐側の幕府軍にも多大の犠牲を出した原城跡に至る。武蔵は悲惨な戦場の様子を思い返しながら、平和を守り、二度と戦乱を起させぬために武士はいかにあるべきかを書こうとしたのではないか。

2、『五方之太刀道』

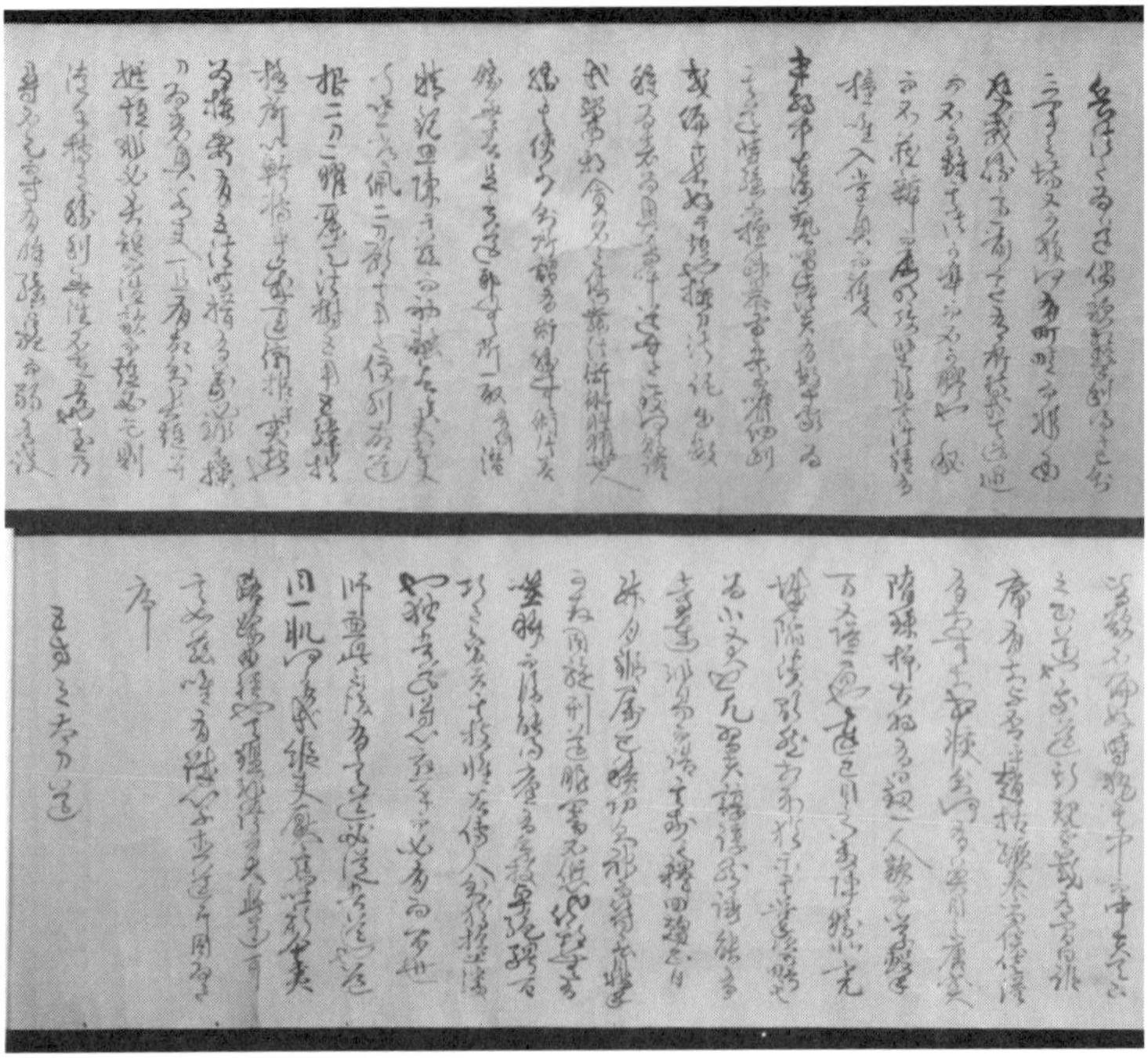

伝宮本武蔵筆《五方之太刀道》（江戸時代前期　熊本県立美術館所蔵）

実は武蔵はこのころまでに『五方之太刀道』と称する、内容から判断して『五輪書』の序として書かれたと思われる漢文の一巻を著していた。『宮本武蔵遺墨集』に収録の大正時代までは寺尾求馬之助の子孫家に伝来してきたもので、『兵法三十五箇条序文』とされていた。求馬之介系二天一流では『兵法三十五箇条』を一流相伝の書として継承していたからであろう。『五輪書』を武蔵から相伝された兄の寺尾孫之丞の系統は『五輪書』を代々相伝している。

重要なのは、武蔵の兵法書としては唯一、本書のみ武蔵の自筆原本が現代まで伝わっているということである（熊本県立美術館蔵）。

寺尾求馬助《もとめのすけ》が訓点を施した写本を残し、その子弁助信盛《べんのすけのぶもり》や豊田正剛《まさたけ》が注釈を試み、野田派二天流の祖、野田一渓種信《いっけいたねのぶ》が『二天流秘伝集』の随所に本書を引用している。『五輪書』執筆に向かうころの武蔵の思想を知るために、必須の見るべき史料であるが、これに注目した研究は少ない。幸い筆跡鑑定をして本書を武蔵自筆と判断した『五輪書』研究の権威である魚住孝至が、『定本五輪書』（新人物往来社・２００５年）の中に「関連著作」として翻刻文と書き下し文、現代語訳文を載せている。漢文の翻刻と書き下しは同書を見ていただくとして、ここは魚住の功労に甘えて現代語訳（同書２３０～２３２頁）をほぼ引用して武蔵の兵法概論と兵法書執筆にかける思いに触れてみたい。長いので見出しを付け六段に分けた。武蔵の言葉を感じながら、その兵法思想を味わいたい。

●魚住孝至訳『五方之太刀道』（　）は訳者補足

①兵法の道とは

兵法は「道」であるので、敵と出会って打ち合いをして（勝つ）道理を会得するならば、三軍（合戦）の場にもまた通用する。どうして区別があろうか。しかも敵に面して戦って勝負を決するわけではない。勝つべき思慮は（戦う）前に定まるのであって（戦いを）待つまでもない。その（兵法の）道は（絶えず）進むべきで、決して離れてはならない。その法は準じるべきものであり、とらわれてはならない。秘しても隠れず、弁じてしばしば明らかになるものである。難しいところを攻めるのは（出来るようになるまで）時節を待つ。鐘《かね》が撞《つ》けるのは、ただ堂に入ってのみ可能である（このように兵法の道に達するのは、鍛錬して深くこの道に参入してのみ可能である）。

②他流の批判

日本では中古以来、この芸（剣術）に関わって各々の法を唱えているものには、数十の流派がある。しかしそれらが道とすることとは、強みを頼んで粗暴なことを思うまま行ったり、柔をよしとして、細かな理を好むことである。或いは長い太刀に偏《かたよ》り、短刀を好む。太刀構え（形）をこじつけて何種類も作り出し、「表」（初伝）「奥」（極意）などと称している。ああ、道は二つとないものである。どうして（様々なことを言い出し）誤ったことを重ねるのであろうか。邪道を売り物とし、名を貪《むさぼ》る輩《やから》は、自分勝手なやり方をし、術をひけらかして世の人を惑《まど》わし欺《あざむ》くものである。彼らが下手なものに勝つのは、いわゆる術ある者が術なき者に勝ち、少しだけ善《よ》い者が善いところなき者に勝つようなものである。（普遍的な）「道」と言うに足らぬものであり、一つも取るべきところはない。自分は（兵法の道に）心を深く潜《ひそ》め、思いを鋭くし、（修すること）久しくして初めてこの道を会得したのである。

③武士たる者の在り様

そもそも武士は行住坐臥《ぎょうじゅうざが》、常に大小二刀を佩《お》びている。その二刀を活用せんことが望ましい。それ故二刀を根本とするのである。それは（日と月の）二曜が天にある如くである。太刀を遣《つか》う法は（上・中・下・左・右の）「五用」を樹《た》てる。それは（木・火・金・水・土の星の）「五緯《ごい》」が北極星を中心にあるが如くである。五星が極を廻って（秩序正しく）歳月が巡るように（秩序に反する）突き出たものは、衝突して拒《こば》まれるのである。太刀の構えは（上段・中段・下段・左脇・

右脇の）「五方」がある。状況によってそれぞれ（有効な構えとなる）意味がある。（他流のように）様々な構えをして「表」や「奥」とするのではない。もし一度《ひとたび》戦うことがあれば、直ちに長短二刀を合わせて抜くが、もし短刀だけで長刀がなければ短刀だけで戦い、短刀もなければ素手で敵を殴る。（こうすれば）勝利が自分にないということはない。それのみならず、状況によって（両手を広げた幅の）「尋《ひろ》」の長い太刀でも足らぬこともあれば（親指を当てた位の長さの）「寸」の短い刀でも持て余すこともある。（敵が）強くとも懸《か》かって行くべき時もあり、弱くとも（攻めを）待つべき時もある。全て皆、偏《かたよ》ることなく、その時々の状況で（自在に応じられる）「中《ちゅう》」を執《と》らんとするのである。「中」は天下の正道である。自分が説く兵法の道はこの「中」に則《のっと》っている。

④剣の道は大の兵法に通ず

ある人が批判して言うには、「何によって（兵法の道を）知ることと知らざる事の別があろうか」（知らざる）趙括《ちょうかつ》は秦《しん》に敗れ、（趙国を滅ぼし）、（知りたる）留侯《りゅうこう》は漢の建国を助けた。（兵法の道を）知ると知らぬとは、比べてみれば、魚の目を（隋侯《ずいこう》に助けられた大蛇が礼にくわえて来たという）宝玉と突き合わせてみれば紛れることがないように、違いは明らかである。また古《いにしえ》の将軍（項羽《こうう》）は「剣は一人の敵との戦いである（自分が学ぶに足りぬものである）。万人の敵を討つ合戦の術を学びたい」と言ったが、これは狭い了見である。（剣の道に）既《すで》に達してこのことを顧《かえり》みれば、万人の陣の勝敗も、堅固な城を攻め落とすことも（いかに戦うべきか）はっきりと相が顕れるのであって、あたかも掌《て》の内を見る如くである。ああ誰が（剣の道を）小さきこととするのであろうか。（それは万人の合戦に通ずる）まことに大なることなのである。

⑤正しく導けば会得する

およそ兵法の道を諄々《じゅんじゅん》とよく分かるように教え導けば、あまねく達するであろう。むろん容易にそうなるというのではない。道を追求するのに、間違ったことを捨て、正しいことに赴《おもむ》き、日々鍛錬を積み重ね、自らを励まし功を積んで行けば、やがて霊妙な働きにより（兵法の道理を）会得するであろう。（「直道《じきどう》」が何であるか）見るだけで分かるであろう。（日常の）起居《ききょ》振る舞いが道に則《のっと》り、よく知らぬ事でも誤ることがない。後で後悔することもない。そして後、（道を）よく得るのである。

⑥我が道は百世の師となる

もし（太刀遣いの）手技が卓越し、いかなる技も巧みに出来る者がいたとしても、その技を極めていても、それを人に伝える段になると、汁を手で拾う如きもので、到底伝えることはできない。独り我が道だけは（道理に則っているので）心で会得し、身体で技が行える。そうであるから、必ずや百世の師となることがあるであろう。この後を継いで、道を言うことがあるとしても、必ずや我が道に従うであろう。道が同一であるのに、どうして行く道筋が多くあるであろうか。たとえ旧《ふる》いものを嫌って新しいことを言い出そうとしても、（それは）平坦な道を捨てて、わざわざ

回り道を越えて行くようなものである。天を鑑《かんが》みて言うのであるが、(自分を)誇って(このように)大なることを言うのではない。この「道」というのは、次のように言うべきである。ただ誠心と直道《じきどう》があるのみである、と。これを以って序とする。

五方の太刀の道

まさに武蔵が畢生《ひっせい》の兵法書を著す概論である。最後の「必ずや百世の師となる」「必ずや我が道に従う」という言葉に兵法を極めた武蔵の強い自信と信念が伝わってくる。ここから四百年後の現代にまで通じる勝利の哲学『五輪書』が生まれ出ることになる。

3、執筆開始時の真実は?

武蔵が山に籠った旧暦寛永二十年の十月初旬は新暦の十一月下旬にあたり、季節は冬に入っていて朝晩は急速に寒くなる時期である。武蔵は弟子たちが心配して訪ねて来るのを防ぐため、岩戸より兵法書執筆に賭ける覚悟とともに「見舞い無用」の言葉を添えた覚書を十月八日付で送った(島田美術館蔵)。

武蔵の岩戸での暮らしは推察するしかない。

霊巌洞に籠って書いたというのが通説であるが本当だろうか。当時は霊巌洞へ今のような寺から直接行ける通路があったわけではない。五百羅漢などずっと後世にできたもので、寺の下から南回りに

大正頃の雲巌禅寺と岩戸の里風景（『宮本武蔵遺墨集』）

雑木生い茂る山径《やまみち》を分け入り、傾斜の急な岩場をよじ登って霊巌洞へ上がっていたのだ。洞へ上がる階段もなかったし、洞内も舞台のような板敷などは三代藩主綱利の代に整備させた後世のものである。当時は自然のむき出しの岩床であった。いかにも冷え冷えとしており、ここにずっと籠って書いたというより、寺と霊巌洞と行き来しながら執筆していたというのが真実なのではないだろうか。

雲巌禅寺は檀家もなく、当時は山岳修行の場として仏堂があるだけの無住の寺であったと思われる。

食事の支度は誰がしたのだろうか。武蔵が一人で食材を整え、調理していたと考えるのか。それでは兵法書の執筆に集中することはできないであろう。

近年明らかになった史料により、武蔵には小倉から随仕してきた増田市之丞や岡部九左衛門という家来がいたことがわかっている（松井家文書『御給人先祖附』）。彼らが供をして兵法修練の相手をしたり、身の回りの世話をしていたのではないだろうか。

日々の生活において、岩戸の里人たちとの交流も考えられる。武蔵が山籠もりした当時は初冬であるが紅葉の残る季節だ。平安時代に肥後守を受領して赴任した歌人清原元輔が歌を詠んだ鼓が滝のあたりは、のちに「肥後耶馬渓」と称される紅葉の名所である。著名な茶人と交際し、歌も詠み、鼓、謡曲、仕舞いも得意な文化人であった武蔵、執筆の合間には気晴らしに散策し、岩戸の明媚な風景を堪能したことであろう。

鼓が滝（岩戸の里）

4、序文

武蔵が執筆を始めたのは十月十日の寅の刻（正刻・午前四時頃）であった。先に触れた漢文の『五方之太刀道』序文は相当熟考して作ったと思われるが、これを使わずに、平易な韻を含んだ和文の序に変えた。なぜなのか、比較して武蔵の心境の変化を考えてみよう。その書き出しはこうである。

①目的・時期・場所と自己紹介

兵法の道、二天一流と号し、数年鍛錬の事初て書物に顕さんと思ひ、時に寛永二十年十月上旬の頃、九州肥後の地、岩戸山に上り、天を拝し、観世音を礼し、仏前に向ひ、生国播磨の武士、新免武蔵守藤原玄信、年つもつて六十。

武蔵はここに初めて己の兵法を「二天一流」と号した。それまでは「二刀一流」と言い、若い時代には「円明流」と号していたことが知られている。「二天」は武蔵の号であり、おそらくは『五方之太刀道』でいう「二曜麗天《にようれいてん》」、いつも空に麗《うるわ》しく輝いている日月《にちげつ》を武士が常に腰に佩びている二刀に重ね、武士は二曜のように人々に恵みをもたらすべきとして、武士のあるべき道、鍛錬して得た実《まこと》の兵法を著すのだと宣言したのであろう。

「観世音を礼し」は岩戸観音であり、「仏前に向かい」というから仏像を祀った雲巌禅寺の本堂に居るのであろう。すなわちそこが執筆の場所である。

「生国は播磨（兵庫県西部）」と明快である。そして歳は「つもって（満）六十（数え六十二）」であった。伊織の小倉宮本家「由緒書」の天正十年（一五八二）生まれであればそうなる。

②兵法経歴

我、若年のむかしより兵法の道に心をかけ、十三にして初て勝負をす、そのあいて新当流、有馬喜兵衛と云兵法者に打勝ち、十六歳にして但馬国秋山といふ強力の兵法者に打ち勝ち、二十一歳にして都に上り、天下の兵法者にあひ、数度の勝負をけつすといへども勝利を得ざるといふ事な

し。その後国々所々至り、諸流の兵法者に行合、六十余度迄勝負すといへども、一度もその利を失はず、其程、年十三より二十八九迄の事也。

兵法勝負をした相手の名は最初の二名だけ明かして後の六十度は略している。ただ「二十一歳にして都に上り」天下の兵法者と数度戦ったという相手は、武蔵没後に息子の伊織が『小倉碑文』に詳しく刻んだ吉岡一門との決闘かと思われる。巌流小次郎との決闘は書かれていない。そして兵法天下一を目指しての兵法勝負は二十代までに終えたとしている。

③五十歳で兵法の道理を極める

我三十を越へて跡をおもひ見るに、兵法至極して勝つにはあらず、おのづから道の器用ありて天理をはなれざる故か、又は他流の兵法不足なる所にや、その後なおもふかき道理を得んと、朝鍛夕錬して見れば、をのづから兵法の道にあふこと、我五十歳の比なり。夫より以来は尋入べき道なくして光陰を送る。

「兵法天下一」を自覚してもなお求道の道を進み、兵法を極めた境地に達したのは五十歳の頃であったという。それよりここまで十年余は尋ね入る道なく過ごしてきたとして、「兵法至極」は武蔵の確信であることがわかる。

④すべての道に通ずる兵法の利を著す

兵法の利にまかせて諸芸諸能の道となせば、万事におゐて我に師匠なし、今比書を作るといへども、仏法儒道の古語をもからず、軍記軍法の古きことをももちひず、比一流の見たて、実の心を顕す事、天道と観世音を鏡として、十月十日之夜、寅の一てんに筆をとつて書初《かきそむ》るものなり。

武蔵の書画工芸は見事で、国の重要文化財指定の画が四点もあるほどであるが、誰に習ったわけではなく「兵法の利にまかせて」行ったまで、何事にも「我に師匠なし」と言い切っている。それ故にこれから兵法書を書くにあたっても「仏法儒道の古語をもからず、軍記軍法の古きことをももちひず」自らの修練と実戦で極めた兵法を自分の言葉で著すと宣言した。これにより、先の漢文の序『五方之太刀道』は『文選《もんぜん》』の古語や『史記』から故事を引いており、この序文に変えた理由が理解できる。

虚飾を排し実《まこと》の心を顕《あらわ》すので、天も岩戸観音も照覧あれと、武蔵は十月十日の夜、寅の一てん（午前四時頃）に筆をとって書き初めたのであった。

八、霊巌洞―武蔵病む

1、五輪書は武蔵の墓標

天下一の兵法者にも命の終わりの時は来る。その時を予感した武蔵は城下を離れ、金峰山の裏側、岩戸観音の霊地・霊巌洞に籠り、己の人生の集大成、畢生《ひっせい》の兵法書を書き始めた。冒頭序文に自らの兵法経歴を概観しているが、その足跡を探求すると次のような実像が浮かび上がってきた。

武蔵は戦国末期の播州に生まれ、戦国から泰平への時代の転換期を生きた。足利将軍より「日下無双兵法術者」と称号された当理流開祖・新免無二の養子となり、若年の頃は兵法天下一を目指して諸国諸流の兵法者との六十余度の勝負に勝ち、父を超えて一流を立てた。また数度の戦場にも徳川方として出陣し勝利に貢献した。

大坂の陣後の泰平期には徳川譜代大名の本多家・小笠原家に招かれ、二家に養子を立てて宮本家を興し、自らは仕えず伊織を筆頭家老にするまで立身を支えた。自身は大名の客分・相談役に徹し、政道の表に出ることはせず兵法の道を究めた。

高名な儒者・仏者・芸能・文化人と交流し、その間に明石城下の町割り・造園・能・連歌・書画・工芸など文化全般にも手を染め、兵法の心を以って何事も達人の域に達している。

その自らの体験を通して得た兵法の極意を、有るべき武士の道を、光尚など国を治める者にも指針となるべきものを、細川家を通じ後世に遺さんとの熱い思いが武蔵の胸に、最後の炎となって燃え上っていたと思われる。

『五輪書』という題は後世につけられたもので、武蔵が付けたものではない。兵法書の構成を、仏教で世界を形作るとされた五輪、「地・水・火・風・空」の五巻に分けてわかりやすく説いたのであり、弟子筋では『二天一流兵法五巻の書』として兵法相伝者に伝授されていったものが、いつしか『五輪書』と呼ばれるようになったものである。

しかしなぜ第一巻・第二巻とせず、地水火風空の五輪を各巻の題にしたのだろうか、武蔵の心境を推察するに、人生の最後に纏《まと》める畢生の兵法書を己の墓碑とする意図が潜んでいたのではないか。下から、地輪、水輪、火輪、風輪、空輪を重ねて墓碑とする五輪塔は、早くから宗派を超えて用いられていた日本独自の墓碑である。己の五輪の塔を積み上げる思いで地の巻から順に書き進めたのではないだろうか。

2、五巻の概要

武蔵の言葉を聴こう。曰く、

一、此《この》兵法の書、五巻に仕立る事

五つの道をわかち、一まき〳〵にして其利《そのり》を知らしめんが為に、地・水・火・風・空として五巻

に書顕《かきあらわ》すなり。

地の巻においては、兵法の大体、我《わが》一流の見立《みたて》、剣術一通《ひととおり》にしては、まことの道を得がたし。大きなる所よりちいさき所を知り、浅きより深きに至る。直《すぐ》なる道の地形《ちぎょう》を引ならすによつて、初《はじめ》を地の巻と名付る也。

地の巻ではまず自らの来歴を書き、兵法とはなんであるか、武士はいかにあるべきか、わが流派の見方を説く。剣術だけをやっていては本当の道を得ることはできない。大きいところから小さいところを知り、浅いところから深きに至る。まっすぐな道の地形を作る所なので、最初を地の巻と名付けたという。

第二、水《すい》の巻。水を本として心を水になす也。水は方円のうつわものに随《したが》ひ、一滴《いってき》となり、さう《滄》海となる。水に碧潭《へきたん》の色有り。清き所を用《もち》ゐて一流の事を此巻に書顕す也。剣術一通の理さだかに見分け、一人の敵に自由に勝時は世界の人に皆勝所也。人に勝と云《いう》心は、千万の敵にも同意也。将たる者の兵法、ちひさきを大きになす事、尺のかたを以て大仏をたつるに同じ。箇様《かよう》の儀、こまやかには書分《かきわけ》がたし。一を以て万を知る事、兵法の利也。一流の事を此水の巻に書しるす也。

第二は水の巻とする。水は器によって自在に変化し、一滴から大海にまで広がる。水の心を手本としてわが一流の事を書き顕わす。剣術の利を得て一人の敵に勝つ時は世界の人に皆勝つ。尺の型をもって大仏を建てるのと同じである。武士が常に鍛錬しておくべき剣術の法をこの巻に書き記す。

第三、火《か》の巻。此巻に戦《たたかい》の事を書記《かきしるす》也。火は大小となり、けやけき心なるによつて合戦の事を書也《かくなり》。合戦の道、一人と一人との戦ひも、万と万との戦ひも同じ道也。心を大きなる事になし、心を小さくなして、能《よく》吟味して見るべし。大きなる所は見えやすし。小さき所は見えがたし。其《その》子細《しさい》、大人数の事は即座にもとほりがたし。一人の事は、心一つにてかはる事はやきによつて、小さき所知る事得がたし。能吟味有《よくぎんみある》べし。此火の巻の事、はやき間のことなるによつて、日々に手馴《てなれ》、常の如く思ひ、心のかはらぬ所、兵法の肝要也。然るによつて、戦《いくさ》勝負の所を火の巻に書顕す也。

第三は火の巻とする。この巻に戦いの事を書き顕わす。火は大きくなったり小さくなったり、炎の勢いをもって戦いの事を書く。一人と一人の戦いも、集団の戦いも同じだ。ただ、大きなところは見えやすく、小さなところは見えにくい。即ち、集団は急変換できにくいので見えやすいが、一人は心ひとつで変換するので予測しにくい。よく研究すべきだ。この火の巻に書くことは、瞬時に決まることなので、日々習熟して平常心で居ることが大切。それ故に戦い勝負の事を火の巻に書き顕わす。

第四、風《ふう》の巻。此巻を風の巻としるす事、我《わが》一流の事にはあらず。世の中の兵法、其《その》流々の事を書載《かきの》する所也。風と云に於ては、昔の風、今の風、其家々の風、などとあれば、世間の兵法、其

流々のしわざをさだかに書顕す。是《これ》風也。他の事を能知らずしては、自《みずから》のわきまへ成がたし。道々事々をおこなふに、外道《げどう》と云ふ心有り。日々に其道を勤《つと》むると云ふ共、心のそむけば、其身はよき道と思ふ共、直《すぐ》なる所より見れば、実《まこと》の道には有らず。実の道をきはめざれば、少《すこし》心のゆがみに付て、後には大きにゆがむもの也。吟味すべし。他の兵法、剣術ばかりと世に思ふ事、尤《もっとも》也。我兵法の利わざに於ては、各別の儀也。世間の兵法を知《しら》しめん為に、風の巻として他流の事を書顕す也。

第四は風の巻である。風というのはそれぞれの家風などあるから、この巻では世間の兵法について他流派の事を定かに書き顕わす。他をよく知らなければ自らを知ることはできない。自分ではよい道だと思って毎日道に励んでいても、本当の道に外れているなら、初めは少しのゆがみでも、後には大きなゆがみとなるものである。他流では兵法といえば剣術の事だけと思っているが、わが兵法においてはもっと深い道理と技がある。世の兵法の誤りを知らしめるために、風の巻として他流の事を書き顕わすのである。

第五、空《くう》の巻。此巻《このまき》、空と書顕す事、空と云ひ出すよりしては、何をか奥と云、何をか口といはん。道理を得ては、道理をはなれ、兵法の道におのれと自由ありて、おのれと奇特《きとく》を得、時にあひては、ひやうしを知り、自《おのずか》ら打《うち》、自《おのずか》らあたる。是皆《これみな》空の道也。おのづと実《まこと》の道に入《はいる》事を、空の巻にして書とゞむるもの也。

第五は空の巻である。空というからは奥もなく入り口もない。道理を体得したら執着から解放され、兵法の道は自然と自由になり、不思議な力を得る。何事にも勝つべき拍子を知り、打てば必ず当たる。これが空の道である。自然と本当の道に入ることを、空の巻として書き留めるという。

「空」について、以前細川忠利へ呈上した『兵法三十五箇条』では、

万里一空の所、かきあらはしがたく候へば、おのづから御工夫なさるべきものなり

と明瞭にしなかったものを、今度はこの空の巻に書き記すと明言している。

武蔵はこのように五巻に書き記す概要をあらかじめ地の巻の最初に示した。これによって途中で挫折することなく、期待を以って順々に読み進め、その通りに実践していけば兵法の実《まこと》の道を会得することができるようにと構成したのである。四百年も前に書かれた実用書でここまで親切な手引き書は、兵法書に限らず他に類例がない。現代の名文家とされる文豪・司馬遼太郎は『真説宮本武蔵』で、「当時としては斬新な達意の名文で、論理性が高く、文飾を排し、用語には一意のきびしさがある点、現代の文章感覚に通ずる。明治以前の文章家のなかで平易達意の名文家は筆者不明の『歎異抄《たんにしょう》』と室町末期に本願寺を中興した蓮如《れんにょ》上人と宮本武蔵のほかにはみられない」とまで絶賛している。

平易達意の名文ゆえに、今も武道に限らずあらゆるスポーツに、ビジネス経営に、人生の生き方に転用でき、時代を超えて、世界の人々に読まれ活用されているのである。

『五輪書』の内容と解説はすでに優れたものが多く刊行され、手軽に文庫本でも読める時代となった。本文と解説を先学に重ねて述べることは避け、本稿では当時の武蔵の様子や心境について考察を進めたい。

3、参篭生活と光尚の帰国

雲厳寺より岩戸の里風景

寛永二十一年（一六四四）は岩戸で明けた。武蔵は正月を誰と祝ったであろうか。

岩戸を含む河内地域は当時も今も蜜柑の里である。武蔵も里人と交流して甘い蜜柑を食べたのではないだろうか。

この頃武蔵は執筆の傍らで不動明王の小像を彫っている。下山の折、雲厳寺に残したとされ近代まで寺宝として伝来したが、今は個人から島田美術館に寄託展示されている。

通常の右手に宝剣、左手に衆生を救う羂索《けんじゃく》を持つ不動尊と違い、大ぶりの宝剣を両手で握り、左半身に体を開いて八相に構え、顔面の形相が気迫に満ちている。まるで仏像の姿を借りた兵法の身形《みなり》、その心は兵法即ち破邪の剣《つるぎ》を以って衆生を救おうという気概であるか。

大正期の『宮本武蔵遺墨集』の編者森大狂は「尋常仏師の夢にも視《み》ること能《あた》はざるものにして、小像なりと雖《いえど》も、他の丈余の大像を圧すべし」と評した。（表紙カバー裏写真参照）

宮本武蔵作「不動明王立像」
（島田美術館寄託）

参勤で江戸滞在中、武蔵の体調を気遣う書状を送っていた光尚は、同年五月三日に帰国の途に就き、同二十七日に熊本に着座した。江戸より京・大坂、瀬戸内海の海路を経て豊後鶴崎に上陸、豊後街道を熊本城下まで延べ一千百キロ余りを通常一月以上かかるが、この年は最短の二十四日、相当急いで帰着している。

改めて帰国前の前年九月に、江戸より武蔵に宛てた光尚書状の文言を見てみよう。

其方事、寒天につき息災に居られ候哉《や》、聞きまほしく候。ずいぶん心の儘《まま》に保養肝要候。春は下り候て申すべく候。

とあり、労《いたわ》りと愛情にあふれている。光尚は帰国して武蔵に会うことを楽しみにしていたようである。それは武蔵に依頼していた兵法書の完成を見る事だったのか、父忠利がしたように武蔵との問答に自らの迷いの雲を晴らしたかったのか、何か期待するものがあったのは確かであろう。しかし、光尚の帰国を知っても武蔵は岩戸に籠ったまま下山して光尚に会おうとはしなかった。
なぜだろうか。当時の武蔵の様子や細川藩の対応を知ることのできる史料はあるか。それが松井文庫に残された一次史料、小倉小笠原藩の筆頭家老であった武蔵の子（養子）宮本伊織と細川藩家老・長岡（松井）寄之との往復書簡によって詳細に判明する。

4、武蔵病む―宮本伊織書状

その年の冬、武蔵が岩戸山へ参篭して一年余りが過ぎた寛永二十一年十一月中旬、二ノ丸の長岡邸、寄之のもとに同月十五日付の宮本伊織書状が届けられた。書状の原本が今も松井文庫に大切に伝承されており、内容は次のようであった。

（読み下し）

以上

未だ尊意を得ず辱《はずかしく》く候へ共、一筆啓上致し候。
然らば同名武蔵、煩《わずら》い申すに付いて、養生の様子、色々御情け入れ為され下され候由承り、忝《かたじけな》き次第申上ぐべき様も御座無く候。私儀不日《ふじつ》罷り越し、御礼等も申上げたく存じ候処、拠無《よんどころな》き仕合御座候に付いて、存ずる儘《まま》に罷り成らず、本意《ほい》に背《そむ》くと存じ奉り候。武蔵儀、常々御懇意に御座候由承り及び候間、いよいよ養生の御指図、慮外ながら憑《たのみ》と存じ奉り候。猶重ねて貴意を得べ

く候。恐惶謹言。

宮本伊織

十一月十五日　　　　貞次（花押）

長岡式部少輔殿

人々御中

この書状によって判明することはまず「同名武蔵、煩い申すに付」と、この時期に武蔵が病に伏していること。その事実が熊本から小倉の宮本家へ、伊織のもとに通報されていたことである。恐らくは小倉から随仕してきた武蔵の家来・増田市之丞と岡部九左衛門のいずれかが武蔵の病状の容易ならざる様子を見て、密かに知らせたものであろう。

そこには武蔵と寄之の普段から懇意にしている様子や、武蔵が病に伏してからの養生への心遣いのほどが詳しく伝えられたと推察される。伊織がそれについて寄之に深い感謝の意を表しているからである。注目するのは、

「私儀不日罷り越し、御礼等も申上げたく存じ候処、拠無《よんどころな》き仕合御座候に付いて、存ずる儘《まま》に罷《まか》り成らず、本意に背くと存じ奉り候」

と、父親の病の報に触れても、直ちに駆けつけて世話をすることも、寄之に対面して礼を言うこともできず、心苦しいと訴えていることである。そのわけ「拠無《よんどころな》き仕合」とは何か。

これは伊織の立場であろう。幕府の九州探題と目される小倉小笠原藩の、しかも筆頭家老という重職にある宮本伊織は私事で小倉を離れることはできないということである。

そこには親の興長が細川藩の筆頭家老であり、自身も家老職にある寄之には理解できるだろうとの思いが込められている。そして、

「いよいよ養生の御指図、慮外ながら憑《たのむ》と存じ奉り候」と、父武蔵の養生の助けを寄之にあえて依頼しているのである。

一見、子として薄情《はくじょう》とも取れる書状であるが、親の病や死に目にも駆け付ける事の出来ぬ立場の辛さが滲んでいるように思われる。また、伊織は武蔵の心情を思ったであろう。もし伊織が重い公務を置いて武蔵のもとに駆け付けたとして、武蔵は決して喜ばないとわかっていた。家老として国を治める者の心得を武蔵は伊織に教えていたはずだからである。

5、長岡寄之の返書

伊織からの書状を受けて、寄之が伊織に返した書状の案文が松井文庫に残されている。案文のため推敲《すいこう》文章も書き込まれており、当時の病に倒れた武蔵の様子、長岡興長・寄之父子や藩主光尚が懸命に心を尽くした武蔵への対応がわかって貴重である。

（読み下し）

尚〳〵貴様の儀、内々承り及び候間、書状を以てなり共申し述ぶべきと存じ候処に、何かと打ち過ぎ御報に罷り成り候。向後は互いに御意を得べく候。已上

仰せの如く未だ御意を得ず候処に、御状に預かり辱《はずかし》く拝見せしめ候。御同名武州（武蔵）、熊本よ

り程近き在郷へ御引き込み候て居られ候処に、煩い成されるに付いて、医者共申付け、薬遣わし、服用、養生仕られ候へ共、しかと験気《げんき》もこれ無くに付いて、在郷にては萬事養生の儀も不自由にこれ有るべく候間、熊本へ御出候て養生然るべきの由、佐渡（興長）・拙者両人かたより申し遣わし候へ共、同心これ無く候間、然れ共、肥後（光尚）も殊の外懇ろに申され、医者なども度々遣わし申され、色々養生候て在郷にては養生の儀も難く、指図致され難く候間、度々罷り出られ候様にと申されるに付、一昨日熊本へ罷り出られ候。此の上は養生の儀、猶以《なおも》って肝煎《きもい》り、油断無き様に指図など仕るべく候間、肥後も懇《ねんご》ろに候て医者なども付け置き申され候間、御心易くべく候。気色相替わる儀もこれ無く、此の中同篇にて、貴様の儀、御見廻り有りたく候へとも、其許思召《おぼしめ》す侭《まま》に成らず其の儀無き由、尤もにて候。養生の儀、随分肝煎り申すべく候間、御気遣い有るまじく候。拙者儀、武州爰元へ参られ候剋《とき》より、別して心安く咄《はなし》申すに付き、か様の砌《みぎり》はいよいよ粗略に存ぜず候。佐渡守儀は申すに及ばず、前々より久しく申す通りに付き、一入《ひとしお》余儀なく存じ、肝煎り申す体に候、御心易くべく候。尚期後音の時候。恐惶謹言。

長岡式部少輔

十一月十八日　寄之

宮本伊織様

御報

冒頭の尚々書きに、自分の方から武蔵が病に伏していることをお伝えしなければと思っていたところに、先にあなたからのお手紙をいただいてしまったと、懺悔《ざんげ》の言葉を書いている。また武蔵から伊織の事はかねて聞き及んでいたとある。武蔵は家老職の寄之に対し、自分が育てた養子の伊織が小笠原藩の執政を託されるまでになった経緯を、様々な治政の参考になる例えで話したのかもしれない。

本文は推敲文も入り込んで重複する所もあるが、確認できることは、まず武蔵が岩戸へ参篭中に病となった事。これに対し細川藩として医者を派遣し薬を服用させたが思わしく回復しなかった事。そのため、城下に戻って治療、養生するように、興長と寄之が親子がかりで説得したが、武蔵は「同心これ無く候」と、岩戸を離れようとしなかったという事実である。

なぜだろうか。兵法書が未完であったからか。いや、武蔵はこの霊巌洞（雲巌寺）を、己の死に場所と決めていたのではないだろうか。

しかし、細川藩としてはそうさせるわけには行かない。忠利・光尚二代にわたる藩の大切な客分であり、何より幕府九州探題の地位にある小笠原藩の筆頭家老・宮本伊織の父を、本人の望みとはいえ領内の山中に死なせるわけにはいかなかった。

最後には藩主光尚が説得に乗り出している。

「肥後（光尚）も殊の外懇ろに申され、医者なども度々遣わし申され、色々養生候て在郷にては養生の儀も難く、指図致され難く候間、度々《たびたび》罷り出られ候様にと申されるに付き、一昨日熊本へ罷り出られ候」

光尚の説得には武蔵も拒み切れず、身を細川藩に委ねることにしたのである。

「一昨日」とは、寄之がこの返書を書いた日の二日前、すなわち寛永二十一年（一六四四）十一月十六日に武蔵は岩戸から千葉城の屋敷へ戻った。

九、千葉城―最後の日々

1、光尚が武蔵を見舞う

武蔵が金峰山麓岩戸の山中から千葉城の自邸に戻ったのは、寛永二十一年（一六四四）十一月十六日、金峰山に冠雪もある冬季であった。藩主光尚から治療と養生のため下山するよう、武蔵の身を気遣う強い要請を受けてやむなく帰宅したのである。

武蔵の身を心配していた家老の長岡興長・寄之親子、沢村友好をはじめ多くの弟子たちも安堵して、しばらくは千葉城の武蔵屋敷は見舞いに訪れる者で溢れたことであろう。病身の武蔵がいちいち応対するわけはなく、要人以外は側近の増田市之丞と岡部九左衛門あたりが対応したと思われる。

注目すべきは光尚がさっそく見舞に訪れている事実である。このことは武蔵没後に考証する宮本伊織書状で明らかになった。帰宅時は藩主の屋形へ挨拶に出られる容態になかったという事であろう。光尚の方から武蔵に会いに来た。

藩主の花畑屋形から武蔵の千葉城屋敷までは坪井川をはさんですぐである。絵図を見て様子を想像してみよう。今なら徒歩十分ほどの近距離を、光尚は乗駕篭で行ったものか、騎馬か、近習を連れて歩いて行っただろうか。

そして光尚の来訪を武蔵はどのように迎えたのであろうか。床に伏した容態であったのか、身を起

右端が武蔵屋敷の千葉城址、左端が藩主花畑屋敷、奥に金峰山
（『熊本城東面図』部分・永青文庫蔵）

して迎えたか。

しかし武蔵はいったいどのような病にかかっていたのであろうか。『武州傳来記』が唯一そのことに触れている。当時武蔵の直弟子であった二天一流三代目柴任三左衛門らから聞いた話を記録したというもので、二次史料ながらそこは信ぴょう性がある。そこには岩戸山に上り五巻の書を書き上げた武蔵が、

《清書なき内に病噎膈のよし生ず》

と武蔵の病は「噎膈《えっかく》」であったと伝えている。

噎膈とは漢方医語で、「胃癌・食道癌の病変に見られる、喉《のど》に物がつかえ吞《の》み込み難く、胸郭《きょうかく》に疼痛《とうつう》があり錐《きり》で刺すように痛み、食が入ると吐くようになる症状をいう」とある。

武蔵は胃癌か食道癌か消化器系の癌にかかっていたと思われる。

当然痩せてゆく。

大きく頑強な体躯の武蔵を知っている光尚は変わり果てた武蔵の姿に驚き、さぞ胸を痛めたことであろう。武

蔵としては光尚には見せたくなかった姿であった。

二人の間にどのような会話が交わされたかは想像するしかないが、当然に執筆中の兵法書は話題に上ったであろう。このとき『五輪書』の出来はどれくらいであったのか、下書きはほぼ出来ていたとしてもまだ清書できず、完成には至っていなかったようである。

武蔵は光尚に今少しの猶予を願ったであろう。これにたいし光尚は決して無理をしないよう、養生第一にと諭《さと》したのではないだろうか。

武蔵が城下に戻った一月後、十二月十六日に後光明《ごこうみょう》天皇即位のため年号が寛永から正保《しょうほう》に改元され、正保元年はわずか半月で暮れた。

そして正保二年（一六四五）の新年が明けた。武蔵にとっては生涯最後の正月であった。

2、療養の日々

武蔵は千葉城屋敷で療養中、どのように毎日を過ごしていたのであろうか。光尚差し向けの医師による最高の治療、施薬が処置されていたことが推察されるが、死ぬまでの半年の期間、まさか寝たきりの状況ではなかったであろう。治療の甲斐あって体力と気力も持ち直した時期もあったのではないだろうか。

日々体調を見ながら『五輪書』の完成に取り組んでいたことはほぼ間違いない。

伊織書状によると、光尚は武蔵の看病のために家臣の寺尾求馬助《てらおもとめのすけ》を専属に付け置いたとされている。

求馬助は細川藩重臣の寺尾佐助（千五十石奉行職）の三男で別家を立てて知行二百石、役目は鉄砲頭であった。

武蔵の病状は求馬助から光尚へ随時報告されていたであろう。

細川藩の武蔵の弟子筋による『武公伝』は武蔵の直弟山本士水の話として、

寺尾孫之丞勝信後に夢世・寺尾求馬信行　の兄弟は武公親睦して常に細工等をして緒弟稽古にも交じらず、終に一流相伝なり。

と伝えている。求馬助が鉄砲頭の公務を置いて武蔵に常に付いておれた時期といえば、この頃しかない。求馬助は兄の寺尾孫之丞とともに武蔵に兵法を継承するべく選ばれた弟子であったとされている。

武蔵は細工等をして過ごしていたとある。『五輪書』執筆の合間に気分に応じて水墨画の筆をとることもあったのではないか。その時に寺尾兄弟が墨を擦るなど諸事手伝いをしていたのであろう。また長岡寄之も家臣の中西孫之丞を武蔵の看病役に付けていたと『武公伝』に書かれており、『中西氏先祖附』によって事実であることが証明されている。

●中西氏先祖附

正保二年五月新免武蔵病死の節、病中に　要津院様（長岡寄之）御見廻成され候処、武蔵遺言の

趣に付て、孫之丞儀病中より御附成され、諸事取計候様に仰付られ候。

これは先に見た寄之より宮本伊織への書簡で、伊織へ約束した左記の実践であろう。

養生の儀、随分肝煎《きもい》り申すべく候間、御気遣《おきづか》い有るまじく候。拙者儀、武州爰元《ここもと》へ参られ候剋《とき》より、別して心安く咄《はなし》申すに付き、か様の砌《みぎり》はいよいよ粗略《そりゃく》に存ぜず候。佐渡守儀は申すに及ばず、前々より久しく申す通りに付き、一入《ひとしお》余儀《よぎ》なく存じ、肝煎り申す体に候、御心易《おこころやす》くべく候。

すなわち藩主から家老衆、兵法の弟子どもに至り、藩の総意をあげて武蔵の看病に尽くしていたことが推察され、武蔵がいかに細川家で大切にされていたかがよく分かる。

3、光尚江戸参勤に旅立つ

この年、正保二年二月十二日、光尚は参勤のため江戸へ発駕した。それまで何度武蔵と対面できたのかは分からないが、光尚は翌年の帰国まで武蔵の命が持たないことを予測して、その時の対応を留守家老の長岡監物（米田是季）へ指示して出立した。このことは後に詳しく考証する。武蔵が岩戸の山を下りてから、短い三か月間の交流であった。

この時の参勤御供の総人数は二千七百二十人に及び、江戸期を通じ最多の随行人数であった。

武家諸法度寛永令により参勤交代が制度化されてまだ十年、諸藩が行列の華美を競っていた時代で、熊本藩では藩年収の過半を費やしたと言われている。

御供内訳は知行取衆百四十九人、その家人千二百六十六人、切米取衆千三百五人、駕籠、騎馬、鉄砲隊、槍、荷が延々続く大行列であった。

武蔵の千葉城の高屋敷から御花畑を出立する光尚の発駕の様子が見えたであろうか。武蔵の心中を察すると、今生の別れに、おのれを優遇してくれた忠利・光尚二代の殿様への感謝の気持ちで溢れていたことであろう。

4、『五輪書』伝授

光尚が江戸へ立った三月後の五月十二日、武蔵は執筆を続けてきた地水火風空の五巻の書の筆を置いた。推敲清書《すいこうせいしょ》途中であったと思われるが、もはや筆を持つ手に限界を感じたのであろう。「空之巻」を次のように結んだ。

武士は兵法の道をたしかに覚へ、其外武芸をよくつとめ、武士のおこなふ道少しもくらからず、心のまよふ所なく、朝々時々におこたらず、心意二つの心をみがき、観見二つの眼をとぎ、少しもくもりなく、まよひの雲の晴たる所こそ、実《まこと》の空と知るべき也。

高弟の寺尾孫之丞を呼び一式を伝授した。写しをとって門弟に伝えさせ、自筆原本は長岡寄之を通じて光尚へ呈上するように託したものと推測する。それは『武州傳来記』に次のように記されているからである。

一、五巻ノ書、草案ノマ、ニテ信正《のぶまさ》（寺尾孫之丞）ニ授ラレシユヘ軸表紙ナシ。依之《これにより》後年相伝ノ書、其遺風ヲ以《もって》、軸表紙ヲツケズ。武州自筆ノ兵書、何等ノワケニテ公儀へ被召上《めしあげられ》候哉、御城エ上リ御天守ニ納ル。焼失ノ時、此書ニ不限《かぎらず》、数多之《あまたの》珍宝珍器、焦土トナレリトカヤ。可惜《おしむべし》、可悲《かなしむべし》。

五巻ノ書（五輪書）は草案のまま、即ち清書が完了されないまま、「軸表紙ナシ」料紙を重ねた状態で寺尾孫之丞に授けられたという。これによりその遺風を尊重し以後の相伝の折も軸表紙をつけず伝授する倣《なら》いになったという。これは武蔵の直弟子でもあり、武蔵没後は孫之丞に七年間随仕修業して流儀を相伝した柴任の伝であるので虚構とは思われない。

注目すべきは、そこに武蔵自筆の原書の行方を伝えていることである。光尚の要請で筆を起こしたとすれば、一旦は光尚に献上されたはずだが、原書は何らかの理由《わけ》あって公儀へ、すなわち将軍家に献上されていたというのである。

その理由とは何だろうか。前にも考証したように細川忠利と将軍家光は共に兵法数寄で知られ、家光のために柳生宗矩が編纂した『兵法家伝書』を授けられ、柳生宗矩邸で共に兵法稽古をした親密な間柄であった。

光尚も殊の外家光に親近の情を持たれていたので、忠利が生前最後に学んだ武蔵の兵法に家光が興味を示し、光尚が所持していた『五輪書』の呈上に至ったことは十分考えられる。

先に考証したように、忠利は柳生宗矩より『兵法家伝書』を授かりながら柳生流の兵法に大いに疑問を抱え、沢庵和尚に書状で悩みを吐露していた事実がある。武蔵を招聘した理由の一つと考察した。では忠利以上に宗矩や沢庵の指導を受け、兵法に殊の外執心していた将軍家光は、武蔵自筆『五輪書』を読んでどう感じたであろうか。大いに興味ある疑問である。

家光は柳生宗矩より『兵法家伝書』そして沢庵より『不動智神妙録』を呈上されて読んでいた。これと武蔵の『五輪書』は今では「武道の三大古典」とされている。この三書を比較して読めばその答えが出るのではないか。三書の比較研究を機に武蔵研究に進むことになったという武道思想研究家・魚住孝至氏の感想を見てみよう。

「『五輪書』が圧倒的にすばらしいと感じました。記述がきわめて具体的で明晰《めいせき》で、人間のからだに即しており、まさに武道の「思想」を論じた書だったからです。卓越した論理構成力にも驚かされました」（NHK一〇〇分で名著『五輪書』）

武道思想の専門家である魚住は『五輪書』に圧倒的な評価と軍配を上げた。

魚住が感動したように家光も武蔵の思想に衝撃を受けたのではないだろうか。

家光逝去後は、江戸城天守に収められ、《焼失ノ時、此書ニ不限、数多之珍宝珍器、焦土トナレリトカヤ》と記されている。

江戸城天守が焼失したのは明暦の大火（一六五七）である。外堀以内のほぼ全域、天守閣を含む江戸城や多数の大名屋敷、江戸市街地の大半が焼失し、死者十万人とも言われる大火災であった。以後天守は遂に再建されることはなかった。

この伝承が事実であれば、武蔵自筆の原書はこの時に焼失している。しかし寺尾孫之丞が写した写本が残り、孫之丞系統の二天一流師範家に相伝され、現在に至っているということである。

武蔵の擁護者・長岡寄之も写本を取ったようで、その子直之は武蔵直々に指導を受けていただけに、後の八代城主時代に豊田正剛（『武公伝』原書著者）ら側近に『五倫書講義』と称して解説するほどの武蔵崇拝者であった。この時に直之が『五倫書』と名付けたのが『五輪書』呼称の始まりと考えられている。

5、『五輪書』執筆の目的

武蔵は『五輪書』をいったい誰に向けて書いたのであろうか。本論では光尚からの依頼があったと推量したが、本書を読んでみれば、特定の個人へ向けて書かれたものではなく、兵法の弟子、二天一流継承者のためにだけでもないことがわかる。

武士の道、大将の道が一身の兵法、大の兵法として分けて書かれ、剣術だけでは兵法は分からないとして、諸芸にさわり、諸職の道を知る事が大切と説く。武士の在り様、生き方を説き、一身の戦いの技法から国の治め様に至るまで、武士全般に向けて、各々の立場において何事にも勝つ道を示している。

原本は当然、光尚に呈上されたのであろう。そこには写本にあるような「寺尾孫之丞殿」という宛名は記されていなかったはずである。そのまま細川家にあれば、当時これほど尊崇されていた武蔵の直筆兵法書として大切に保管されて今に伝わったはずである。そうでないのは『武州傳来記』が記した「公儀へ召し上げられ」すなわち将軍家光の求めに応じて光尚が献上したという話に納得がいく。

6、武蔵の『独行道』

この時武蔵から寺尾孫之丞へ伝授されたのは『五巻之書』だけではなかった。『武公傳』が《**孫之亟へ相伝之自誓書今豊田家ニ在リ**》と伝えている。

『自誓書』、即ち武蔵の信条を書いた二十一箇条の『独行道』である。

寺尾家から『武公伝』を編纂した豊田家に渡り、個人蔵から今は熊本県立美術館所蔵となって幸いにも現在まで現物が伝わっている。

表題の「獨行道」の文字から本文二十一カ条は間違いなく武蔵の特徴ある墨跡である。強くなく、ゆるゆると流れるような筆跡で、墨の濃淡や文字の擦れにも深い味わいがある。武蔵が末期に示した人生信条であり、本当の武蔵を知る貴重な史料である。

現物写真を見、武蔵が筆を進めている様子を想像しながら一つずつ見て行こう。

「独行道」とは「ひとり行く道」武蔵が生涯を終えるにあたり、人生を回顧して著したもの。『五輪書』がすべての武士に遺した遺訓とすれば、『独行道』は武蔵自身の内なる信条、兵法修行の道で心がけてきた自戒書であるといえよう。あとに筆者の解釈を付けてみた。

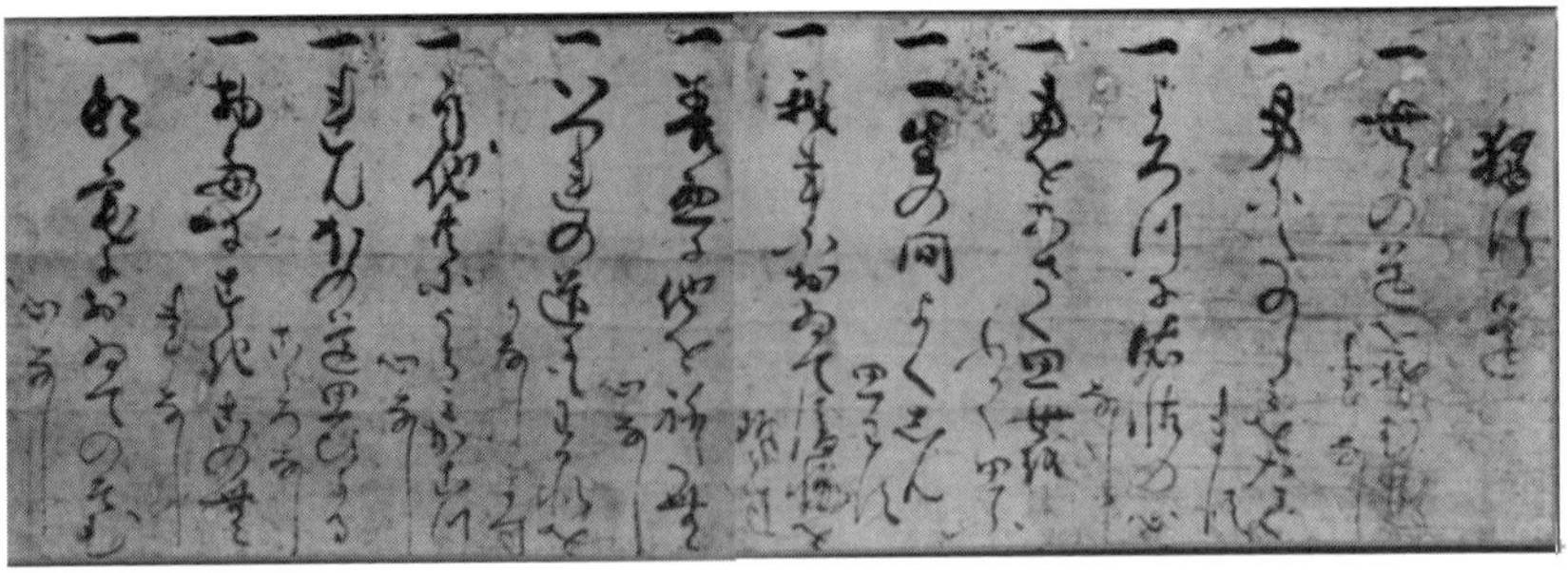

獨行道

一、世々の道をそむくことなし
断じて世の道にそむくことはしていない。

一、身にたのしみをたくまず
自分だけの楽しみは考えなかった。

一、よろずに依枯《えこ》の心なし
どんなことにも偏《かたよ》る贔屓《ひいき》心は持たなかった。

一、身をあさく思、世をふかく思ふ
自分の事より、世の安寧《あんねい》を深く思ってきた。

一、一生の間よくしん思わず
一生涯、欲望に捉われることはなかった。

一、我事において後悔をせず
自分の行いに一切後悔はない。

一、善悪に他をねたむ心なし
善悪の判断に他人を妬む心は挟まない。

一、いずれの道にもわかれをかなしまず
何事にも別れは必定、悲しむことはしない。

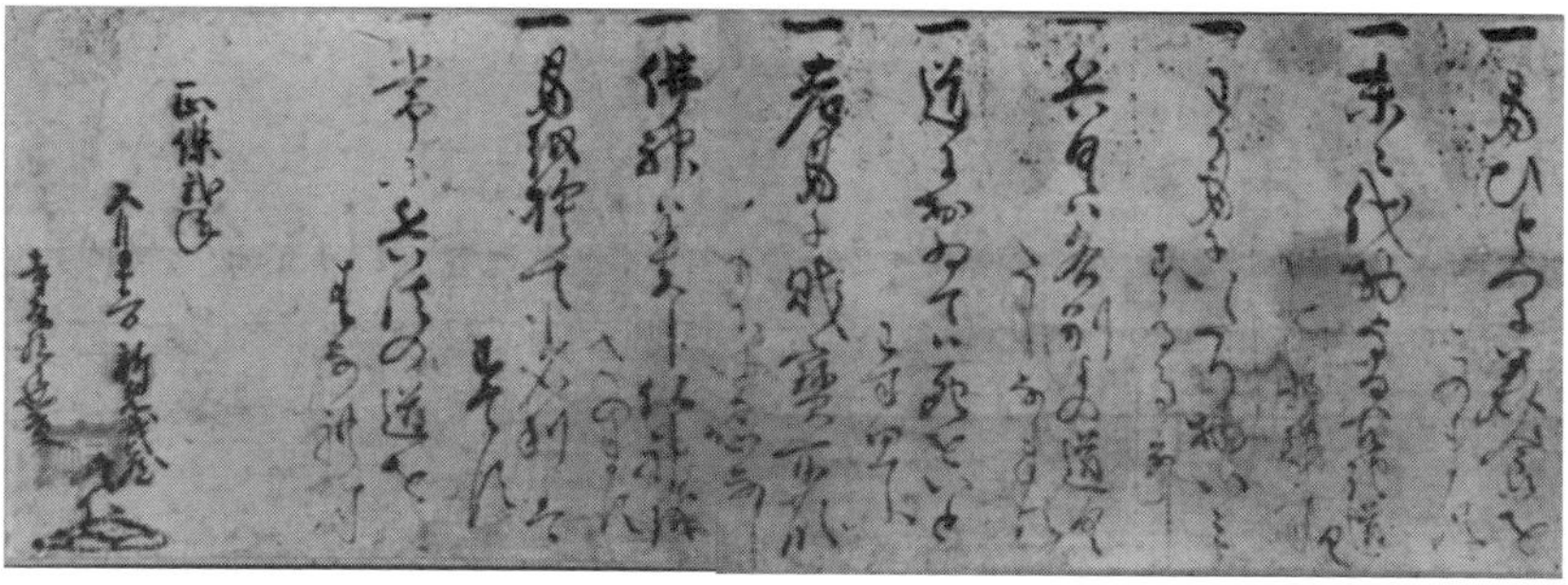

宮本武蔵筆《独行道》江戸時代初期　鈴木猛氏寄贈　熊本県立美術館所蔵

一、自他共にうらみかこつ心なし

　自分にも人にも、何の恨みや不満もない。

一、れんぼの道思いよる心なし

　妻帯の意思なく、恋慕の心は持たなかった。

一、物毎にすきこのむ事なし

　物に対して、すき好む偏《かたよ》りはしなかった。

一、私宅においてのぞむ心なし

　自分の住む家に特別な望みはない。

一、身ひとつに美食をこのまず

　食事は質素でよく、美食はいらない。

一、末々代物なる古き道具を所持せず

　代々伝える立派な道具は持たない。

一、わが身にいたり物いみする事なし

　自分の事で縁起や物忌みすることはない。

一、兵具は格別よの道具たしなまず

　兵具は格別だが、他の道具にはこだわらない。

一、道においては死をいとわず思う

　兵法の道において死は覚悟の上である。

一、老身に財宝所領もちゆる心なし
老いた身に財産や所領を欲する心はない。
一、仏神は貴し仏神をたのまず
仏神は敬うが仏神に頼ることはしない。
一、身を捨ても名利はすてず
武士として名誉のためには命を懸ける。
一、常に兵法の道をはなれず
常に武士のあるべき道を求めてきた。

正保弐年
五月十二日　新免武蔵玄信（花押）
寺尾孫之丞殿

人により解釈や心に響く言葉に違いはあろうが、武蔵の信条は第一に「世々の道をそむくことなし」にあるように思う。武蔵は生涯仕官せず牢人を通したが、アウトローではなかったという事である。第四条の「身をあさく思、世をふかく思ふ」にもそれは表れている。

「無私」「無欲」の条々、妻帯せず恋慕の道も断ち、ひたすら兵法修行に努めた。

兵法を極めても奢らず、人におもねず仕えず、身は謙虚に質素に過ごし、世のため人のため、武士の道を求め続けた哲人であった。幕末の英傑横井小楠が「古人未発の見識として敬服せり」と感服した荻角兵衛の『新免武蔵論』は《武蔵は世の兵法者にては御座無く候。当時第一等の聡明の士《さむらい》にて、即ち妙恵沢庵が別面に出たるものにて御座候》と名僧沢庵和尚が兵法者の姿で現れた者と評している。

奥書の日付、署名花押、「寺尾孫之丞殿」という宛書は明らかな異筆とされてきた。即ち後入れである。本文は五月十二日のこの場で書かれたものではなく、武蔵が事前に書いて所持していたものをこの日に寺尾孫之丞に授けたということであろう。

武蔵はなぜこの書を遺《のこ》したのであろうか。武蔵が自分の生きざまを誇って書いたとは思われない。おそらくは武蔵を尊崇する弟子に人生の信条を問われ、自戒の条々を書きつけて答えたのではないだろうか。それが寺尾孫之丞であったという事であろう。

この条々に見える姿が真の武蔵であり、俗を超越した人物像が浮かび上がる。

武蔵はこの日、周囲の者に形見分けをして身辺を整えた。

十、大往生

1、形見分け

武蔵が千葉城の自邸に戻ってから臨終に至るまでの当時の記録はなく、二次史料から推量するしかない。

『二天記』は後世の細川藩内の弟子筋により纏められた武蔵伝記であり、粉飾も見られるが、藩内に取材した信ぴょう性の高い記事もある。武蔵末期の次の記事はその一つであろう。

一、同五月十二日、寄之主・友好主へ遺物として腰の物、並びに鞍を譲りあり、寺尾勝信に五輪の巻、同信行に三十九箇条の書を相伝也。その他夫々《それぞれ》遺物あり。増田惣兵衛・岡部九左衛門と云う者、武蔵譜代の者の由にて、しかも手に相し者故、召使われ給うべき由、頼みにて、亡後に寄之主召し抱えられる。（以下略）。

これは残された遺物、当事者の家の史料からほぼ事実と思われる。

正保二年（一六四五）五月十二日、蒸し暑い時期である。

終命の時を悟った武蔵は『五輪書』執筆の筆を置き、弟子の寺尾孫之丞勝信に後を託した。

また同日に孫之丞の弟・求馬之助信行に『兵法三十九箇条』を授けたという。求馬之介自身が同書を弟子へ相伝の奥書に、

右一書、初メ羽林忠利公之命ニ応ジ録献之一書、寺尾求馬信行相伝

と記している。「同書は武蔵が忠利公の命に応じて著した兵法書であり、それを自分が相伝された」としているのである。

忠利へ呈上した時は『兵法三十五箇条』であったはずだが、「五方ノ構ノ次第」や『五輪書』からの転用と思われる数条が編入されており、求馬之助が増補したとも考えられる。

寺尾兄弟がそれぞれに武蔵から一流相伝の証として授けられたとして、後世へ流儀を継承してゆくことになったのはこの事による。

宮本伊織に養生の儀を委任されていた寄之は嫡子直之と共に武蔵の兵法の弟子であり、連歌の会など文化面での交流もある入魂《じっこん》の間柄にあった。実は細川忠興の末子で、松井興長の養嗣子となった人であり、初代藩主忠利は実兄、現藩主光尚には叔父にあたる。

寄之は二ノ丸の邸から棒庵坂を下って千葉城の武蔵邸へ、度々見舞に訪れていたであろう。寄之はこの時三十歳、藩の家老職にあり、武蔵は立場も年ごろも似た我が養子伊織（当時三十四歳）の面影を重ねて交際していたのではないかと想像する。

《寄之主・友好主へ遺物として腰の物、並びに鞍を譲りあり》

寄之には自作の軍陣鞍を贈った。今も松井家の宝物として大切にされている。箱書きに「武蔵先生

自作鞍壱背」の墨書あり。

維新後、松井家の者が試しに実際の騎乗に使用したところ、実に乗り心地の良い名品であったと感嘆した逸話が松井家に伝承されている。

ほかにも刀の鍔など、武蔵は工芸の才も一流であった。

「友好主」というのは沢村宇右衛門友好、松井家から沢村大学吉重の養子となり、有馬陣の戦功で備頭・家老に昇進、当時長岡寄之と共に藩の若年寄の重職を務めていた。

友好には武蔵の佩刀大原真守の刀が贈られたという。この武蔵の佩刀には事後に神秘な逸話がいくつか出るがここでは略す。

《その他夫々遺物あり》藩の重臣や主だった弟子にも形見分けがされたのであろう。中西孫之丞には鞍（のち焼失）、岡部九左衛門には新免武蔵銘付きの高田貞行の刀など『武公伝』にあるが、詳細は分からない。

武蔵作の書画が細川家、松井家、米田家（長岡監物）ほか諸家に伝来するのは形見として分けられたものか、それ以前に贈られたものかは判断できない。しかし武蔵が格別懇親を深めた松井寄之のために画いたと伝わる三幅対の『達磨浮鴨図』は形見であろう。両幅に鴨のくちばしを二刀に比すか、天と地を示すような浮鴨を従えて葦葉に立つ達磨の図は、武蔵から寄之へ惜別の情が伝わってくるようだ。

『野馬図』や『戦気』の書なども武蔵が兵法の気概を伝えるべく寄之に贈ったものと思われる。

また『鵜図』『紅梅鳩図』など国重文指定の代表的名画を含む書画の多くは維新後まで寺尾家に伝来

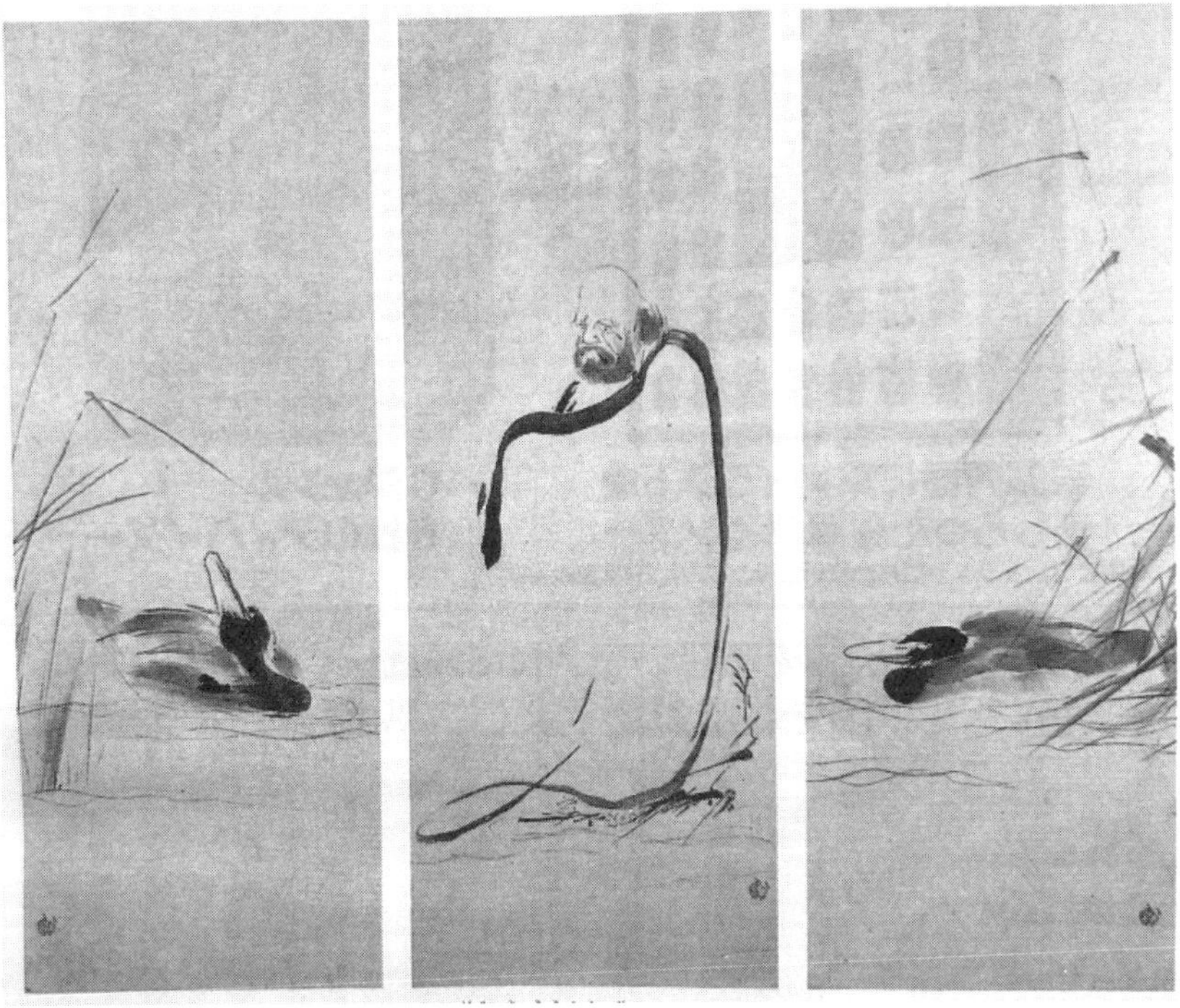

宮本武蔵筆「達磨浮鴨図」三幅対（一般財団法人松井文庫蔵）

し、近代になって諸家に渡っている。末期にまとめて武蔵が授けたものか、藩主の命で武蔵の病中から死後まで（宮本伊織書状）付けられた寺尾求馬之助が遺物の整理に携わって預かったものか不明ながら、武蔵が心のままに書き置いていた書画が多数、千葉城の屋敷に残されていたのであろう。失われたものもあるが、主に永青文庫に収蔵されたのは幸いであった。

2、譜代の弟子の仕官を依頼

『二天記』の

増田惣兵衛・岡部九左衛門と云う者、武蔵譜代の者の由にて、しかも手に相し者故、召使われ給うべき由、頼みにて、亡後に寄之主召し抱えらる。
これは松井家文書の「御給人先祖附」によって事実であることが確認できる。

増田氏先祖附（読み下し）

私曾祖父、**増田惣兵衛**儀、初めの名は市之丞と申し候。後に惣兵衛と改め申し候。先代牢人の由申し伝え候。寛永十五年有馬御陣の節、十六歳にて其の場へも罷り出申し候由に御座候。尤何某手に付申候哉《か》、其儀は相知らず申し候。**新免武蔵弟子にて御座候。正保二年五月、熊本に於いて武蔵病死の節、病中に要津院様（寄之）御見舞なされ、何ぞ申し置かれ候儀はこれ無き哉《か》御尋ねに付、武蔵申し上げ候は、私弟子の内増田市之允儀、先祖は訳これ有る者にて御用にも立ち申すべく候間、相応に召仕い下され候様、御頼み申上られ候由に付、武蔵病死後、早速御家に召出され候。**

寛永十五年（一六三八）の有馬陣に十六歳で参陣したのであれば、おそらくは小倉小笠原家の軍勢に牢人として加わったのではないか。武蔵の弟子として熊本へ来た頃は若さ溢れる十八歳、武蔵死去の正保二年（一六四五）は二十三歳である。

傍線部は、「武蔵病中に寄之が見舞の時「何か申しおかれることはございませんか」と尋ねたのに、武蔵が弟子の増田市之允を「御用に立つ者」と推して召し抱えを依頼したので、武蔵没後に早速松井家に召し出された」と武蔵依願による仕官を証明している。

岡部氏先祖附

私高祖父、**岡部九左衛門**（英時）儀、先祖は東国浪人の由にて、**新免武蔵殿に属し居申候処、正保二年五月武蔵殿病中に、要津院様へ御頼み申され候故、御家に召抱えられ、歩御小姓に召出され、**其後覚雲院様（直之）御代、御中小姓に召直され、崇芳院（直之生母）様御附に仰付られ相勤め申し候処、老極《おいきわま》り仕候に付、御休願い奉り、弐人扶持拝領為し置かれ、其以後病死仕《つかまつ》り候。

これは弟子とは書いていないが、先祖は東国牢人、武蔵に拾われて仕えていたのであろう。「武蔵が病中に寄之様へ御頼み下されたので御家に召し抱えられた」と由来を証言している。武蔵死去当時は増田市之丞と同年代の若者であったと思われる。武蔵は養子にした三木之助や伊織同様、事情のある少年を拾い上げて育てていたと思われ、このようなところにも武蔵の知られざる一面が窺われる。

3、沢村大学が見舞う

武蔵の死去直前の逸話が福岡黒田藩の武蔵の弟子筋による伝記『武州伝来記』にある。それは死去前々日に細川藩の重臣沢村大学が武蔵の見舞に訪れた時の様子である。

〈読下し〉

一、武州、死去前々日、細川の家臣沢村大学、病臥を訪る丶。武州、まくらをあげて、御尋ね祝着

沢村大学肖像（熊本市成道寺蔵）

致し候、今生の御暇乞にて候と申される。大学、申されるには、御病気、左程大切とも見へず、御養生候は丶、御快気有るべし、とあいさつして帰られる。其の跡にて、武州、随仕の面々に申さる丶は、当家にて大学は、武功と云、人品と云、人の目当てになる人なり、武蔵が死を知りて暇乞申すに、養生せば善《よ》かるべし抔《など》のあいさつ、大学には似合ざること也との玉ふ。死を知ること真《まこ》とに悟道の人也。

武蔵の死去の前々日とは、五月十七日の出来事になる。

沢村大学は細川家に足軽から仕え、文禄の役、関ヶ原など三十数度の合戦に出陣して数々の武功を重ね、四千石の備頭となった細川藩草創期の功臣であり、藩士の模範とされる人物であった。島原陣では七十八歳の高齢にもかかわらず、忠利に嫡子光尚の後見を仰せ付けられ老体を押して参戦している（肖像画）。

同じ戦では武蔵が小笠原家にあって、藩主忠真に甥の中津藩主小笠原長次の後見を託されたのと同じ立場であったといえる。

大学の養子友好は武蔵の弟子で藩の家老職にあり、これも養子伊織が藩の家老を務める武蔵と同じである。武蔵とは来熊時から入魂《じっこん》の間柄であった。霊巌洞の壁に逆修を彫っており、武蔵が霊巌洞を知ったのは大学の手引きとも考えられる。

武蔵は八十六歳もの老齢の身を押して見舞にきてくれた大学に対し、感謝の気持ちを表するために臨終間近の病身を無理に起こして「今生の御暇乞にて候」と別れの挨拶をした。

大学はこれを見て、

「御病気さほど大切とも見へず、御養生候わば御快気あるべし」と励まして帰ったという。

武蔵はこれに「大学には似合はざること」と落胆したようだ。武蔵はいったい大学にどんな言葉を望んでいたのであろうか。

記事の出所は寺尾孫之丞から『五輪書』と三代目師範を継ぎ、福岡藩に流儀を伝えた柴任三左衛門の話と思われるので、その場に居合わせた介護の弟子たち、特に寺尾孫之丞の話を伝えたものであろう。

4、正念して逝去

武蔵の臨終の場には誰がいたであろうか。武蔵直属の家臣、増田惣兵衛と岡部九左衛門に光尚特命の御典医、主命で看護に付けられていた寺尾求馬之助、中西孫之丞はいたであろう。他にも『五輪書』を授与された寺尾孫之丞や主な弟子たちが詰めていたと考えられる。

己の生命の火が今消えんとする時、武蔵は何を思っていただろうか。

戦乱の天正年間に生を受け、戦国から天下統一、泰平へ大転換の時代を、武士としてどこの大名家にも仕官せず、常に自在な立場で兵法一筋に鍛錬し、道を究めた生涯であった。そして兵法の技と武士の道を「地・水・火・風・空」五巻の書に書き上げて後世に遺《のこ》した。また二人の養子三木之助と伊織には徳川譜代有力大名の本多家と小笠原家で宮本家を立てさせ、いずれも藩有力の名家となっていた。この地熊本の細川藩には大勢の弟子を指導し、二天一流の流儀を遺した。家は本多家と小笠原家に遺し、兵法は細川家に遺したのである。

『武州伝来記』は最後の様子を、

正保二年乙酉五月十九日、平日の如く正念して命を終へらる

と記している。「正念」とは雑念を払った安らかな心、武蔵は清々《すがすが》しい空《くう》の境地で命を終えたと思われる。「万理一空」の境地である。

稀代の剣豪、武士道を極めた哲人であり、大文化人でもあった。大往生である。享年六十四。

5、葬儀は細川家菩提寺にて

武蔵の死は病状から事前に予想されていたことで、光尚は二月参勤に発つ前に武蔵に別れを告げ、国元の留守家老・長岡監物にその時の対処を指示していたものと思われる。

武蔵と特別関係の深い松井家の長岡興長・寄之でない理由は不明だが、長岡監物（米田是季）は細川忠興・忠利・光尚と三代に渡り仕えた老臣である。忠興代に主君との対立から一時牢人し、大坂の

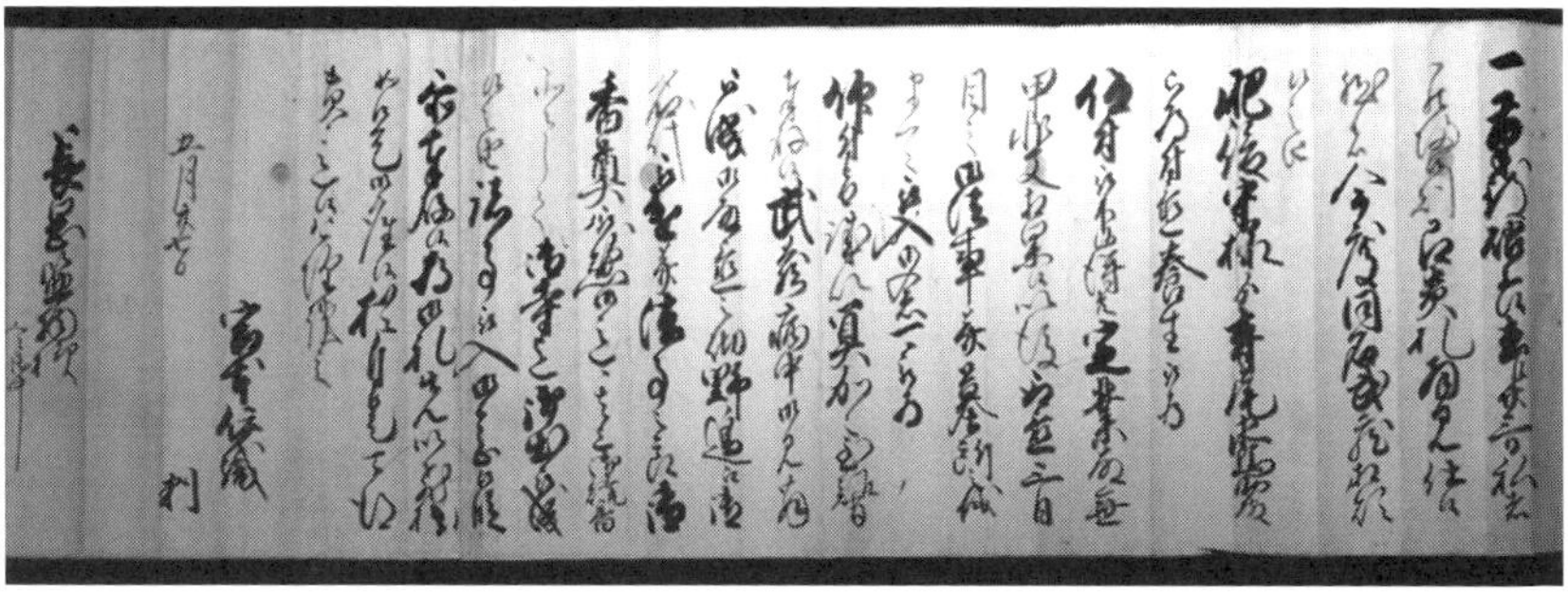

宮本伊織書状・長岡監物宛写（宮本家所蔵）

陣では大坂方の侍大将として敵対し名を上げる気骨の武将であった。忠利代に望まれて帰参し、この頃は一万石、長岡佐渡（松井興長）に次ぐ細川藩二番家老の格式にあった。

監物から直ちに小倉の宮本家へ武蔵の死を知らせる書状が発せられた。その監物書状で伊織が父武蔵の死を知ったのは四日後の五月二十三日であった。

この書状は残っていないが、監物・伊織往復書簡四通の写しが宮本家に残されていたので、その内、武蔵の死去前後の様子を伝えた伊織書状二通を見てみよう。

●五月二十七日付宮本伊織書状写

（読み下し・棒線数字は解説番号）

一筆啓上致し候。①去ル廿三日、私は罷《まかり》帰り候剋《とき》、貴札拝見 仕《つかまつ》り候。然《しか》ば今度同名武蔵相煩《あいわずらい》候の由。②肥後守様より寺尾求馬之助殿付置為され、養生仰付為され下され候得共、定業《じょうぎょう》故、甲斐無く相果て候。以後取置、③三日目の御法事、④並《なら》びに墓所の儀迄御念入られ仰せ付為さるべき旨、誠に以て冥加の至り、有難く存じ奉り候。⑤武蔵病中御見舞成され、⑥御取置の砌《みぎり》、野辺へ御名代遣《つかわ》され、並びに⑦法事の節、御香典御意に懸られ、其上御焼香として御寺迄御出成され候の由、諸事御念を入られ候段、忝《かたじけな》く存じ奉り候。御禮の為先以《まずもっ》て飛札斯如《かくのごと》く御座候。尚是より貴意を得可《えべ》く候。恐惶謹言。

五月廿七日

宮本伊織（花押）

長岡監物様

人々御中

これは長岡監物より葬儀の様子を知らせた書状に対する伊織の返信で、病中の看護から葬儀に至るまでお世話になった藩主細川光尚への礼状である。ここに当時の武蔵に関する貴重な真実が多く明らかにされている。

①五月二十三日に伊織は小倉へ帰ってきて即刻長岡監物からの書状を見たという。内容から判断して伊織は父の葬儀に出席できなかったようである。

監物書状の内容は武蔵養生中の藩主光尚の手配や藩の対応、臨終から葬儀埋葬までの処置を報告するものであったと推量される。藩が総て取り仕切った細川藩葬であった。

②光尚より武蔵の病中の看護に寺尾求馬之助を付置かれていたこと。

③五月十九日に武蔵が亡くなって、取置き三日目に葬儀を執行したこと。当時は死亡のその日から数えるので、葬儀の日は五月二十一日であったことがわかる。

④光尚が参勤に出る前に葬儀のことから武蔵の墓所まで細かく手配していたこと。

⑤光尚が武蔵の病中、見舞いに武蔵の屋敷を訪れていたこと。

⑥取置きの期間内に藩主名代を「野辺」へ参拝させていたこと。即ち武蔵の遺骸は屋敷から葬儀の場へ移されていた。
⑦二十一日の葬儀には藩主名代が参列して香典を供え焼香していたこと。
②④⑤については前節で考証した。伊織からの礼状を受けた監物は、閏五月二日付でこれを主君に申し伝える旨の返書を伊織宛てに送っている（略）。
このあと伊織は監物へ御礼の品を贈呈している。この二通目の書状により、さらに重要な武蔵の葬儀の詳細事実が明らかになった。
●閏五月廿九日付宮本伊織書状写
一筆啓上致し候。然らば肥後守様より同名武蔵、病中死後迄、寺尾求馬殿御付置為され、⑧泰勝院大渕和尚様、御取置法事以下御執行、⑨墓所迄、結構仰せ付為され下され候段、其身の冥加に相叶い、私式迄有難く存じ奉り候。此段恐乍、⑩江戸の岩間六兵衛方へ書状を以て申し上げ候。慮外乍、弥《いよいよ》貴殿様よりも然るべき様仰せ上げ下さるべく候。従って書中の印《しるし》迄、胡桃《くるみ》一籠《ひとかご》、並《ならび》に鰹節《かつおぶし》一箱弐百入、進上致し候。恐惶謹言。
宮本伊織　判
閏五月廿九日
長岡監物様
参人々御中

熊本城天守より見る金峰山

最も注目すべきは、

⑧「泰勝院大渕和尚様、御取置法事以下御執行」と、武蔵の葬儀が細川家の菩提寺泰勝院において催行されていたことである。藩主家族以外では考えられないことで、光尚の意向であろう。この扱いに伊織は感激しているのである。そして泰勝院住持の大渕和尚の手で葬儀が執行されていたこともここで初めて明らかになった。通説にいわれてきた春山和尚（泰勝寺二代）が導師ではなかったのである。

大渕は前述したように臨済宗総本山・京都妙心寺の第百三十九世住職を務め、朝廷より紫衣を賜った高僧で、光尚が菩提寺の住持に三顧の礼をもって招聘した人物である。

『武州伝来記』には、武蔵が「死んだら和尚に引導を頼む」と言うと、「武蔵殿は梧道の人なり引導に及ばず」と笑って辞退したという逸話があるが、実際には武蔵葬儀の導師を務めていた。

⑨また「墓所迄、結構仰せ付為され」と、武蔵の

墓所が準備されていたことに対し「其身の冥加《みょうが》に相叶い、私式迄有難く存じ奉り候」と父武蔵も満足で自分と共に感謝しているであろうことを伝えている。

⑩そして「此段恐乍、江戸の岩間六兵衛方へ書状を以て申し上げ候」と、光尚の生母保寿院（小笠原氏）付用人の岩間六兵衛を通じて参勤で江戸にある光尚へ御礼を申し上げたことを伝え、監物からもよろしくお伝えいただきたいと、胡桃一籠と鰹節一箱弐百入を進上している。

武蔵の墓所がどこかは示されていないが、通説では葬儀のあった泰勝寺より北東へ一里半、弓削村の豊後街道脇（武蔵塚）に埋葬されたとされている。

武蔵の霊魂は何処へ行ったであろうか。最後に山籠りして己の墓標ともいえる『五輪書』を著し、一時は細川藩の要請による下山を拒んだ金峰山裏の岩戸霊巌洞へ戻ったのではないか。

筆者は熊本城より西山を見る時、中央の金峰山の山容が二刀を提げて立つ武蔵の姿に見えてならない。今も熊本城と城下を守護してくれているように思われるのだ。

余録　武蔵の墓

1、武蔵塚の謎

最後に武蔵の墓について考察しよう。

武蔵の墓は葬儀後の宮本伊織書状により、藩主光尚の指示で準備されていたことがわかった。しかし書状にその場所は記されておらず、謎のまま。藩内の伝承によって立田（龍田）弓削の武蔵塚であろうとされてきた。

立田弓削の武蔵塚

一つの疑問は、武士の墓なら後の供養のために寺院内の墓所に埋葬されるのが普通である。武蔵は達磨や布袋の禅画を多く遺しており、泰勝院の大淵和尚から「二天道楽」の道号を授かったとされ、禅に帰依していたのは確かである。その細川家菩提寺泰勝院において、藩主名代の差配で大淵和尚を導師に葬儀が執行されるほど大切に扱われた武蔵の遺骸が、豊後街道脇の路傍に埋葬されたとすれば、その処置に伊織が納得したであろうか。「其身の冥加に相叶い、私式迄有難く存じ奉り候」と感激した伊織の言葉とは大きな違和感がある。この疑問をどう解くか。

もう一度伊織書状の文面を見てみよう。

泰勝院大渕和尚様、御取置法事以下御執行、墓所迄、結構仰せ付為され下され候段、其身の冥加に相叶い、私式迄有難く存じ奉り候

墓所の場所が書かれていないのは、「御取置法事以下御執行、墓所迄」が文頭の「泰勝院」にかかっていると読むなら疑念は消える。

泰勝寺の宮本武蔵供養塔

伊織は長岡監物から、武蔵の遺骸は葬儀後泰勝院内の一隅に埋葬したと伝えられたのではないか。いま泰勝寺の最奥、歴代住職墓地にある武蔵の供養塔の場所がそれではないだろうか。何らかの事情で遺骸が他所へ移され、その折に弓削の豊後街道脇に武蔵の供養塔が建てられ、「武蔵塚」と呼ばれるようになったのではないか。

武蔵没後も多くの弟子たちにとって武蔵は信仰の対象となっていたと思われ、武蔵の墓は熊本に必要であった。引き墓の事実は伝えられず、

「死後も藩主を守りたいという武蔵本人の遺言により、甲冑を帯し六具を締め、参勤交代の行列が通る大津街道沿いに埋葬され墓が建てられた」というような、まことしやかな伝承が付けられたのであろう。

2、伊織が小倉へ遺骨を移す

では武蔵の墓が他所へ移されるような出来事があったのだろうか。

まず考えられるのは、養子宮本伊織が父である武蔵の遺骨を引き取るという事がなかったか。

「宮本家由緒書」の伊織の事績に、

一、赤坂武蔵山、石塔山として拝領。承応三甲午四月十九日、武蔵石碑之を建てる。其砌《そのみぎり》、松苗を植え立山とす

とある。武蔵没後九年目の承応三年（一六五四）、伊織は小倉藩主小笠原忠真より「武蔵の石塔山にせよ」と拝領した赤坂の山の頂、関門海峡を見下ろす明媚な地に武蔵の石碑を建てたとしている。これにより小笠原家にとっても武蔵は徳川幕府の要衝地・明石及び小倉の藩政を陰ながら支えた功労者と捉えられていたことがわかる。その証《あかし》こそ、養子伊織が新参の若輩の身で譜代重臣・功臣の頭を超えて藩の執政職に取り立てられ、家臣団トップの筆頭家老にまで上り詰めた事実であろう。

手向山と呼ばれるその山は藩政時代の絵図に「武蔵山」と記され、歌川広重の「諸国名所百景・豊前海岸」に「宮本墓」として中心に描かれるほどの名所となっていた。いま「宮本武蔵顕彰碑（小倉碑文）」と呼ばれる巨大な石碑は武蔵の墓だったのである。

歌川広重の描いた「宮本墓」

●丹羽信英の見た武蔵百年忌墓前祭

延享元年（一七四四）、この武蔵墓碑の前で、宮本家による武蔵の百年忌墓前祭が盛大に執行された。

そこへ百年忌に参拝のために来た二天一流の福岡黒田藩士・丹羽信英（注）が同門の朋輩と共に立ち会い、後に『兵法先師伝記』（一七八二著）にその時の貴重な体験を書き残している。

そこに初代伊織による熊本から小倉へ引き墓した時の事情が書かれていたのである。

（注）七代目師範。後に越後に転出

『兵法先師伝記』抜粋読み下し

小笠原家の宰臣宮本主馬（伊織）、始めは肥後国の先師の墓に代参を以て祭りしが、国を隔てては常に心に任せざること多しとて、主君に願ひて先師の墓を小倉の近く赤坂山と言ひし所へ移したり。素より遺骸を引くことなればその事甚だ重きこと也しとぞ。

武蔵没後、細川藩は藩主の命により敬意を払って細川家菩提寺の泰勝院で鄭重に葬儀を執行、武蔵の遺骸を埋葬し墓所としたため、伊織としては父の遺骨を引き取る機会を失してしまった。武蔵を細川藩に取り込まれてしまったという思いもあったであろう。

そのため毎年の法事には熊本の墓に伊織は代参を以て参拝させていた。しかし豊前と肥後、国を隔ててては思うように祭祀ができないので、主君（小笠原忠真）に願い出て武蔵の墓を小倉の近く赤坂山へ移したというのである。これは『宮本家由緒書』に書かれた《赤坂武藏山、石塔山として之《これ》を拝領》との文言に一致。忠真は藩の功労者である武蔵の墓を小倉に迎える英断をしたのである。「もとより遺骸を引くことなればその事甚だ重きこと也しとぞ」とは丹羽信英が現地で聞いた宮本家当主が語った武蔵墓碑建設由緒である。伊織はその実現のため細川藩にも配慮し、相当な苦労をしたことが察しられる。丹羽信英の武蔵百年忌墓前祭体験の続きを見よう。

予も若輩の頃、先師の百年忌に当り親友江角代介と共に忍んではるばる参詣せしが、その頃、宮本伊織と称し嫡子は仲之介と云ひ、父子共に赤坂山に詣で居て、親類縁者にや、人勢参詣し、山下に駕籠三艇乗馬五匹つなぎつつ、折ふし塔の前に衆僧勤経中なり。僧二十六人厳重なる法令な

武蔵山・二天居士之碑図（宮本家蔵）

りし。予、江角大介と今夜は伊織宅に一宿せよとの事なりしが、我が国法、他国に出づること禁制なれば、忍んで来し故、直ちに筑前の木屋瀬まで引取ることを云ふて帰らんとせしに、仲之介出合ひて遠路参詣せし謝礼を述べ、誘引して掛合を出し墓前にて追善のため兵法を一度遣へよとのこと故、江角と表を遣ふに皆左右に列居し、その間に和尚衆僧をつれて勤経あり。兵法すみて焼香すれば和尚も焼香し仲之介も焼香す。その場に暇乞して帰りける。

丹羽は親友の江角と黒田藩に届けず国法を破って忍んで参拝に行ったのである。無鉄砲というか、武蔵への尊崇の念の深さゆえであろう。旧暦五月は今の新暦では六月末になり、蝉しぐれの暑い盛りである。山下に駕籠、乗馬を連ね、小倉藩家老宮本伊織父子をはじめ縁者多数参詣の様子が目に浮かぶようである。武蔵墓の前に勤経の僧二十六人とは、さす

細川光尚廟・忠利廟・保寿院廟（妙解寺跡）

が宮本家の権威を感じる壮大な法要である。

二人は請われて武蔵の墓前で兵法の形を奉納する栄誉に浴した。丹羽にしてみれば、崇拝する先師の墓前に、しかも子孫の宮本家一同の前で、武蔵から伝わる兵法の形を奉納できたことは、まさに天にも上る一世一代の感激ではなかっただろうか。

3、細川光尚の逝去と伊織の貢献

ではなぜ伊織は父の墓を没後すぐではなく、九年もあけて建てたのだろうか。

実はその間に思いがけなく武蔵の遺骨を熊本から小倉に移す機会が訪れていた。

武蔵没してわずか四年、慶安二年（一六四九）末に武蔵を厚遇した細川光尚が三十一歳の若さで江戸の藩邸で他界した。光尚は伊織の主君小笠原忠真の妹（保寿院）の子、甥にあたる。嗣子六丸（綱利）はわけあって寛永二十年に保寿院付き用人岩間六兵衛の庇護のもと生まれた小笠原家肝煎りの子で、命名式には小笠原一門諸大名が集結している（第三章六節参照）。まだ七歳の幼児でとても肥後一国五十四万石の大藩を預かる能力はない。そのため光尚は死去の前、幕府老中へ領国返上の遺言を残した。細川家中は存亡の危機に混乱するが、小笠原忠真が後見に立ち、細川家中と共に幕閣へ六丸への遺領相続を嘆願する。詳細は省くが結果、大伯父・小笠原忠真が六丸成人まで肥後の国政を監督する条件で六丸へ遺領相続が認められ、藩分割、減知国替えの危機を脱したのである。

忠真は翌慶安三年（一六五〇）小倉へ帰国すると、六月に筆頭家老の宮本伊織を伴って肥後へ下り、熊本城において細川藩家老一同と対面した。伊織は武蔵の病中・死後に書状を交わした松井寄之や長岡監物とは初顔合わせであっただろう。以後熊本藩の家老衆と忠真の取り持ちは筆頭家老の宮本伊織に託されることになった。このとき伊織に宛てた細川藩六家老連署の誓約文覚書が松井家文庫に残されている。

小笠原忠真肖像（福聚寺所蔵）

翌慶安四年（一六五一）にも伊織は忠真とともに肥後へ下り、肥後領国を巡察している。当然、伊織は武蔵の墓に参拝したであろう。そして細川藩の同意を取り付け、墓碑建設の準備を整えた上で承応三年（一六五四）に武蔵の遺骨を小倉へ移すことになったものと考えられる。それが没後九年建碑の理由であろう。

その後寛文元年（一六六一）に成人した六丸が綱利と

して御国入りするまで十一年間、肥後の治政は六家老合議制のもと、幕府目付と小笠原忠真の監督下に置かれた。

伊織は父武蔵が病中・死後まで世話になった細川家への恩義に報いる機会を得て、細川藩のために大いに尽力したようである。

4、武蔵塚伝承の真偽

●『武公伝』（一七五五頃『二天記』編者豊田景英の祖父・豊田正剛の覚書をもとに編纂）

卒去ノ時、遺言之通、甲冑を帯シ六具ヲシメテ入棺也。飽田郡小江村地ニ葬ス。兼テノ約束ニテ泰勝寺ノ前杉馬場ノ内ニ棺ヲ据ヘ、春山和尚出迎テ引導也。皆是遺言ニ因テ也。其后寄之公鷹狩ニ御出、小江村ノ墓ニ展セラレ、其庄屋ヲ召出サレ、墓ノ掃除無懈怠《けたいなく》仕候様ニト被仰付、其料トシテ米五十俵渡サレ、翌日庄屋二ノ丸へ罷出、手形ヲ仕テ米ヲ請取候由、孫之丞子中西角之進、其節御供ニ参リ右手形モ見候由也。

没後百年も経つと根拠のない口承が信じられるようになる。この甲冑を帯し六具を締めて入棺したとする話も、主君の参勤を見守りたいとの武蔵の遺言があったなども、豊後街道脇に墓が建てられた後発の伝承である。

次に「泰勝寺の前杉馬場の内に棺を据へ、春山和尚が出迎えて引導を渡した」と、今「引導石」と呼ばれる名所伝承であるが、これについても葬儀当時の住持は大淵和尚であり誤りとこれまで指摘してきた。しかしこの伝承が生まれるのには、何か武蔵と春山を結ぶ関係があったのではないかと考えてみた。

大渕が死去したのは承応二年（一六五三）、伊織が小倉に武蔵の墓を建てたのはその翌年の承応三年である。武蔵が泰勝寺に埋葬されていたとするならば、泰勝寺から小倉へ遺骸を移した時の導師は二世春山である。この逸話、武蔵の葬儀時ではなく、九年後の武蔵の遺骨を見送った承応三年であれば春山で辻褄が合う。

では逸話の後半、武蔵塚の清掃管理を松井（長岡）寄之が村の庄屋に委託した話はどうか。「小江村地に葬す」としているが後の『二天記』では弓削村に改めている。これまで見てきたように、武蔵の弟子の中でも最も武蔵に尽くしたのが寄之であった。この逸話の取材源は武蔵の病中、寄之の命で看護に付けられた中西孫之丞の子・角之進である。「其節御供ニ参リ右手形モ見候由也」と本人の体験談であり事実であろう。但し角之進は本名柴山金弥、正保四年（一六四七）に十二歳の時江戸で寄之の児小姓に召抱えられ、後に中西孫之丞の養子になった者で、正保二年の武蔵埋葬当時の逸話ではありえない。

しかしこれも承応三年に泰勝寺の墓が小倉に引かれた後の話なら矛盾はない。

この逸話から推量されるのは武蔵塚を建てたのは寄之ではなかったか。建造者として費用を出して清掃管理を村に委託したのではないかということである。

いずれも武蔵が泰勝寺に埋葬され、のちに小倉へ引き墓、泰勝寺と弓削に供養墓が残されたと考えると矛盾なく収まるのである。

5、武蔵塚の広がり

寄之は後に八代《やつしろ》城主になる。幼いころに武蔵に手を取って教えを受けた嗣子直之は、近習に『五輪書』の講義をするほど心酔していた。松井家中の武蔵の弟子たちにより、八代にも「新免武蔵塚」が建てられ、更に熊本―八代間の小川町にも武蔵塚が建てられた。

また武蔵が熊本から尾張藩へ派遣した竹村与右衛門による尾張円明流も繁栄し、その弟子たちにより名古屋に二基の武蔵塚が建てられている。遺骨の有無は問題ではない、いずれの塚も武蔵の霊魂を招来して本墓同然なのである。

八代の武蔵塚

小川の武蔵塚

6、無私の教えと遺言

伊織が武蔵の墓碑に刻んだ通称「小倉碑文」は巌流島の決闘や吉岡一門との決闘の事績ばかりが注目されているが、最も注目すべきは最後の部分に刻まれた武蔵の教えと遺言であろう。伊織が肝に銘じた武蔵の教えは「無私」の心だった。碑文に曰《いわ》く、

武蔵常に言う、兵術を手に熟し心に得て、一毫《いちごう》も私無ければ、則《すなわち》戦場に於いて恐れること無く、大軍を領する事も、又国を治めることも、豈難《あにかた》からんやと

兵法を習熟し、毛ほどの私心なく物事に当たれば必ず勝つ。大軍を指揮することも国を治めることも易《やす》い、何事も成就《じょうじゅ》すると。

さらに伊織は武蔵の遺言を刻んでいる。

肥後で卒する時、自ら「於天仰實相圓満之兵法逝去不絶《てんをあおげばじつそうえんまんのへいほうせいきょしてたえず》」の字を書き「遺像と為せ」と言焉《いいおわる》。故に孝子碑を立て、以て不朽《ふきゅう》に伝へ後人に見せしむ。嗚呼《ああ》偉なるかな。

頂部に遺言の十二文字を大刻した小倉碑は武蔵の遺像であった。

「天仰実相円満」、武蔵はこの世の実相は円満と喝破《かっぱ》した。何事も丸く収まると。

何と清々《すがすが》しい遺言だろう。武蔵兵法は逝去して絶えず。多くの教えが今も生きている。

新免武蔵二天居士碑・小倉碑文（小倉北区）

おわりに

日本のみならず、今や世界にその名を知られている宮本武蔵。その魅力は生涯不敗の剣豪としてだけではなかった。

吉川英治をはじめ、多くの作家が武蔵を書き、幾多の武蔵像が作られてきたが、これまでは一つとして真の武蔵に迫ったものはなかった。中には所詮「兵法は人殺しの道」として武蔵を多くの人を殺してきた殺人者、人を殺しながら道を究めるなど傲慢だと誹謗する人もいる。しかし本稿で見えてきた武蔵の実像は如何であっただろうか。

「武士は何のために剣をとるのか」六十余度の勝負に負けたことがないという若かりし武者修行時代も相手を殺す意図はなかった。勝負に勝てばよかったのである。

吉岡清十郎との試合に「一撃の諾」を定めて殺さず、一乗寺下り松でも徒党を組んで襲い掛かる吉岡一門を蹴散らしただけで幼い又七郎を殺していない。極め付きの巌流島の決闘でさえ、武蔵は勝負に勝利しても小次郎を殺さなかった。相手の武器が何であれ、武蔵の得物はほとんど木刀であり、武蔵の兵法は「人を生かす道」「世を生かす道」であったことがわかる。

ある歴史学者は歴史番組で「武蔵は戦場で敵の首を幾つ取ったという戦功がない」と批判した。しかし武蔵は大坂の陣でも島原の陣でも大将周辺の護衛の任に付き、仕官の意思がなかったから敵の首は取らなかったのである。「黄耈雑録」には木刀で敵を討ち払い押し返す武蔵の勇姿が収録されている。たとえ戦場にあっても、むやみに人殺しはせず、そして人が殺しあう戦いのない世を目指して鍛錬し、兵法の道を極めた平和思想家であった。

その人生は、戦国から泰平への大転換期を一家中にも仕官せず、養子をして宮本家を立て、自らは大名の客分として貢献しつつ兵法の道を一筋に突き進んだ求道の人。中でも養子伊織を譜代有力大名小笠原藩の執政職である筆頭家老にまで育てた事は、泰平の時代に合わせ、剣術一分の兵法から国を治める大分の兵法にまで昇華させた武蔵兵法の成果と言えよう。

宮本家は養子伊織の小倉に残し、武蔵は兵法家に育ててくれた養父新免無二の姓に返り新免武蔵として熊本の地で没した。

本稿では膨らんだ通説の虚像を排し、研究で見えてきた実像の武蔵を「熊本への道」として初めに導入し、本題の「宮本武蔵―熊本で生きる」へと繋いだ。

ここでは「細川忠利と武蔵」「二代光尚と武蔵」と二部に分け、来熊の謎解きから、忠利・光尚二代の殿様の客分として武蔵が何を成し、いかに生きたかを明らかにした。

普段は太守以下藩士に兵法を教え、余技で多くの書画・工芸作品を遺した。何よりも大きな功績は、生涯をかけて得道した一分大分の兵法、何事にも勝つ武士の道を『五輪書』に著し、後世への指針としたことであろう。最後に自ら歩いてきた信条を『独行道』に示してこの世を去った。武蔵が熊本へ来ていなかったなら、他で同様の成果を遺《のこ》したであろうか。

細川忠利という兵法数寄の英君との出会い、二代光尚にも大切にされ、家老の松井興長・寄之父子、沢村大学・友好父子など重臣たちとの文化的交流、千余人と数えられた熱心な門弟たちがいたからこそではないか。武蔵が悟道の境地に達したのは五十歳の頃という。それより以来は尋ね入る道なく光陰を送っていたものを、熊本の人と環境がなさしめた成果ではなかったか。熊本は武蔵終焉の地であるが、武蔵は熊本で真に生きたのである。

武蔵の水墨画は、藩主の求めに応じた大作『蘆雁図屏風』をはじめ、『鵜図』『紅梅鳩図』『枯木鳴鵙図』の四点が国の重要文化財に指定され、他も武蔵独自の兵法の心を映した名品ばかり。書や工芸にも専門家を超える技量を見せ、現代の一部研究家に出来過ぎと真筆に疑念を抱かせるほどである。『五輪書』に曰く、「兵法の利にまかせて諸芸・諸能の道となせば、万事において我に師匠なし」武蔵にとっては何事も、人生のすべてが兵法の道だったのである。

武蔵の作品には余分な飾りはない。文章はまっすぐでわかりやすく、木刀、鞍、鐔など工芸は無駄がなく実用的。描く絵の多くは平和で、慈愛に満ちていて、深い兵法の心が込められている。

人が何かの道に迷ったとき、武蔵の思想『五輪書』を読み、武蔵の画いた水墨画などに対面し味わうならば、何をするべきか武蔵の声が聞こえてくるだろう。その人を善き道へ導こうとする優しさが、二十一世紀の現代にまで時空、国境を超えて世界の人々の心に響く所以ではないか。

けふはきのふの我にかち
千日の稽古《けいこ》を鍛《たん》とし万日の稽古を錬《れん》とす
千里の道も一足づつ運ぶなり

武蔵の言葉に見えるのは、目標に向かい日々鍛錬を怠らぬ工夫努力の大切さである。

所属藩	地域	年号	西暦	年齢	事項
	播磨	天正10年	1582	1	播磨国に田原家定の次男として誕生。（宮本家譜）
	美作				幼年時に美作の兵法家・新免（宮本）無二の養子に入る。
	豊前	15年	1587	6	養父無二の黒田家仕官、移封により豊前中津で育つ。
	播磨	文禄3年	1594	13	初めて勝負す。播磨にて新当流の有馬喜兵衛に勝利。
	但馬	慶長2年	1597	16	但馬国に至る。剛力の兵法者・秋山と勝負し勝利。
	豊前	5年	1600	19	関ヶ原は九州豊後合戦に父無二と東軍黒田如水に属し出陣。
	京都	7年	1602	21	京へ上り天下の兵法者・吉岡一門と勝負し勝利。
	豊前	9年	1604	23	巌流小次郎と舟島に勝負し勝利。
	京都				☆同年、父無二より独立し兵法円明流の開祖となる。
		10年	1605	24	兵法書『兵道鏡』を著す。落合中右衛門へ授与。
水野家	三河	13年	1608	27	三河刈谷藩主・水野日向守勝成に『兵道鏡』を授与。
		元和1年	1615	34	大坂夏の陣に徳川方・水野勝成の客将として出陣。
	播磨				水野家武者奉行・中川志摩之助の3男三木之助と4男九郎太郎を養子とし播州へ帰る。
本多家	姫路	3年頃	1617	36	姫路城主・本多忠政（十五万石）の客分として仕える。
		4年	1618	37	養子三木之助・九郎太郎を将軍家女婿・本多忠刻（十万石）の児小姓に出仕させ宮本家を立てる。（岡山宮本家譜）

		5年頃	1619	38	明石城下の町割りをする。（明石記・播磨鑑・赤石市中記）
		寛永3年	1626	45	本多忠刻逝去に三木之助殉死23歳。三木之助の弟九郎太郎が跡式を受け二代目三木之助として本多忠政に仕える。
小笠原	明石	3年	1626	45	武蔵は明石城主・小笠原忠真に招聘され客分となる。養子・伊織を児小姓に出仕させ、小笠原藩に宮本家を立てる。明石城三の丸に藩主の遊興所庭園を1年かけて奉行する。
		8年	1631	50	伊織が20歳で執政職(家老)に抜擢される。（小倉宮本家譜）武蔵、兵法至極の境地に至る。（五輪書）
	小倉	9年	1632	51	小笠原家の豊前小倉十五万石に加増移封に従う。伊織は家老職で二千五百石拝領。（小倉宮本家譜）
		15年	1638	57	島原の陣に伊織と共に出陣。伊織は侍大将・総軍奉行。武蔵は中津藩主小笠原長次の後見に付く。戦功により伊織に千五百石加増・四千石の筆頭家老となる。
細川家	熊本	17年	1640	59	江戸・上方遊行の後、細川忠利に招聘され客分となる。
		18年	1641	60	『兵法三十五箇条』を忠利に授与する。忠利逝去。二代光尚も武蔵を賓客として待遇する。
		20年	1643	62	岩戸山に上り、霊巌禅寺・霊巌洞にて『五輪書』執筆。
		正保2年	1645	64	兵法二天一流『五輪書』成立。『独行道』を著す。五月十九日熊本城内千葉城の屋敷で死去。享年六十四。

【参考文献】

福田正秀―主な武蔵論文
「宮本武蔵の絵」『舫船』62号　一九九四年
「宮本武蔵の夏の陣」『歴史研究』400号　一九九四年
「宮本武蔵第三の書状」『舫船』64号　一九九五年
「宮本武蔵の兵法理念」『舫船』67号　一九九五年
「佐々木小次郎はいなかった」『舫船』73号　一九九七年
「新免武蔵の道号《二天道楽》一考察」『歴史研究』509号　二〇〇三年
「名前の変遷に見る宮本武蔵」『放送大学日本史学論叢』3号　二〇一六年
福田正秀『宮本武蔵研究論文集』歴研　二〇〇三年
福田正秀『宮本武蔵研究第二集武州伝来記』ブイツーソリューション　二〇〇五年
出水叢書『綿考輯録』二〜七巻　出水書院　一九八九〜一九九一年
顕彰会編（池辺義象）『宮本武蔵』金港堂　一九〇九年
森大狂編『宮本武蔵遺墨集』民友社　一九二一年
富永堅吾『史実宮本武蔵』百泉書房　一九六九年
丸岡宗男編『宮本武蔵名品集成』講談社　一九七七年
原田夢果史『真説宮本武蔵』葦書房　一九八四年
二木謙一校註『木下延俊慶長日記』新人物往来社　一九九〇年
宇都宮泰長『宮本武蔵・伊織と小原玄昌について』鵬和出版　二〇〇一年
宇都宮泰長校註『鵜の真似』鵬和出版　二〇〇四年
魚住孝至『宮本武蔵―日本人の道』ぺりかん社　二〇〇二年
魚住孝至校註『定本　五輪書』新人物往来社　二〇〇五年

魚住孝至『宮本武蔵『五輪書』―わが道を生きる』ＮＨＫ出版　二〇二一年
別冊歴史読本『図説宮本武蔵の実像』新人物往来社　二〇〇三年
高岡英夫『宮本武蔵はなぜ強かったのか』講談社　二〇〇九年
森田栄『定説の誤りを正す宮本武蔵正伝』体育とスポーツ出版社　二〇一四年
永青文庫叢書『細川家文書　故実・武芸編』吉川弘文館　二〇一四年
吉丸良治編著『花畑屋敷四百年と参勤交代』熊日出版　二〇一八年
稲葉継陽『細川忠利―ポスト戦国時代の国づくり』吉川弘文館　二〇一八年
◎ウエブサイト
「肥後細川藩拾遺」http://www.shinshindoh.com/
フリー百科事典「ウイキペディア」
人物肖像（細川忠利・細川光尚・小笠原忠真・春日局）引用

【付録論文】二〇一六年『放送大学日本史学論叢』第三号掲載

名前の変遷に見る宮本武蔵

福田正秀

はじめに

戦国末期から江戸初期を生きた武士、兵法二天一流開祖の宮本武蔵は日本の兵法家としては、おそらく最も著名な人物であろう。しかし武蔵はたんに兵法家としてのみならず、国の重要文化財指定の水墨画四点を含む多くの書画・工芸品を残した芸術家でもあった。また著書『五輪書』は武士としての道と勝ち方を教える兵法書であるが、近代以降は武道界のみならず、今や普遍的人間の行動指針として我が国一国を越え、翻訳されてその思想が世界の多様な分野の人々に影響を与え続けている。すなわち日本を代表する兵法家であり、芸術家であり、哲人であったという稀有な人物である。

しかしその実像は出生から謎に包まれていて、研究者による新史料の発掘が進み、ようやくその大方の足跡がわかってきたのはつい近年のことである。これまでの研究を大きく見渡して戦前と戦後、近年に画期的研究成果を残したのは、明治の池辺義象、昭和戦後の丸岡宗男、そして平成の魚住孝至であろう。まず、その研究の概要を確認する。

近代以降の武蔵研究は明治四十二年（一九〇九）、熊本の宮本武蔵遺蹟顕彰会発刊の『宮本武蔵』（通称『顕彰会本』）に始まる。それは、当時一般の武蔵像が講談や歌舞伎、読み物、絵本等に影響された仇討ものの英雄でしかなかったため、日本武士道を開いた偉人として捉え、「偽を正して真を顕はさむ」（序文）ことを志し、熊本出身の国文学者池辺義象に依頼して編纂された初めての学術的研究書であった。このとき集められた史料が巻末に列挙されているが、基本になっているのは江戸中期の武蔵伝記『二天記』(1)と美作の地誌『東作誌』(2)で『東作誌』を根拠に武蔵の出生地を作州宮本村とした。

しかし、当時はまだ確かな史料が少なく文献の質的に問題が多い事に加え、史料の選択・引用に恣意的な問題があった。作家の吉川英治がこの本をもとにして昭和初期に小説『宮本武蔵』を発表すると国民的人気を博し、くり返し映画・テレビドラマとして放映され、出生地並びに佐々木小次郎との巖流島の決闘に至るその遍歴が一般の武蔵イメージとして定着し、事実と混同されるまでに至っている。

次に来る大きな節目となったのが丸岡宗男編著『宮本武蔵名品集成』であった(3)。本書の趣旨は武蔵筆の書画を集めて写真と解説で紹介するものであったが、「遺墨の背景」として宮本武蔵研究の最新成果を発表した。丸岡は池辺が美作と断定した武蔵の出生地を綿密な史料考証によって否定し、播磨と断定するなど多くの池辺説への疑問を提示した。特に「宮本武蔵文献集」の収録は綿密で晩年を過ごした細川藩の武蔵史料をはじめ多くの貴重史料の内容を公開し、以後の武蔵研究に基本文献としての位置を確立した。

そして平成に入って丸岡の成果の上に大きく研究を進展させたのが、魚住孝至らであった。それまでの関ヶ原・大坂の陣ともに武蔵西軍説を覆し、東軍徳川方であったことを諸史料により証明したこと。すなわち個別勝負に不敗であっても戦陣に於いては常に敗者の側にあったとされた武蔵の兵法者としての不信観・負のイメージを払拭し、個人戦も戦陣においても常に勝利を得た真に不敗の兵法者であったことを証明したことであった。更に巖流島の決闘の相手の佐々木小次郎の名や細川家が関係した試合とする通説の誤りなど虚実を明らかにした。加えて空白の二十年と言われてきた三〜四十代壮年期の武蔵の生き方と足跡を諸藩史料から解明し、その実態は水野家、本多家、小笠原家、細川家と次々に有力諸大名に客分として迎えられ、本多家に三木之助、小笠原家に伊織という養子を仕官させて宮本家を立て、これを後見しつつ兵法の道を極めていたことを明らかにした(4)。すなわちそれまで仕官を求めて諸国を回遊したとされてきた旅塵にまみれた不幸な生涯から、有力諸大名の賓客《ひんきゃく》として大切にされ、大名・高僧・ハイレベルの文化人とも対等に交流した豊かな生涯へ、武蔵像は根底から覆った。

また魚住孝至が武蔵若年の兵法書『兵道鏡』から晩年の『五輪書』に至る武蔵兵法の展開を解き明かしたことも、武蔵の兵法、思想を理解するうえで重要な成果であった(5)。

それでもまだ武蔵には謎が残る。出自、出生地、生年、すなわち生誕に関することと、最も基本的な名前の謎である。

生誕に関しては、諸説あるが、魚住孝至はそれらをすべて考証の上で、武蔵の養子・宮本伊織の直系の伝承を可として、武蔵の出自は田原家定の二男、播磨国印南郡米田村に天正十壬午年に出生としており(6)、本稿もこの立場をとる。

名前については丸岡宗男が自著中に「武蔵自身は存命中に姓名をどう名乗っていたであろうか」と問いかけ、諸史料の分析から「真筆本の署名では宮本武蔵と玄信であり、存命中の呼称も宮本武蔵であった資料ばかりで、他の別号異名は見当たらない」としている(7)。はたしてそうだったのであろうか。

今では男性ならば、生まれた時から死ぬまで名前は変わらないが、中・近世の武士の名前は何度も変わるのが普通であった。では、武蔵の名前も改名があったと考えるのが妥当であろう。

中・近世史の古文書研究において、人名は改名されることを理解していないと判断を誤ることになる。武士は通常元服するまでは幼名で、元服すると通称と実名を得る。実名は諱とも言い呼ぶことを憚られ、普段使われたのは通称であった。実名は書状などの署名に花押と共に使われた。花押は自署の代用に起こり、自署の証明として「書き判」とも呼ばれ広まったもので広義には名前の一種と考えられる。そして通称も実名・花押も人生の転機などに変わることが多かった。俳号、画号、隠居号があり、生前に仏門に入って法名を得ることもあった。

このように一口に名前と言っても多様であり、一人の人間にいくつもの名前があったのであり、これを知ることは文書・記録の人物比定、真贋判定に欠かせない事項であり、その人物の生涯の軌跡に反映していた。

一般に武士の名前は名字・通称・氏・実名（諱）の四部で構成されていた。では武蔵の名前ではどうなるであろうか。

晩年の自著『五輪書』の序で自ら名乗っているのは、「新免武蔵守藤原玄信」である。これを四部に分けると、名字は「新免」、通称は「武蔵守」、氏は「藤原」実名「玄信」である。

すでに名字は「宮本」ではない。いつから新免に改名したのか、通称も「武蔵守」で武蔵ではない。これはいかなることか。氏の藤原はどこから来ているのか。実名に変わりはなかったのだろうか。号は、法名は。また武家であれば実名に今の実印にも相当する花押は付きものであるが、武蔵の「花押」はどのようなものだったのであろうか。

これらの疑問について、まだ武蔵の生涯を通しての先行研究は見られない。これまでの武蔵研究史に見落とされていた基本的に重要な課題であり、本論は今よく知られている史料に、新たに発掘した史料を加えて考証し、武蔵の名前に関する研究の基礎とすることを目的とする。そして名前の変遷が武蔵の生涯にどのように反映していたのか、武蔵の新たな人物像を探ることを副次目的とする。

一、一次史料に見る名前の変遷

宮本武蔵の名はいつから「宮本武蔵」で、いつまで「宮本武蔵」だったのであろうか。それすらまだ検討されたことがなく、明確な答えはなされていない。まず、武蔵の名前の確認できる一次史料はどれだけあるか、これまでの研究から種類別に表にして一覧してみよう。

1、自筆署名書状・覚書

確認された自筆書状は小倉藩小笠原家客分の時代、寛永十五年（一六三八）以降のもので、①から③まで自らの名乗りはすべて「宮本武蔵玄信」である。肥後入国時の寛永十七年（一六四〇）に初めて二天の号を署名している。覚書④はその後、兵法書（五輪書）執筆のために岩戸山へ上る告知書であり⑤は臨終の前に書き遺した自らの生き方を示したもの。これらには「新免武蔵玄信」と署名している。ちなみに③④は本文異筆（弟子ヵ）、署名花押のみ自筆と認められる。⑤の『独行道』はは本文自筆ながら奥書は異筆の可能性がある。

	種類	西暦	元号　年月日	宛先	名前	花押・押印	所蔵
①	書状	一六三八	寛永十五年二月二十八日	有馬左衛門佐	**宮本武蔵玄信**	花押	吉川英治記念館
②	書状	一六四〇	寛永十七年七月十八日	長岡佐渡守	**宮本武蔵玄信二天**	花押	八代城付博物館
③	書状	一六四二	寛永十九年八月二十七日	寺尾左馬	**宮本武蔵玄信**	花押	新見吉治氏旧蔵
④	覚書	一六四三	寛永二十年十月八日	なし	**新免武蔵玄信**	花押	島田美術館
⑤	自誓書	一六四五	正保二年五月十二日	寺尾孫之丞	**新免武蔵玄信**	花押・二天印	熊本県立美術館

2、自筆署名兵法書

武蔵は若き時分、慶長九年（一六〇四）に円明流を立て、兵法書『兵道鏡』を著し、落合忠右衛門へ授与したことがわかっており、⑥⑦はこれに関するものである。慶長十年（一六〇五）は武蔵二十四歳、関ヶ原合戦から五年後、家康が江戸幕府を開いて二年後のことである。翌慶長十一年に同人へ免許状を与えておりこれらには「宮本武蔵守藤原義軽」と署名されている。

この二点は広島浅野藩へ円明流を伝えた多田家に「先師真筆」として伝わってきた。落合忠右衛門は浅野家家臣であった。円明流の所縁で浅野家に来て武蔵の流儀を伝えた多田家の手に渡ったものと思われる。

　武蔵の著した兵法書は最後に著した⑨『五輪書』が最も有名であるが、その前に細川藩主忠利へ呈上した⑧『兵法三十五箇条』があり、いずれも原本は失われ写本しかないが、「新免武蔵玄信」「新免武蔵守藤原玄信」といずれも名字が「新免」に変わっている。

	種類	西暦	元号　年月日	宛先	名前	花押・押印	所蔵
⑥	兵道鏡	一六〇五	慶長十年十二月吉日	落合忠右衛門	**宮本武蔵守藤原義軽**	花押・押印	多田家旧蔵
⑦	免許状	一六〇六	慶長十一年四月吉日	落合忠右衛門	**宮本武蔵守藤原義軽**	花押・押印	たつの市歴史文化資料館
	《参考》						
⑧	兵法三十五箇条	一六四一	寛永十八年二月吉日	なし	**新免武蔵玄信**	なし	原本不明・写本
⑨	五輪書	一六四五	正保二年五月十二日	寺尾孫之丞	**新免武蔵守藤原玄信**	なし	原本不明・写本

3、自筆署名書画

武蔵の書はすべて署名入りである。しかし画には署名のないものが多く、唯一『鵜図』のみに署名している。

⑩⑪の書は宮本伊織直系の小倉宮本家に伝承されてきたもので「宮本武蔵義軽」の署名と花押を書いている。⑩は大正五年刊『宮本武蔵遺墨集』の解説によれば明治維新後に宮本家から小倉毛利家に渡ったとされている。⑪は昭和初期まで宮本家にあったが、その後行方不明。

	種類	制作時期	題名	名前	花押・押印	所蔵
⑩	書	寛永三年以降	『春風桃李』	**宮本武蔵義軽**	花押・壺印	小倉宮本家旧蔵・所在不明・写真有
⑪	書	寛永三年以降	『春風桃李』武蔵肖像賛	**宮本武蔵義軽**	花押	小倉宮本家旧蔵・所在不明・写真有
⑫	書	寛永十七年以降	『直指人心』	**武蔵**	宝珠印	野田家旧蔵・所在不明・写真有
⑬	画	寛永十七年以降	『鵜図』	**武蔵**	宝珠印	寺尾家旧蔵・永青文庫蔵
⑭	書	寛永十九年以降	『戦気』一行書	**二天道楽**	香炉印	寺尾家旧蔵・所在不明・写真有
⑮	書画	寛永十九年以降	『出来坊図』自画自賛	**二天道楽**	香炉印	寺尾家旧蔵・所在不明・写真有

⑫の書は肥後八代の二天一流兵法の家・野田家蔵で、⑬の画『鵜図』はやはり二天一流兵法を継いだ寺尾家伝来であり、のちに細川家に渡ったもの。武蔵晩年の熊本時代の作。

⑭の『戦気』一行書は同様の書軸が二軸あって、寺尾家と武蔵と所縁の深い松井文庫に伝来した。落款はいずれも「二天道楽」であるが、寺尾家蔵は自筆署名、松井家の落款は異筆後入れのようである。⑮の『出来坊図』唯一の自画自賛の作品であり、落款は「二天道楽」で、印も⑭と全く同じ。⑬『鵜図』以外は行方不明であるが、写真が残っている。

4、細川藩奉書（永青文庫蔵）

	西暦	元号 年月日	宛 先	名 前	内 容
⑯	一六四〇	寛永十七年八月十二日	奉行中	**宮本武蔵**	武蔵に七人扶持十八石永く支給せよ
⑰	一六四〇	寛永十七年十月二十三日	奉行中	**宮本武蔵**	武蔵を山鹿御茶屋へ招待・準備せよ
⑱	一六四〇	寛永十七年十二月五日	奉行中	**宮本武蔵**	武蔵に合力米三百石支給せよ
⑲	一六四二	寛永十九年十一月二〇日	奉行中	**宮本武蔵**	武蔵に合力米三百石支給せよ

武蔵が晩年熊本へ来て以降の細川藩の公式記録である奉書ではすべて「宮本武蔵」である。⑯⑱⑲は待遇に関する奉書。⑰は細川忠利が山鹿の御茶屋へ武蔵を招待した時の手配を奉行中に指示した奉書である。

5、武蔵周辺の書状

武蔵周辺の書状で残っているのは武蔵最晩年のものばかりである。

⑳は参勤で江戸在府中の細川藩主光尚が、家老衆へ「宮本武蔵」に例年通り合力米三百石を支給するように指示した書状である。

㉑㉒は武蔵が兵法書執筆のため岩戸山に籠っている中に病に伏したことを知った小倉の宮本伊織と熊本藩家老・長岡寄之との往復書簡であり、伊織は「同名武蔵」すなわち宮本伊織と同名の「宮本武蔵」である。この返書に寄之は「同名武州」と書いている。武州は武蔵国の別称であり、幕府九州探題であった小倉小笠原藩筆頭家老の宮本伊織に対して、その父を武蔵と呼び捨てにすることは考えられず、「武州」は「武蔵守」に近い尊称と思われる。

㉓より㉖まで四通は武蔵の死去後の伊織と熊本藩家老・長岡監物との往復書簡である。正保二年のこの時期は藩主光尚と家老長岡寄之は参勤で江戸在府であった。留守家老の長岡監物と伊織間のやりとりとなった。伊織は「同名武蔵」とし、監物は「武州」とだけ書いている。

	種類	西暦	元号　年月日	宛　先	**名前**	所蔵
⑳	細川光尚書状	一六四三	寛永二十年十月二日	長岡佐渡守	**宮本武蔵**	松井文庫
㉑	宮本伊織書状	一六四四	寛永二十一年十一月十五日	長岡寄之	**宮本武蔵**	松井文庫
㉒	長岡寄之書状案	一六四四	寛永二十一年十一月十八日	宮本伊織	**宮本武州**	松井文庫
㉓	宮本伊織書状写	一六四五	正保二年五月二十七日	長岡監物	**宮本武蔵**	個人蔵
㉔	長岡監物書状写	一六四五	正保二年五月十二日	宮本伊織	**武州**	個人蔵
㉕	宮本伊織書状写	一六四五	正保二年閏五月二十九日	長岡監物	**宮本武蔵**	個人蔵
㉖	長岡監物書状写	一六四五	正保二年六月五日	宮本伊織	**武州**	個人蔵

6、武蔵の名前の変遷

これら一次史料に現れた武蔵の名前を古い順に並べてみよう。

●宮本武蔵守藤原義軽　⑥慶長十年（一六〇五）⑦慶長十一年　兵法書奥書
●宮本武蔵義軽　⑩⑪　書画落款
●宮本武蔵玄信　①寛永十五年（一六三八）③寛永十九年（一六四二）　書状奥書
●宮本武蔵玄信二天　②寛永十七年（一六四〇）　書状奥書
●宮本武蔵　⑯寛永十七年（一六四〇）⑰⑱⑲⑳㉑㉓㉕（一六四五）　細川藩奉書・書状内呼び名
●新免武蔵玄信　④寛永二十年（一六四三）⑤正保二年⑧寛永十八年（一六四一）　覚書・兵法書奥書
●二天道楽　⑭⑮寛永十九年（一六四二）　書画落款
●新免武蔵守藤原玄信　⑨寛永二十年（一六四三）『五輪書』内自称
●宮本武州　㉒寛永二十一年（一六四四）　書状内呼び名
●武州　㉔㉖正保二年（一六四五）　書状内呼び名

ここでわかることは、武蔵二十四歳の慶長十年に円明流の兵法書『兵道鏡』を著して弟子に授与した時の奥書に、初めて「宮本武蔵守」の名前が確認されることである。「武蔵守」は受領名であるが、自称であり正式のものではない。当時は大名でなくとも一軍の武将、兵法開祖など、正式な受領なしに自称していた時代であった。武蔵も使用は兵法書、免許状に限ったもので、名字・通称・氏・実名を通して並べた。

通常は名字と通称だけで呼び、「宮本武蔵」であったはずである。これが「新免武蔵」に変わるのは晩年熊本へ来て、⑧の寛永十八年からである。

氏は⑥の藤原、最晩年の『五輪書』も藤原で変わりはない。

実名は当初二十四歳時⑥の慶長十年から⑦明石・小倉時代と思しき中年の生前肖像画⑪まで「義軽」である。この名は一般にはほとんど知られていないが一番長く使用したと考えられる。

よく知られた「玄信」が現れたのは寛永十五年島原の陣における有馬直純宛て武蔵書状が最初であり、武蔵はすでに五十七歳、当時とすれば平均的な武家の隠居年齢を越えていた頃で、命終まで最短七年と使用期間は短い。

「二天」の道号が初めて表れるのは、②の寛永十七年（一六四〇）武蔵五十九歳時、肥後熊本に現れた時である。次いで「二天道楽」を号するのは細川家菩提寺・泰勝寺の大淵和尚に授与されてのことになるので、泰勝寺に大淵玄弘和尚が着任した寛永十九年（一六四二）武蔵六十一歳以降である。

二、名字の「宮本」と「新免」の変遷

1、いつから「新免」になったのか

一次史料に見える武蔵の名字は、晩年熊本へ来た寛永十七年までは「宮本」で、その後に「新免」に改名したことがわかる。

史料⑧の『兵法三十五箇条』は細川忠利の希望により寛永十八年（一六四一）二月に武蔵が呈上し、

この書の奥書が「新免武蔵玄信」であった。しかしこれは原本がなく確かではない。また細川家譜『綿考輯録』の寛永十八年正月二日の記事に、武蔵は足利道鑑らと共に熊本城本丸御殿奥座敷で藩主忠利に年頭の供応を受けており、そこには「神免武蔵」と記されている。「神免＝新免」(8)に違いないが、これも後世に編纂された二次史料である。しかしこれらの傍証と、この年三月に武蔵を厚遇していた細川忠利の急逝があり、武蔵の心境に大きな変動あったことを考えると、この寛永十八年こそが「新免」に改名した年ではないだろうか。これにより、「武蔵はいつまで宮本武蔵だったのだろうか」の疑問の答えが一つ示されたことになる。

しかし武蔵はなぜ最晩年になって改名したのであろうか。「新免」の由来はどこにあるのだろうか。それは、武蔵は「いつから宮本武蔵だったのだろうか」といういま一つの疑問に戻らなければならない。すなわち、一次史料に初めて表れた慶長十年（一六〇五）二十四歳の武蔵以前を調べる必要がある。

2、武蔵の出自

武蔵の出生については、武蔵を家祖とする小倉藩宮本家の『宮本家大系図』や家譜によれば、天正十年（一五八二）、播磨国印南郡米田村で田原家定の次男に生まれている。長男は久光といい、伊織はその子、武蔵の甥にあたる。田原家定は天正八年の播磨三木合戦で織田信長配下の羽柴秀吉に滅ぼされた別所長治旧臣であった。三木開城後、米田村に帰農して武蔵を生んだとされている。であれば、出生時の名字は「田原」である。

しかし播磨の地誌『播磨鑑』では揖東郡鵤の宮本村生まれとなっており、(9)出生地に齟齬を生じているが、こちらは誰の子か出自の記載はない。田原氏説にも疑問はあるが、(10)他の説も根拠が弱く、武蔵子孫家の伝承に従って「武蔵は系図通り田原家定の次男」と考えたい。

3、新免無二の養子となる

武蔵はここから新免無二のもとへ養子に出されている。
●『宮本家系図』《為新免無二之助一真養子》「新免無二之助一真の養子となる」
●『小倉碑文』《父新免号無二》「父は新免無二と号す」
『小倉碑』は『宮本家譜』によれば武蔵没後九年目の承応三年(一六五四)に伊織が藩主小笠原忠真より「武蔵の石塔山(墓所)に」と拝領した赤坂の山に建てた墓碑を兼ねた武蔵顕彰碑で、伝記としては最も古く信憑性が高いとされている。伊織は寛永三年(一六一七)十五歳の時に武蔵が自分の名代として徳川譜代・播州明石十万石の小笠原忠政(のち忠真)に仕えさせ宮本家を立てた養子である。新参で戦功もなしに譜代の家臣を越えて立身し、わずか五年、弱冠二十歳で藩の執政職(家老)に就くという稀代の出頭人となった。伊織が表、武蔵が裏になって支え働いた結果であろう。建碑当時は四十四歳、幕府の九州支配の要となる豊前小倉十五万石・小笠原藩の筆頭家老にまで上り詰めていた。禄高は四千石。

建碑の前年、承応二年（一六五三）に伊織が生地の泊神社に奉納した棟札の記事でも「無二―武蔵―伊織」三代の養子関係が次のように記されている。

●泊神社棟札『田原家伝記』（部分読み下し）

《作州の顕氏に神免（＝新免）なる者有り。天正の間、嗣無くして筑前秋月城に卒す。遺を受け家を承くるを武蔵掾玄信という。後に宮本と氏を改む。亦た子無くして余を以て義子と為す。故に余、今其の氏を称す》

およそ四百年前でも新免氏は顕氏であった。武蔵を新免氏の死後養子にしているのは錯誤があるが、[11]伊織の証言は、武蔵は天正年間に「新免」氏の養子となって家を継いだあと氏を改めて「宮本」を称した。その後に自分を義子としたので今自分は「宮本」を称しているという改姓の経緯である。

伊織は寛永三年から同九年に小笠原藩が小倉に移封された後も寛永十五年の有馬陣（島原の乱）以後まで、少なくとも十二年以上は武蔵を父として仕え生活していたと考えられる。したがって武蔵の旧姓や、生年は認知していたであろう。

宮本家は家蔵『宮本氏歴代年譜』『宮本家系図』等、武蔵を家祖、伊織を初代として小笠原家家老の家柄として代を重ね、二百数十年後の明治維新を経て平成の当代まで連綿と続いてきた家である。系図は八代目伊織によって弘化三年（一八四六）に伝来の古系図が傷んだので書き改められたもので信憑性が問題にされるが、《古き系図に曰く》として武蔵は《天正壬午年之産也》《没時六十四歳》と別記しており、この生没年や《新免無二之助一真の養子と為り、因りて新免を号す、後氏を宮本に改める》については初代伊織以来の伝来と考えてよいと思われる。

4、父の新免は武勲の名字

武蔵が幼少期に作州の兵法家・新免無二のもとに養子として入ったことはこれまで見た諸史料から間違いない。ではその父無二はいかなる人であったのであろうか。武蔵が養子となった天正期までは新免無二は美作国吉野郡小原城主・新免伊賀守に仕える重臣であったようである。故あって致仕し、その頃関白秀吉の重臣として姫路から九州豊前の大名となっていた黒田如水に仕えた。黒田藩分限帳の『慶長年中士中寺社知行書附』によると、

《百石　古御譜代　新免無二　一真　播磨人》

とあり、「古御譜代＝天正十五年以降の豊前召抱え譜代」であることが証明されている。これに対し、旧主・新免伊賀も関ヶ原後の慶長六年（一六〇一）に黒田家に召し抱えられ、

《二千石　新参　新免伊賀　宗貫又則種》

となっていた。この新免伊賀の末裔に『新免氏系譜』が伝わっており、[12] ここに武蔵の父無二の戦功が書かれていた。則種の項、天正年中の戦記である。部分要約すると

《その頃播州に草刈（草刈氏）蜂起して赤田が城（塀高城とも）に籠る。則種一手の勢を以て速やかに攻略し、その趣家臣宮本無二之丞を使者として秀吉公に注進せり。これにより信長公ヨリ加恩として播州吉野郡・佐用郡・八頭郡を賜う。秀吉公よりも感状及び八幡大菩薩の旗を下し賜う。則種の家臣宮本無二之丞は十文字の槍を鍛錬せり。赤田が城において無二之丞一人にて敵七人に出合い、十文字の槍を以て勝利を得たり。これにより則種より新免の氏を許すと云い伝う》

すなわち、無二の名字はもと宮本で、武蔵が養子に来る前に戦功により主君の名字を賜姓されていたことがわかる。新免は父無二が得た武門の誉れの名字であった。それゆえに赤松（源氏）の末葉を称する田原家を出自とする武蔵は本来源氏であるはずなのに藤原氏を称するのは、新免家が徳大寺家を祖とする藤原氏であったからと考えられる。

5、慶長期に新免から宮本へ

武蔵の没後八十年頃に武蔵の二天一流兵法五代師範である立花専大夫（丹治峯均・黒田藩家老・黒田重種四男）によって編まれた『武州傳来記』は冒頭、

《新免武蔵守玄信ハ播州ノ産、赤松ノ氏族、父は宮本無二ト号ス、邦君如水公ノ御弟黒田兵庫殿ノ与力也》

で始まっていて、冒頭の「新免武蔵守玄信ハ」の示すところは武蔵没後から見た名前であり、「父は宮本無二と号す」は武蔵生前の父の名を示している。しかし前項に見たように黒田家の分限帳には「新免無二」と出ており、黒田家時代の藩での公式の姓は新免であった。慶長五年の九州の関ヶ原（西軍大友氏との豊後石垣原合戦）を父と共に東軍の黒田家に属して戦ったとする武蔵も「新免」姓であったことになる。

一方、別史料であるが、慶長期発行の「宮本無二之助」の当理流免許状が何通も残っており、この頃に兵法家としては親子ともども元の「宮本」に改姓したと思われる。武蔵は「宮本武蔵」となり、世に名高い「吉岡一門との決闘」「巌流島の決闘」を含めた六十余度の闘いにすべて勝利し、剣豪としてその名は天下に轟くことになる。

6、最後に父の恩に報いる

新免に戻った理由は推測するしかないが、武蔵はもともと新免無二の家業である当理流の兵法の家を継ぐために養子になった者である。それがわけあって父と決別し、二十三歳で「円明流」を創設した。流名は変わっても少年時より育まれた父の兵法が基礎となっていたであろう。老境に至り、武蔵はその恩に報いるために父の誉れであった新免の名跡を継いだとは考えられないだろうか。

すなわち、武蔵の名字は天正十年の誕生は播州の郷士の子として「田原」で始まり、幼年期に兵法家新免無二の兵法を継ぐ養子となって「新免」に変わり、慶長初年頃に父の改姓により「宮本」となった。そして宮本武蔵として吉岡一門との決闘、巌流島の決闘に勝利して名を上げる。天下一となった自信もあり、父とは決別して独自の流儀を創設したが、最晩年に至って父無二の誉れの「新免」姓に戻り生涯を終えたと考えることができる。

三　通称の変遷

　では通称がいつから「武蔵」になったのであろうか。武蔵以前の名前はなかったのであろうか。これについての一次史料は見当たらないが、二次史料ながら、武蔵の弟子筋による伝記、前出『武州傳来記』は《武蔵、童名弁之助ト云》と記しており、巖流（津田小次郎）との決闘時は十九歳、まだ弁之助であった。また熊本の弟子筋による伝記『武公伝』にも《播州ニ生ル少名ハ弁介ト云》とある。傍証には、武蔵の没後流儀を継いだ寺尾信行の子信盛は武蔵の再来と言われるほどの名人となり、武蔵の遺命として武蔵の名を承《う》け「新免弁助」の名に改めて二天一流の二代目を継承したと伝えられる（『寺尾家記』）。武蔵の孫に当たる本多藩の宮本三木之助三代目の名は弁之助であり、明らかに武蔵の童名を承けてのことと思われる。これらも合わせて考察すると「弁之助（弁助・弁介）」が「武蔵」以前の通称名であったと考えられる。

　一次史料で「武蔵」の名が確認できるのは慶長十年の『兵道鏡』奥書が最初である。武蔵二十四歳。弁之助から武蔵へ改名の時期はここでは遅すぎる感がある。父のもとを離れて上洛した二十一歳のころか、それ以前ではないだろうか。

四　実名と花押の変遷

1、玄信の実名と花押の変化

次に実名を検証しよう。よく知られている武蔵の名は「宮本武蔵玄信」であり、実名が「玄信」であったことは武蔵研究においては常識である。前出のように丸岡宗男は「真筆本ではこれ以外の名前は見当たらない」と言い切っている。江戸中期の刊本『武芸小伝』に「武蔵政名」が出ているが、これは『二天記』はじめ当時から疑問視され、現代では根拠のない説として完全否定されているのであえて取り上げない。

では武蔵はいつから「玄信」の名を使うようになったのであろうか。確かな史料が二点ある。武蔵の直筆書状である。一点は『有馬直純宛』（吉川英治記念館所蔵・資料Ⅰ①）、もう一点は『長岡佐渡守宛』（八代市立博物館所蔵・資料Ⅰ②）で、何れもよく知られた有名な書状である。当時の通例で年は書かれていないが、文面から『有馬直純宛』は有馬陣において原城総攻撃の最中に書かれたことが明らかであり、寛永十五年（一六三八）二月二十八日のものと判断できる。

『長岡佐渡守宛』はその二年後の寛永十七年（一六四〇）七月、武蔵が肥後熊本に来た時に書かれたことがわかるものであった。すなわち有馬陣の時、武蔵は五十七歳、終焉の地肥後に来た時は五十九歳、当時とすればかなりの老齢、晩年期である。更にこの二点の書状は花押が違う。

資料Ⅰ　武蔵自筆書状の署名と花押

①「有馬直純宛」

②「長岡佐渡宛」

筆跡や出典から武蔵の真筆に間違いはない。とすると、武蔵の境遇と心境に花押を変える何かがあったと考えられる。①の花押は武家に多い明朝体であり、②の花押は禅僧などに見られる絵画様別用体の部類である。

武蔵は①の有馬陣の戦功により伊織が四千石の筆頭家老となり、小倉宮本家が盤石になったのを見届けて小倉を離れ、最後の仕事として兵法伝道の旅に出る。②の書状は江戸・上方を回遊して肥後熊本に下ってきたときのものである。この花押は仏教において様々な霊験をかなえる「如意宝珠」に見える。書画の落款に「宝珠印」を使用して(13)いることからも、兵法に託した武蔵の心魂が込められているのではないか。その後、熊本滞在中の最晩年寛永十九年頃に尾張徳川義直の家老寺尾左馬（直政）へ宛てた弟子推挙の書状があったことも判明(14)、本文は弟子によると思われる異筆であったが奥書の署名・花押は自筆で②と全く同じものであった。

しかし今のところ、これら以前に「玄信」の名を証明するものは見当たらない。ずっと玄信であったとするならば、有馬陣以前の史料を探索して証明する必要がある。

ちなみに「玄信」の読みは通常訓読みで「はるのぶ」か「もとのぶ」である。しかし子孫宅『宮本家大系図』にはわざわざそこだけ「ゲンシン」と振り仮名が書き込まれていた。これは訓読みしないようにあえて書き込まれたもので「ゲンシン」が正しいのであろう。

2、「宮本武蔵義軽」の落款

まず調べるべきは、武蔵を家祖として初代伊織以来連綿と四百年に渡って累代継承されてきた小倉宮本家の史料であろう。これまでの研究で伊織は小笠原忠真に仕官した寛永三年（一六二六）明石時代から小倉まで十二年以上も武蔵と父子で過ごしていたと考えられている。筆者の調査では宮本家に大家系図や記録の類はあっても武蔵直筆の史料はなかった。しかし明治三十三年（一九〇〇）まではあったという。その年、皇太子嘉仁親王（大正天皇）の九州行啓があって、殿下の閲覧に供するために武蔵の遺品を貸し出したことがあり、第十二師団長・井上光中将より宮本左織宛ての返還礼状が残されていた。これによると皇太子の閲覧に供した武蔵遺品目録は次の四点であった。

一、**越前義植短刀**
一、**木刀**
一、**宮本武蔵書**
一、**同　　自画讃**

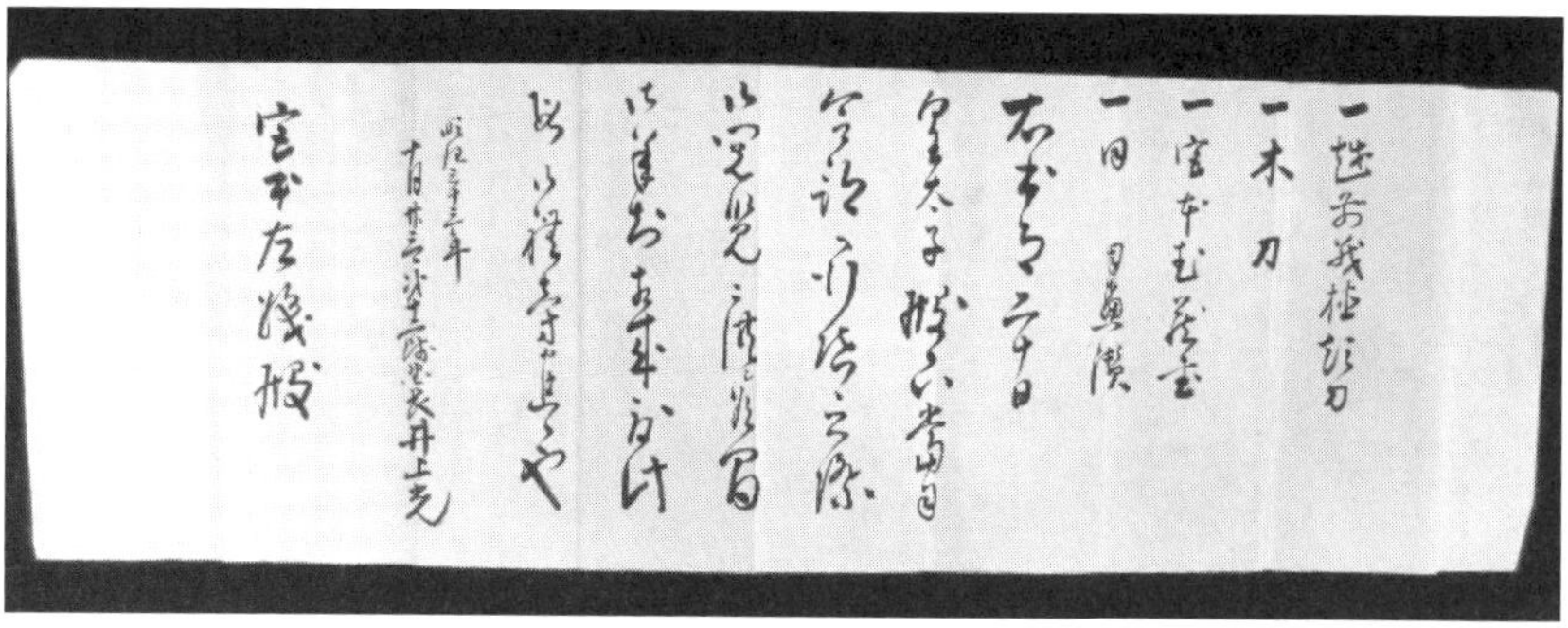

皇太子殿下閲覧宮本武蔵遺品返還礼状（宮本家蔵）

短刀と木刀については別紙に図面付きで詳細が描かれていたが、武蔵の書二点については不明であった。

しかし、その後の調査でこの二点と思われる書の行方がわかった。一点は大正十年（一九二一）に民友社より刊行された『宮本武蔵遺墨集』の中で発見した『春風桃李』である。武蔵の特徴を備えた墨書であった。解説を読んでみよう。

《春風桃李花開日、秋露梧桐葉落時」の二句を二行に大書し、横に「是兵法之初終也」と小書あり。即ち小笠原忠真候の為めに作れるものにて、後にはまた之を宮本伊織に附属して、以来宮本氏の家寶たりしが、維新後に至りて、毛里氏の手に帰せり。その書、春麗の中に鯨堅の力を具へ、直に上代の鉅公に迫れり。現存する武蔵の大書は之を推して麟角とす》

宮本家の家宝として藩政時代より累代伝わってきたもので、「維新後」というのは「明治になって」という意味。明治三十三年に皇太子の閲覧に供された後に毛里氏の手に渡ったものと解釈できる。伝承では武蔵が小笠原忠真公のために書いて呈上したものをのち伊織に下賜されたとする。そうであれば伊織を仕官させ、武蔵が客分となった寛永三年（一六二六）以降、武蔵が小倉を離れる前、同十五年（一六三

資料Ⅱ　宮本武蔵義軽　宮本家旧蔵書落款

①「春風桃李」落款
(『宮本武蔵遺墨集』より引用)

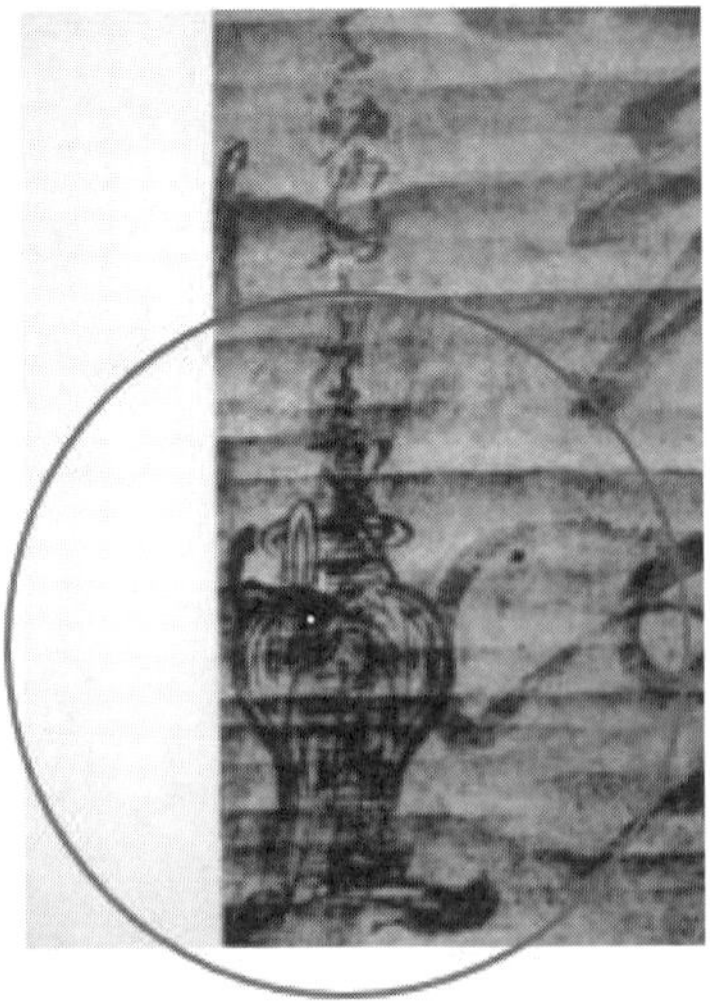

②宮本武蔵肖像自賛「春風桃李」落款
(『豊前』別巻より引用)

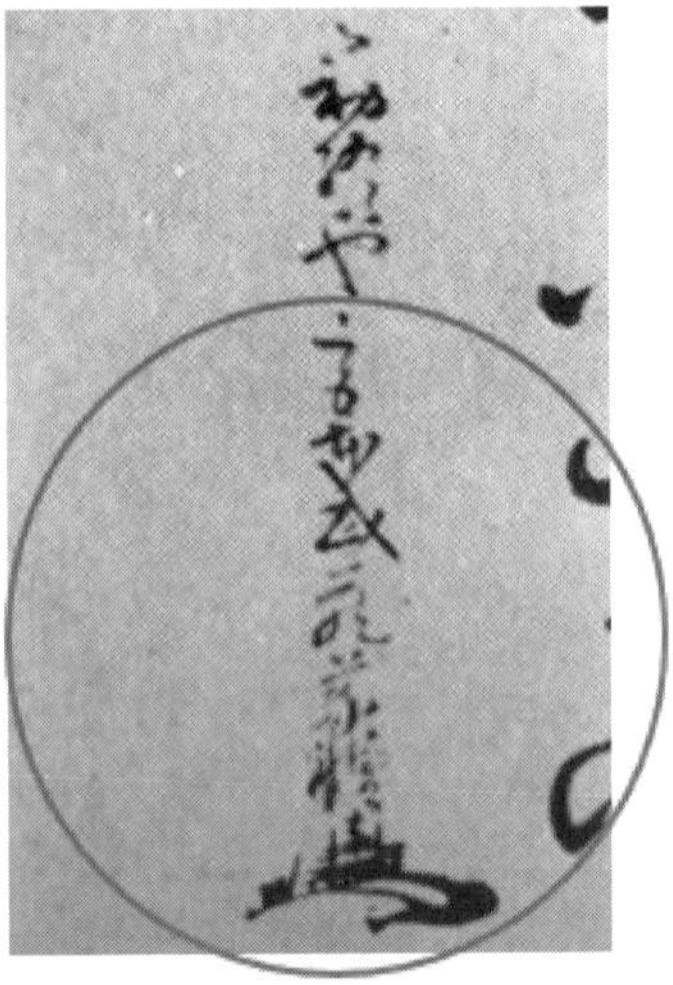

八）までの間に書かれたことになる。武蔵四十五歳から五十七歳までの間である。その落款は文字の上に大きな壺印が押されてあり判別しにくいが「宮本武蔵義軽」となっていた（資料Ⅱ①）。武蔵はこれを書いた当時の実名を「義軽」と名乗っていたことになる。しかし何と読めばよいのか、訓読みなら「よしかる」か。その考証は後に回して、もう一点の宮本家旧蔵の書の検証に移ろう。

その特徴は目録に記された《自画讃》である。それが戦前の昭和十二年（一九三七）に小倉郷土会刊行の『宮本武蔵と小倉藩』（『豊前』別巻）の口絵として写真が掲載されていた。この軸の由来については同書収録の同年三月六日に小倉で開かれた「宮本武蔵座談會」における編集人・川西弘太郎氏の発言に明らかである。

川西　武蔵が二刀を構えた画像はよく見ますが小倉には伊織の家に赤い羽織を着て長刀を刀架に掛けて筆を持った座像画が残されて、

延命寺武蔵碑の茶屋に其の寫しがあります。

これによりこの武蔵賛の入った武蔵肖像が宮本家旧蔵の《自画讃》の書であることが判明した。武蔵の肖像は専門絵師に画かせ、賛を武蔵に求めたものと考えられる。画賛であるから①より字は小さくなるが全く同句で、唐詩人白居易の長恨歌の「春風桃李」に始まる二行を書いて、脇に「是兵法之初終也」と小書し、「宮本武蔵義軽」署名と花押を書いたものであった（資料Ⅱ②）。この落款には①のような壺印が押されていないので名前と花押がはっきりと観察できた。①②を並べてみると、筆跡・花押まで寸部変わらぬもので、どちらも武蔵の真筆と確認できるものであった。

先の「玄信」時代の二様の花押は落ち着いた印象があったが、これは炎がめらめらと燃えているような強く勢いのある特異な花押である。あまり類似の花押を見たことがない。

3、兵法書奥書「宮本武蔵守義軽」

さて、ではこの明石・小倉時代の実名「義軽」と特異な花押はいつから使い始めたのであろうか。さらに時代をさかのぼって武蔵の事績を調べる必要がある。

昭和三十八年（一九六三）に『多田圓明流資料』という一群の武蔵関連史料が発見された。発見者は剣道史研究家の森田栄で、中に武蔵が発行した『兵道鏡』と『圓明流印可状』が含まれていた。その奥書の署名が「宮本武蔵守義軽」であった（資料Ⅲ）。

資料Ⅲ　宮本武蔵守藤原義軽　多田家旧蔵円明流史料

①「兵道鏡・落合忠右衛門宛」奥書

②「圓明流免許状・落合忠右衛門宛」奥書

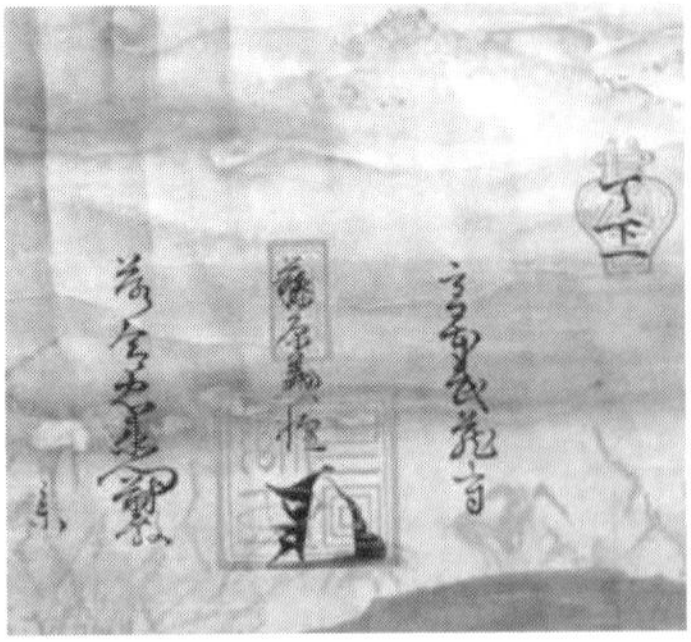

『兵道鏡』奥書部分（資料Ⅲ①）

圓明流（壺朱印重ね）天下一

宮本武蔵守

藤原義軽（朱印二重ね）（花押）

落合忠右衛門尉殿

参

慶長十年極月吉日良辰

『圓明流印可状』奥書部分（資料Ⅲ②）

天下一（壺朱印重ね）

宮本武蔵守

藤原義軽（朱印二重ね）（花押）

落合忠右衛門尉殿

参

慶長十一年四月吉日良辰

筆跡、花押は①②共一致。印形は微妙に違っているように見えるが壺印と筆跡は先の宮本家旧蔵・資料Ⅱ①とも共通している。この二点は武蔵が二十代前半の若い頃、播州龍野の円光寺に逗留して兵法を教えていた頃に弟子の落合忠右衛門に発行したものである。慶長十年の暮れに『兵道鏡』を伝授し、翌年四月に流儀相伝の免許状を発行したということである。

これら史料の伝承経緯は、武蔵道場のあった円光寺の住職多田頼祐が武蔵に学んで円明流の免許を得、その孫祐久に至り龍野藩で円明流を教えていたが訳あって致仕、のち広島藩浅野家に招かれて仕官、明治維新となったのち北海道へ移住するも散逸することなく代々伝えられてきた。中でもこの二点は「流祖宮本武蔵の真筆」として多田家で特に大切に守られてきた史料であった。

森田栄が発見後に所見を付けて公開しているが、(15)まだ十分世間に認知されていない。それはこの『兵道鏡』や『円明流印可状』の名前「義軽」が様々な疑問によって武蔵の真筆と鑑定されていないからである。これが武蔵の真筆であることは、その「義軽」の名前と筆跡、壺印までが先の小倉宮本家旧蔵書画（資料Ⅱ）と一致している事で証明されるであろう。

『多田圓明流史料』は近年、発祥の地である龍野市に寄贈され、今は龍野市立歴史文化資料館に収蔵されている。

『兵道鏡』の跋に武蔵は自ら「慶長九年初冬の頃、忽然として的伝の秘術を積り、明鏡の書を作り『兵道鏡』と名付けた」と記述し、「円明流天下一　宮本武蔵守藤原義軽」と奥書している。将軍足利義昭により「日下無双兵法術者」と称された父無二（『小倉碑文』）を超え、兵法天下一となったと自覚できた何事かがあって独立したのであろう。(16)

慶長九年は武蔵二十三歳であり、この時武蔵は円明流の開祖となり、二十八箇条にわたる兵法技解書『兵道鏡』を著したのである。そしてこの時から「宮本武蔵守藤原義軽」と名乗り、実名を「義軽」としたのではないか。そうすると武蔵は若い二十三歳から資料Ⅱでみた小倉宮本家旧蔵の書に現れた五十代とおぼしき壮年期に至るまで長期に渡りこの「義軽」の実名を使用していたことになる。それは晩年の「玄信」よりはるかに長い、武蔵の青壮年期を通した名であった。

ただし宮本家旧蔵史料とは花押が違う（資料Ⅲ）。全体の形は「むさし」の「む」を感じさせ、右側の太く強い跳ねが力強く、いかにも青年らしいすっきりと屹立した印象の花押である。武蔵が使用した最初の花押であろうと推測している。

4、譜代大名水野日向守へ与えた『兵道鏡』

武蔵は大坂の陣ではこれまで大坂方の牢人として参陣したと考えられてきたが、実は徳川方であったことが確かな根拠で近年論証された(17)。事実は大坂夏の陣では大和口方面軍の先鋒大将を務め戦功一番と称された三河刈谷城主・水野勝成（徳川家康の従弟）の嫡男勝重を後見する客将として出陣していたのである。このことがこの後の武蔵の運を開く大きなターニングポイントとなった。

武蔵三十四歳の時の戦であるが、武蔵は一体いつ、時の天下人徳川家康にも近い譜代有力大名水野勝成の知遇をえるようになったのであろうか。末裔の水野家に大坂の陣以前に武蔵との交流を示す史料はないとのことであった。しかしそれを示す史料が小田原市立図書館に所蔵されていた。

『宮本武蔵奥伝　與水野日向守』という巻子本である。「藤田西湖文庫」という兵法研究家の寄贈蔵書・資料群の中にあった。「水野日向守」というのは水野勝成のことである。あの燃えるような勢いのある花押（資料Ⅳ）。史料Ⅱの宮本家旧蔵の落款と同じであった。筆跡も似ている。資料Ⅲの多田家史料のものとは不鮮明であるが二種の朱印まで似通っている。冒頭「奥」と書かれ、そこに壺様朱印が押されている。本文は「真位之事」に始まる『兵道鏡』のまさに奥伝の部分が書き連ねられていた。跋には「この兵道鏡は印可の弟子に授ける古今無双の兵法」とあり、即ちこれは武蔵が水野勝成に与えた円明流の印可状である。日付は慶長十三年（一六〇八）十二月、『多田家史料』落合忠右衛門に印可した慶長十一年のわずか二年後の事である。武蔵はこの時二十七歳、水野勝成は四十五歳であった。関ヶ原合戦の余燼くすぶるこの時代、大名といえども戦場では槍や刀をとって戦うことが多く、名のある兵法者を招いて修練を怠らなかった。この奥伝は、数々の戦場を駆け巡り戦場では「鬼日向」と恐れられた戦国武将の水野勝成が、若き武蔵を招いて学んだことの証しである。武蔵と水野勝成との由縁は、大坂の陣のはるか前に勝成が兵法指南役として招いたことによることがこれによって判明した。

資料Ⅳ　『宮本武蔵奥伝　與水野日向守』奥書部分

先に見た武蔵真筆の多田家伝来『兵道鏡』『圓明流印可状』の筆跡に似ていて一時は真筆かと思われたが精密な写しと判断した。『奥伝』とは別に『目録』があり、こちらの奥書の署名・花押は文字を袋状にふちどりした状態で残し、原本に薄紙を置いて慎重に形状まで写したことを示していた。それだけに写本と雖も内容の信憑性は高いと思われる。

しかし旧所蔵者の藤田家にこの写本がなぜあったのだろうか。藤田家は代々徳川将軍家に仕えた幕府御庭番の家で、故藤田西湖氏は「甲賀流忍術十四世」として生前は著名人であった。水野勝成と甲賀御庭番との関係は意外に深い。勝成は若年の頃、父忠重に勘当廃嫡され、十五年に及ぶ牢人時代があったが、山岡道阿弥（甲賀百人組頭領）が徳川家康の側近に仕え斡旋して父水野忠重と和解したと『水野勝成覚書』に書き記している。武蔵を勝成に橋渡ししたのは甲賀者の山岡道阿弥であった可能性もある。

奥伝の署名は「宮本武蔵守藤原義軽」であった。これは慶長十年の『兵道鏡』（資料Ⅲ）伝授から、寛永年間に武蔵が書いた「春風桃李」の書（資料Ⅱ）までの間を結ぶもので、この間ずっとこの名を使い続けていたことの傍証となろう。花押は龍野円光寺時代のものと違っており、この燃えるような特異な花押は伊織の小倉宮本家にあった「春風桃李」と同じであった。すなわち花押は円明流を創設した頃から使い始め、三河刈谷城主水野勝成に招かれた慶長十三年頃に一度大きく変更し、以来小笠原家に招かれた明石、小倉時代も変わらずこの花押と「義軽」の名を使い続けていたと考えられる。

5、「義軽」の読みは「よしつね」

「義軽」に関する最後の疑問は、この名の読みである。訓読みすれば「よしかる」だが、あまりにも軽くて剣豪らしからぬ。はたして武蔵や弟子たちは何と読んでいたのであろうか。

森田栄は『兵道鏡』などの貴重な史料が「義軽などというおかしな名前を武蔵が付けるはずがない」とこの一字のために信用されないと嘆いている(18)。

①弟子筋の伝承

この名前については武蔵の弟子筋の二天一流七代・丹羽信英が天明二年（一七八二）に著した武蔵の伝記『兵法先師伝記』の中で命名の由来を次のように記している。

《その頃先師は名乗り義経と書き置かる。先師若き頃、我が武勇は源義経に比すと言われしが、直ちに義経と号されしと云伝ふ。彼の世間にある巻物を見れば、是は偽説ならずと聞こゆ》

これは武蔵が名乗り（実名・諱）を義経と書いていたこと、そしてその由来は平安末期に活躍したあの源義経にあったことを証言している。読みは「よしつね」である。当時さかんに読まれていた『義経記』を武蔵も愛読していたのではないだろうか。源氏再興のために幼少から鞍馬山に籠り鬼一法眼について兵法修行を重ね、兵法の極意を悟り、兄頼朝と協力して平家を倒し、見事源氏を再興したという義経に憧れを持っていたのかもしれない。武蔵は二十三歳の時に「兵法天下一」の自覚を得、円明流を開いている。弟子に兵法書伝授する段になって実名を書く必要ができた。この『兵法先師伝記』

資料Ⅵ　武蔵の直弟子の通字（『兵道鏡』熊本県立図書館蔵・富永コレクション）

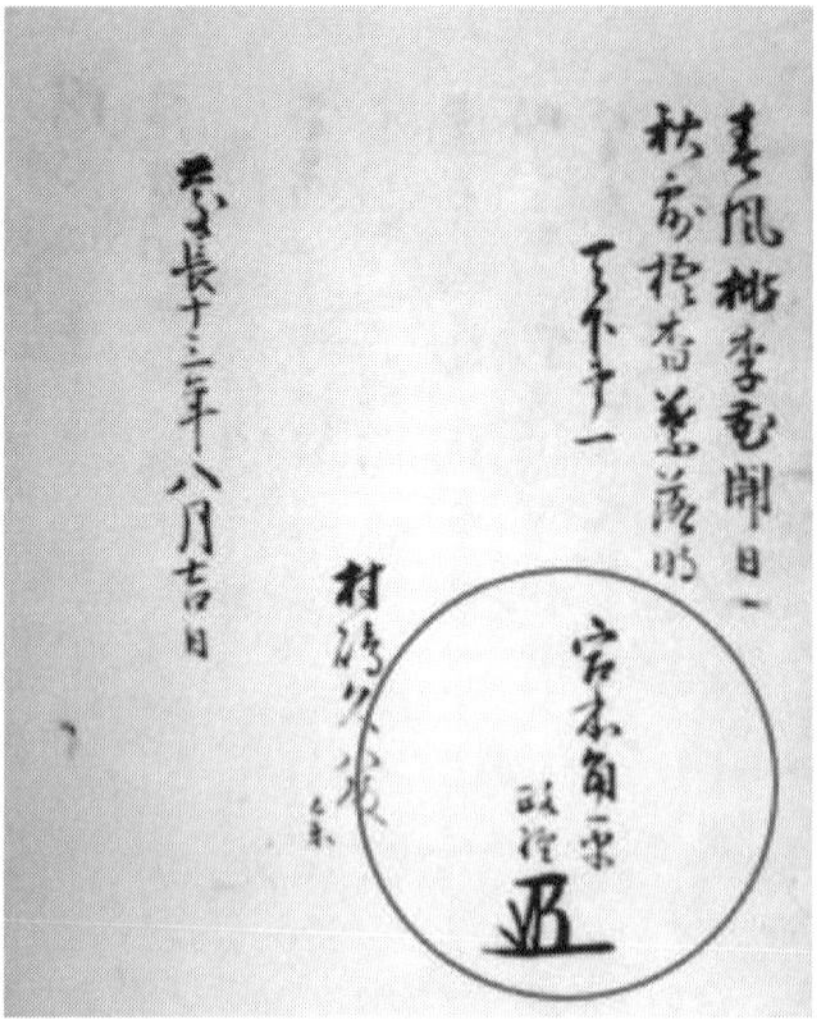

政経

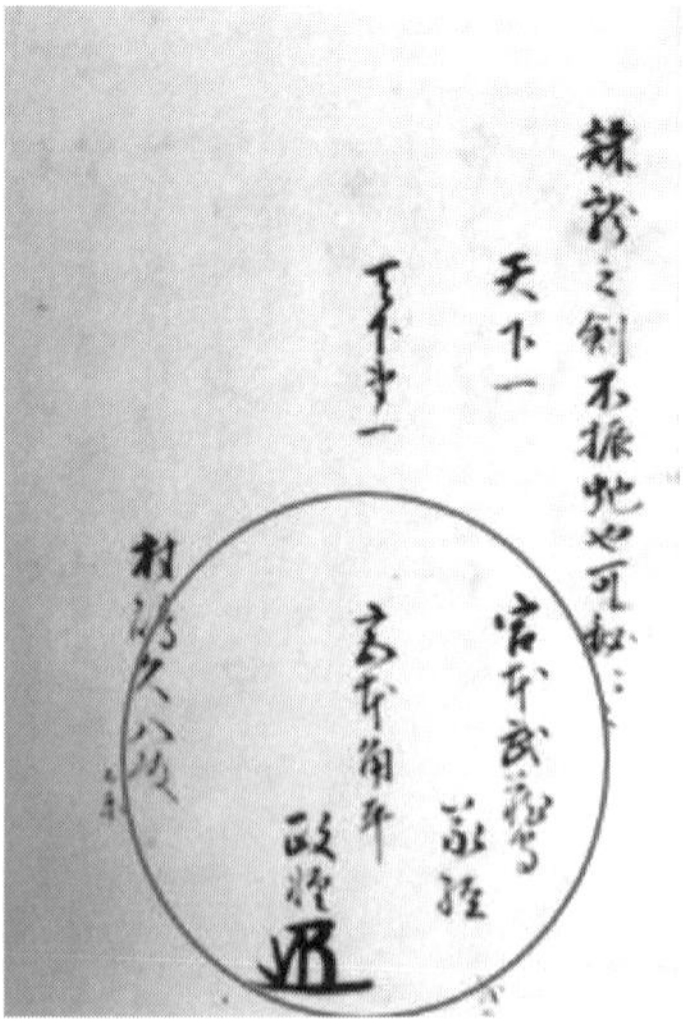

政軽　義経

が伝える命名の由来はその時の逸話ではないか。「義軽＝よしつね」を裏付ける史料がいくつかあるので次で検証する。

②円明流免許の弟子の通字

武蔵が『兵道鏡』を授け円明流免許を与えた当初の弟子は、まず落合忠右衛門である。『多田家文書』の『圓明流系図』（享保六年・一七二一作成）によれば、忠右衛門の実名は「光経」である。もう一人、早くに『兵道鏡』を授けられた弟子に「宮本角平」がいるが、この人の実名は「政経」であった。この武蔵兵法を相伝した二人の実名に共通の「経」は流祖武蔵が弟子に与えた通字ではないだろうか。

富永堅吾氏の「牧堂文庫」[19]に慶長十三年に宮本角平が発行した『兵道鏡』がある。その奥書は武蔵伝授の本文の後と宮本角平自身の跋文の後と二重に配されていた（資料Ⅵ）。

本文の奥書には武蔵の名と角平の名を並べて相伝

経緯を示してあった。その実名は武蔵が「義経」角平が「政軽」で、武蔵の方を糸偏に、角平自身は車偏にされていた。ところが続く自身の跋文の奥書には角平一人の名があり、実名は「政経」となっていた。角平は武蔵の名を「義経」と書き、自分の名・政経の「経」を「経」とも「軽」ともあえて両方の字を使用しており、「経」と「軽」が「経《つね》」として使われていたのである。通字の「経」の字を授かった弟子が、武蔵の実名を「義経」と書いているのであった。このことは武蔵が実名の「義軽」を「義経」と同意で「よしつね」として使用していたことを証明している。

③『古文書字叢』の事例

これを裏付けるのが、『古文書字叢』である。この本は最新で最大の近世古文書解読字典とされており、その「経」「軽」の部を見ると、「経済」を「軽済」と書いたり、「経て」を「軽て」と書いたりの事例を乗せている。限りある枠内にわざわざ例示するほど古《いにしえ》ではよく使われていたと解釈できる。

当時の漢字使用はかなり自由で当て字・略字は普通、名前の当て字は意図的に雅字・別字を使う例も多く、武蔵の場合はこれに該当すると思われる。兵法書の署名ということもあり、「経」の偏部の糸（細くて切れやすい）を嫌い車（迅速）を使ったのではないだろうか。

五　俳号・道号・花押

1、俳号「无何」

武蔵が連歌俳諧を好んだことはあまり知られていない。二次史料の『武公伝』などに晩年熊本時代に細川藩家老長岡寄之の邸で連歌の会に出た武蔵の逸話が紹介されているが、熊本時代の作歌はまだ見つかっていない。しかしその以前小倉小笠原藩時代の作品が「小倉の住人」として武蔵没後十四年後の刊本『鉋屑集』(20)に入っている。

巻一　梅

鑓梅のさきとをれかな春三月　宮本武蔵无何

巻二　寺にて雨乞の会に

あみだ笠やあのくたら〳〵夏の雨　宮本武蔵无何

俳号は「无何《むか》＝無何」であり「何も無い」ということ。「万里一空」を悟った武蔵らしい。

武蔵の豊かな文才は、畢生の書『五輪書』を読めば明らかである。兵法書でありながら軍記・軍法・

仏教・儒道の言葉や難しい古語、装飾語を全く使わず、自ら体得した勝ち方の極意を誰にでもわかるよう丁寧に優しく解説している。

2、道号「二天道楽」

次は武蔵の道号について考証する。武蔵が終焉の地となる肥後熊本に来た寛永十七年（一六四〇）七月、長岡佐渡守への書状に「宮本武蔵玄信　二天」と書いており、これが「二天」の号を使っていたことを証明する初めての史料となった（資料Ⅰ②）。武蔵五十九歳の時である。当時とすればかなりの老齢で熊本に来たことになる。他に書画に押された「二天印」は見られるが、最近の研究でこれはほとんど後世の押印で、武蔵自身が押したものではないという説が優勢になってきている。そうすると、武蔵自筆の署名に見える「二天」の号は他にあるだろうか。

今は失われたものの中に二点見ることができる。それは大正十年に徳富蘇峰の民友社から出された『宮本武蔵遺墨集』の中にある『戦気』(21)と『出来坊図』である（資料Ⅶ①②）。

どちらも武蔵から二天一流を相伝した寺尾家に出たもので、『出来坊図』は熊本出身の世界的な細菌学者・北里柴三郎博士の手に渡っていた。出典も確かで筆跡もすべて武蔵の自筆であることが明らかな作品で、落款に「二天道楽」と署名してある。香炉印も同じである。

この本は大正九年の「宮本武蔵遺墨展」に出品されたものの図録として作られたもので、東京や全国の所蔵者に呼びかけて集められた貴重な作品ばかりであった。この直後に関東大震災があり、先の

資料Ⅶ　二天道楽

①『戦気』落款

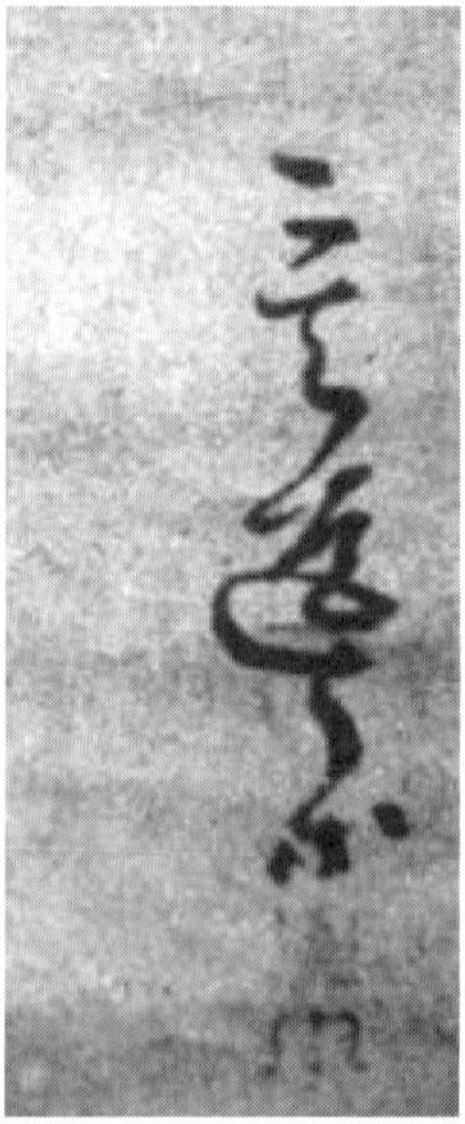

②『出来坊図』落款

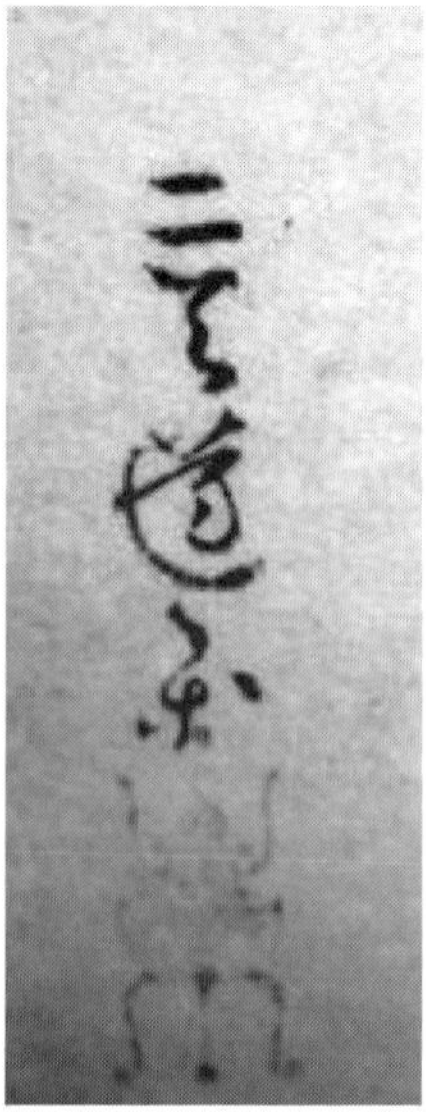

戦争では全国規模の大空襲もあった。今所在不明となっているものも多い。残念ながらこの二点もそうである。しかし展示会で多くの人々が鑑賞し、確かに存在したものである。武蔵が熊本で生涯を終える最後時期に「二天道楽」を称号していたことは確かと思われる。

禅宗などでは「二天」が道号「道楽」は法名である。これは武蔵が最晩年に禅宗に帰依していた証しであり、達磨・布袋などの祖師像を多く画き遺している由縁であろう。

参考史料であるが、江戸中期に熊本鍛冶屋町・養寿院に存在が確認され、今次大戦で焼失した武蔵の位牌（泰巌寺旧蔵）は、

○兵法二天一流元祖　新免武蔵藤原玄信二天道楽先生之神儀

であった。（『武公伝』に記事、『宮本武蔵遺墨集』に写真有）

3、花押の変遷

最後に花押の変遷をまとめてみよう。これまで見たように生涯に三度大きく改変し、四つの花押を使っていた（資料Ⅷ）。

最初の花押は円明流を開いた頃の若々しくすっきりとして力強い跳ねがあった。譜代有力大名水野勝成の兵法指南役として招かれた時に、これからの大きな飛躍を象徴するように燃え上がる炎のような花押に変え、以来姫路・明石時代には自分の名代として養子戦略を以て宮本家を立てさせ、伊織が小笠原藩の家老に出世する頃まで最も長くこの花押を使用した。寛永十五年有馬陣に出陣した五十七歳時には二度目の変更、これは比較的おとなしい明朝体の武家花押とした。そして有馬陣の戦功で伊織の宮本家が盤石となったのを機に小倉を離

資料Ⅷ　【宮本武蔵　花押の変遷】
上より下へ

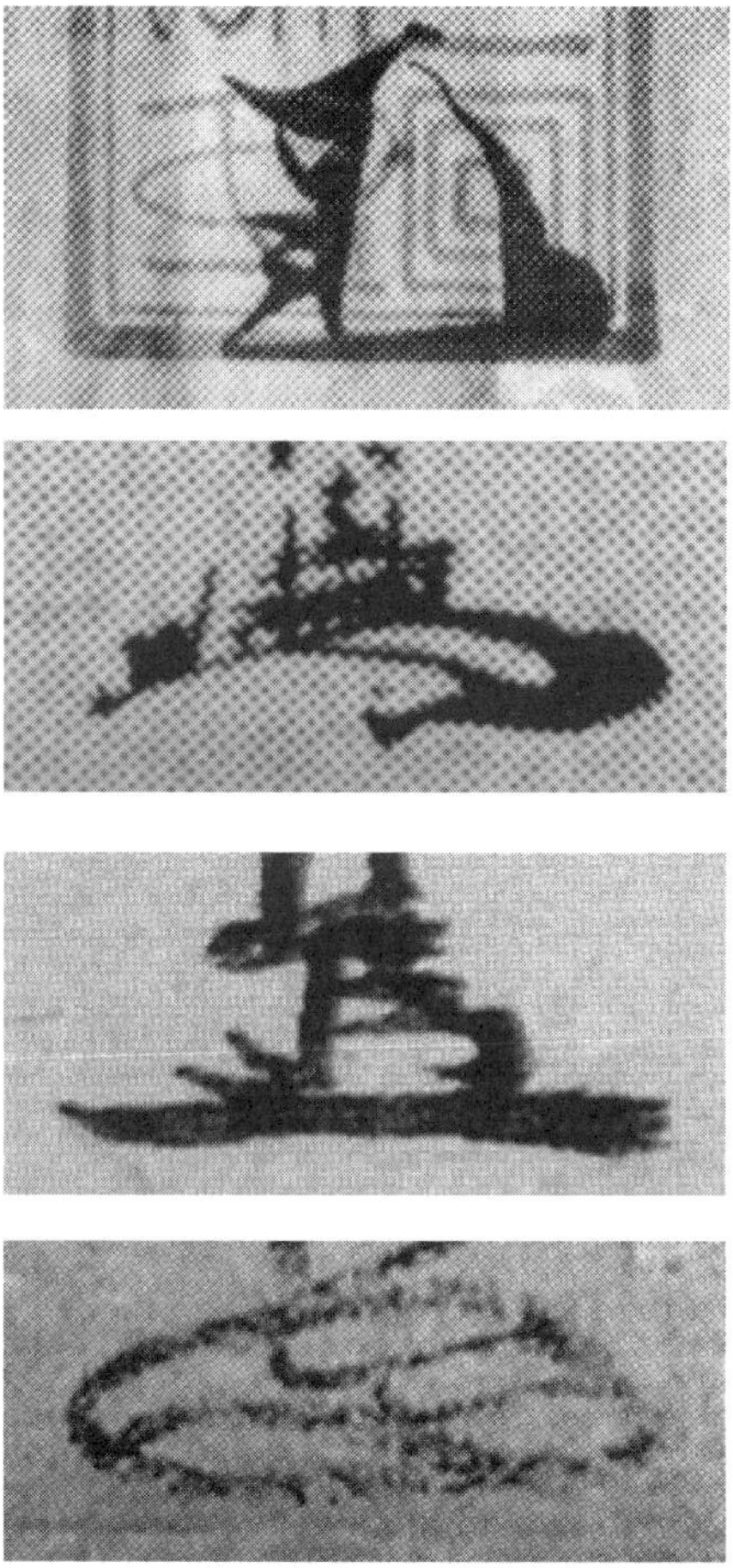

れ、終焉の地となる肥後熊本に入ったころより『独行道』に署名した命終の頃まで「如意宝珠」のような丸みのある簡単な別用体花押を用いていた。花押の変遷は武蔵の生涯の心境の写し絵を見るようである。

おわりに

本稿では宮本武蔵の名前の変遷について考証した。

天正十年（一五八二）に播磨国の田原家に生まれた武蔵は、幼少期に美作国の兵法家・新免無二の養子となり、新免弁之助（弁介）の名でスタートしたと考えられること。

「宮本武蔵」の名の使用で確かなのは慶長九年（一六〇四）二十三歳の時に円明流を開き、翌年十二月に弟子の落合忠右衛門に『兵道鏡』を伝授した自署奥書からであり、最晩年の寛永十七年（一六四〇）五十九歳で終焉の地・肥後熊本に入った時の長岡佐渡守宛自筆書状まで三十五年間であった。

実名については世に広く知られている「玄信」の名が確かなのは、寛永十五年（一六三八）の有馬陣中に有馬直純へ宛てた書状に見える五十七歳以降であり、意外に短かったことがわかった。もう隠居年齢であり、子の伊織は家老に出世していて武蔵は隠居でよかったのである。隠居名であれば「玄信」の読みは子孫家の『宮本家大系図』に記されていた通り、音読みの「ゲンシン」でよいのである。

その以前は、少なくとも落合忠右衛門に『兵道鏡』を伝授した慶長十年二十四歳の青年期から、寛永年間の武蔵生前肖像（五十歳代ヵ）に自賛した壮年期まで、かなり長期間「義軽」であったことも判明した。実名の読みは「よしつね」であった。

そして最晩年の熊本では「新免武蔵」と称し、姓は新免に戻っていた。父無二が武功で得た名誉ある名字であった。武蔵の思いを推察すれば、宮本姓は子の伊織に託し、父新免無二の兵法の家を継ぐべく養子となった経緯から、文武の道を教え育ててもらった恩義に報いる気持ちで新免の姓を継ぎ、兵法の伝道に尽くそうとしたのではないだろうか。『五輪書』はその成果である。

小倉時代には俳諧を嗜み、俳号を「无何」と号していた。「二天」の道号は命終の地・熊本に来たときの書状に初めて表れた。泰勝寺の大淵和尚に参禅して「道楽」の法名を授かり、最後は「二天道楽」と称した。生涯にわたって打ち込んだ兵法修行も「道を楽しむ」境地に至ったということであろう。稀代の兵法家宮本武蔵の名前にも実はこれほどの変化があっていたのである。出自に関する疑問、本稿で取り上げた史料への疑問など異論もあると思われるが、宮本武蔵の名前に関する基礎的研究として提示しておきたい。

注

（1）『二天記』は原典に『武公伝』がある。肥後細川藩家老松井家の家臣で二天一流師範を勤める豊田正剛が集めた先師・宮本武蔵に関する伝承覚書を、息子の正脩が宝暦五年（一七五五）にまとめた武蔵の伝記である。『二天記』はこれをさらに孫の景英が添削して書き直し安永五年（一七七六）に刊行したもの。

（2）『東作誌』は正木輝雄編著で文化十二年（一八一五）江戸時代後期にまとめられた美作の地誌。

（3）『宮本武蔵名品集成』は丸岡宗男編著、細川護貞監修、講談社、一九七七年大型装丁本。一九八四年に普及版が出版された。

（4）福田正秀「宮本武蔵の夏の陣」『歴史研究』四〇〇号、歴研、一九九四。「佐々木小次郎はいなかった―考証巌流島」

『舫船』七三号、一九九七。「武蔵の関ヶ原東軍の証明」『宮本武蔵研究論文集』歴研、二〇〇三。同『宮本武蔵研究第二集・武州伝来記』ブイツーソリューション、二〇〇五。

（5）魚住孝至『宮本武蔵—日本人の道』ぺりかん社、二〇〇二。『宮本武蔵—「兵法の道」を生きる』岩波書店、二〇〇八。

（6）魚住孝至『宮本武蔵—「兵法の道」を生きる』一四頁「武蔵の生い立ち」

（7）前出（3）『宮本武蔵名品集成』一二四頁「宮本武蔵の出自」

（8）「神免＝新免」本来は新免と表記すべきであるが、当時は当て字で表記することが多くあった。『宮本家由緒書』や後出『泊神社棟札』にも「神免武蔵」としている記事が見える。

（9）『播磨鑑』平野庸脩編著、享保四年（一七一九）の以前より、宝暦十二年（一七六二）まで四十数年を費やして記録した播磨の地誌。平野は宮本伊織と同じ印南郡の人。公判は明治四十二年（一九〇九）播磨史談会版が最初である。

（10）前出（4）『宮本武蔵研究論文集』「武蔵の出自は田原家か」七六～九一頁参照。

（11）新免無二は天正年間以降も、武蔵が三十二歳になる慶長十八年（一六一三）頃まで生存を確認できる史料が複数ある。黒田家「慶長七・九年分限帳」、細川家『沼田家記』、木下家『慶長十八年日次記』など。慶長期の無二発行免許状もある。

（12）『新免系譜』本系譜は新免氏の祖、宇野下野守則高以来、永禄年中（一五五八）から明和六年（一七六九）の間、二百年余にわたる代々の事績を書いた系譜である。二代種信は故あって召放たれるが、黒田美作の陪臣となり、明治維新まで三奈木黒田家に仕えた。

（13）『蘆葉達磨浮鴨図』（松井文庫蔵）『鵜図』（永青文庫蔵）書『直指人心』（豊田家旧蔵）ほかに宝珠印。

（14）福田正秀「宮本武蔵第三の書状」『舫船』六四号（熊本の郷土誌）、一九九五年。熊本から尾張藩家老寺尾直政へ弟子の竹村与右衛門を推挙した添状で、本文は竹村に筆記させたヵ。この後に与右衛門は尾張円明流の開祖となり、尾張に武蔵の供養墓が二基建てられる由縁となる。

（15）森田栄『宮本武蔵守義軽と兵道鏡』日本剣道史編纂所、一九七二年．同『圓明流宮本武蔵守藤原義軽と兵道鏡』同、一九七四年。

（16）巌流島の決闘にかかわった細川藩重臣の家譜『沼田家記』によれば、勝負のあと小次郎は蘇生、隠れていた武蔵と父無二の弟子たちの手で殺害された。これが許せなかった武蔵は、無二の当理流を継ぐべく養子となっていたのであるが、決別して「円明流」を創設した。（前出『宮本武蔵研究第二集・武州伝来記』「巌流島の決闘」一七六頁。ブイツーソリューション、二〇〇五）

（17）前出（4）「宮本武蔵の夏の陣」（『歴史研究』一九九四）

（18）森田栄『宮本武蔵守義軽と兵道鏡（この一字のために）』日本剣道史編纂所、一九七二年。

（19）富永堅吾は明治から昭和を生きた武道研究家。武道資料を集めた『牧堂文庫』を開設。特に宮本武蔵に関する文献収集で知られ、著書に『剣道五百年史』『史実宮本武蔵』がある。現在は『富永コレクション』として熊本県立図書館に収蔵。

（20）『鉋屑集』七巻七冊岡本仁意編、万治二年（一六五九）天理図書館蔵

（21）『戦気』はもう一本の松井文庫蔵のものがよく知られているが、こちらの落款は自署ではなく後入れの異筆とされ「二天」朱印が押されている。この時は出展されていない。

【歴史紀行】二〇〇五年一〇月

『武州伝来記』丹治峯均流刑地

大蛇島《おろのしま》（小呂島）探訪

福田正秀

小呂島全景（福岡市漁協小呂島支所提供）

1　丹治峯均と大蛇島

剣豪宮本武蔵の伝記にはいくつかあるが、肥後細川藩の弟子筋によって編まれた『二天記』と並び、筑前黒田藩の弟子筋によって編まれた通称『丹治峯均筆記《たんじほうきん》』がよく知られている。筆者はこの本が流祖新免武蔵の伝記だけでなく、二代寺尾孫之允、三代柴任三左衛門、四代吉田太郎右衛門、五代丹治峯均に至る五代の正系伝来記として編まれたもので、峯均がつけた書名は『武州傳来記』であったことを研究で明らかにした。（『宮本武蔵研究第二集　武州傳来記』）

丹治峯均は武蔵を流祖とする兵法二天一流の第五代師範で、本名は立花専太夫峯均《みねひら》、黒田藩家老一万五百石、立花（黒田）重種の四男であった。実兄に利休茶の極意を『南方録』に著した立花実山《じつざん》がいる。実山は三代藩主黒田光之《みつゆき》の側近として藩政の中枢にあった人物でもある。

峯均はいつどこで武蔵伝記執筆の意思を持ち、構想を練ったのであろうか。成立年とされる享保十二年（一七二七）の前に何があったのか。それは黒田藩四代綱政に反逆の罪で流刑に処せられ玄海灘の孤島大蚍島《おろのしま》に流されていたという事実である。

立花専太夫峯均は宝永五年（一七〇八）に流刑になって丸七年間この島で籠居した。一体どんな島だったのであろうか。貝原益軒の編んだ『筑前國続風土記』（宝永六年・一七〇九）巻之二十三「志摩郡」の末尾に「大蚍島」として次のように紹介している。

此島は西浦より亥の方十三里海中に有。島の周り廿六町、南北の長さ十一町、東西五町十八間あ

り、所によつて異る。おろはおろちなり。大虵と云。昔は此島に大虵有し故此名有と云傳へたり。今も猶、虵の蟠りし穴など多しと云り。此島に宗像大神の社有。又国主より非常なる異船の来るを察せんため、島守を置給ふ。其番所あり。島民の数は百人にもたらず小邑也。國君より時々島に罪科あるものを放流したまふ。忠之公の時よりしかり。

「おろはおろちなり」という。大虵島《おろのしま》は大蛇《おろち》由来の恐ろしい島の名前を嫌ってか、今は「小呂島」と表記が変わっている。どうしてもそこへ行ってみたい思いが募り、平成十七年（二〇〇五）十月のある日曜日に意を決して島へ渡ることにした。それまで蛇が何よりも苦手な私は、今もなお蛇が多いという風土記の記述に萎縮して二の足を踏んでいたのである。

「此島は西浦より亥の方十三里海中に有」

西ノ浦は今津湾から玄海灘へ張り出した糸島半島最先端の地である。そこから亥《い》の方位へ十三里、すなわち北北西へざっと五十キロ余りの海中にあるという。地図で見れば糸島半島と壱岐を結ぶ線を底辺とする三角形の頂点に位置し、緯度は壱岐よりやや高い。正に絶海の孤島、十五世紀までは無人島であったらしい。

今は姪浜の「能古《のこ》渡船場」から月水金は一日一便、火木土日は二便小さな船が出ている。島には宿泊施設は無いという。島民以外の訪問者は無いということか、あるいは拒絶しているのだろうか。日帰りなら二便ある日に行かなければ戻れない。お天気さえ良ければ戻れないことはないだろうと日曜日の渡航を決めたのである。これが甘い考えであった。

2　いざ渡船

十月下旬のその日は快晴、絶好の行楽日和であった。早朝六時に熊本をJR特急に乗り、博多駅からバスで姪浜の能古渡船場に着いたのは、九時発の船が出る五分前、危うく一日を無駄にする所であった。「ニューおろしま」という舟に飛び乗ると同時に船は出航した。慌てて走ったので喉がカラカラに渇いていたが、船内には自販機もなかった。我慢するしかなかった。

客室にはぽつんと一人の男性のみ。話を聞くと釣り人であった。船底にも客室があるというので、降りていくと、意外にも十人ほどの客がいて、そう広くもない部屋は一杯である。どうやらほとんど小呂島の島民であるらしい。驚いたことに若い女性が三人、後部の床にごろごろ寝転がっていた。どうして座席に腰掛けないのか、見苦しいと思った。

「ニューおろしま」

私は話を聞くために七十歳代と思しき古老の隣に腰掛けた。島の方ですかと問うと、皆そうだと答えた。背広を着て釣り客にも見えない私が不審な様子である。

「三百年前、立花峯均という福岡藩の二天一流兵法師範が小呂島へ流刑されて七年過ごしているので、その調査です」

と私は目的を伝えた。へえ、という不思議そうな表情を浮かべる古老。知りたいことは彼についての伝承と、獄舎のあった場所や島での生活である。何か知っていますかと尋ねたが、全く伝承は無いようであった。そして、島の歴史なら校長がよく調べていて詳しいといった。島の教員宿舎にいるというので、着いたら真っ直ぐそこを訪ねようと思った。

船窓から右手に能古島《のこのしま》、金印で有名な志賀島《しかのしま》を見ながら今津湾内を航行しているうちはよかった。湾を出ると揺れがにわかに激しくなった。船はまるで波乗りのよう、前の座席の取手に捕まっていても、とても立っていられないほど、まさに「天気晴朗なれども波高し」であった。

「ひどい、揺れ、ですね、いつも、こんな、ふうですかっ」

言葉もガクンガクンと首を振りながらでまともにしゃべれない。

古老は「まだまだ」と笑って首を振る。

「ドーン、ドーンと叩きつけるよ」

古老の言っていることがこのときはよくわからなかったが、後でこんなものではないことを思い知らされることになる

「あれが玄海島です」と古老が顎をしゃくった。

この年三月二十日に発生した福岡県西方沖地震の震源地に近く、甚大な被害を被った島であった。地震の心配がないと思われていた福岡県で、まさかの観測史上最大の地震が発生したのであった。連日テレビで報道された玄海島の悲惨な風景が蘇《よみがえ》る。

いま目の前にまだ青いシートをかぶったままの家々が見えた。写真を撮ろうと思うが激しい揺れにカメラを構えることもできずあきらめた。

やがて船窓からの景色は消え、右も左も見えるは波浪と船を襲う激しい波しぶきだけとなった。ついに玄海灘へ出たのだ。時計の針は九時半にもなっておらず、まだ航路の半分も来ていないのである。

ここでの体感をどう表現したらよいのだろう。

体がフワッと宙に浮く、そしてドーンと叩きつけられる。内臓も腹の中で浮き上がり一緒にドーンと叩きつけられる感じである。ひたすらその繰り返し。

先ほどの古老の言葉の意味がここにきてようやくわかった。女性たちが床に寝転がっているわけも。女としてそれが一番見苦しくなく過ごせる姿勢であったのだ。とても椅子に座ってなんかいられないのである。手足に力を入れて踏ん張ってみたところでどうにもならない。身を低くできるだけシートに寝かせ、手足を広げて脱力し、雑巾にでもなったつもりで張り付いて重力に任せ、ファッ、ドーン、ファッ、ドーンの繰り返しをひたすら耐えるしかない。

テレビはついていても画面は砂嵐、音だけがとぎれとぎれに鳴っている。誰も消そうともしない。

船は波浪の壁を突き抜けて疾走しているのであろう。

延々と長い時間、皆押し黙って激しい揺れに身を任せていた。

(丹治峯均はどうだっただろうか)

私は三百年前に思いを馳せた。

当時はもっと小さい手漕ぎの船か、せいぜい帆船であったろう。

罪は福岡藩三代光之と四代綱政との親子の確執から生まれたものであった。

宝永四年（一七〇七）光之の死後、綱政の抑圧されていた積年の恨みが光之側近への粛清の嵐となって爆発した。隠居（光之）家老であった峯均の実兄立花実山《たちばなじつざん》は幽閉先の小庵で、上意を受けた討手に惨殺されたと伝えられている。

茶の湯の『南方禄《なんぼうろく》』を実山から相伝し、とりわけ密接な関係にあった峯均は、元は綱政側近でありながら実山と一蓮托生《いちれんたくしょう》、身に覚え無き反逆の罪で宝永五年六月三日、斎藤甚右衛門宅へ幽閉の後、終身流刑と決まり、この荒海を越えて大蛇島へと流されて行ったのである。

どんな船に乗せられたのだろうか。大きさはこの船ほどであったとしても動力は風任せ、船底に転がって波浪の苦痛に耐えたか、当時はさだめし一日がかりの渡船であったろう。


「もうすぐ着きますよ」

古老の声に目を開いた。気の毒そうに笑っていた。

取手にしがみつき船窓をのぞくと、波しぶきの彼方に丸い小さな島がぽつんと見えた。それが目指す小呂島であった。何とか持ちこたえられたと安堵の思いが込み上げた。今朝六時過ぎに小さな弁当を食べただけで、おなかに何もなかったのが幸いしたようで船酔いは免れた。

しだいに島に近づくと海に浮かんだ小山の裾に一塊の家が張り付いているだけの孤島であった。

下船前に古老が同船の人を紹介してくれた。漁業組合小呂支部長も、学校の教頭も乗り合わせていたのだった。島の名士たちである。

教頭曰く、私が真っ先に訪ねようと思っていた島の歴史に詳しい校長は、私が午後一時二十分の便で姪浜へ戻るその折り返しの二便で島に戻るとのこと。何と、すれ違いになるのであった。校長を待てば、今日帰れなくなってしまう。校長の取材はあきらめざるを得なかった。

教頭も漁協長も、誰も三百年前の立花峯均のことは知らなかった。獄舎の址？　何のことかという感じである。

3　上陸

船が接岸すると、出迎えの人々がいて、明るい声が飛び交った。到着は十時五分、あの荒海の中をぴったり定刻、予定通りの時間で渡りきっていたのである。

（驚いた、これは普通のことだったのか…）

人々の後について上陸した。桟橋はピューピューと強い風が吹いていて、背広がバッと捲《まく》れあがった。慌てて押さえてボタンを留めた。

小さな港の広場まで進み、さぁどうしようと立ち止まると、乗客と出迎えの島の人たちはその場からさーっといなくなった。

気がつくと私はたった一人。カバンをぶら下げて取り残されていた。

日差しで地面に映った自分の影が心細く、やけに黒く目に染みた。

訪ねる当てがなくなった。

あいにく日曜日で、平日なら開いている島でたった一軒の漁協の売店も閉まっていた。食堂はおろか、他に店というものの無い島であった。

昼飯はあきらめた。漁協の下にジュースの自販機が一台あってホッとした。とりあえずひりついている喉《のど》を潤すお茶を求めた。

帰りの出航時間まで三時間余りある。狭い島の探検には十分に思えた。

気の毒に思ったか漁協長が戻ってきて声をかけてくれた。そして親切に組合事務所を開けて島の航空写真と校長の電話番号をメモしてくれた。私のような歴史調査が目的でわざわざこの島を訪ねてきた者はこれまでいないということである。まして、宮本武蔵研究の一環として、その伝記を書き残した丹治峯均の調査でこの島に来たのは、島の歴史上私が最初の人間であるということだけは確信できた。


事務所を出たが、表には全く人の気配が無かった。二階建て漁協事務所の所から狭い路地を挟むように家々が長屋のように連なっている。

人影のない路地を占領していたのは夥しい数の猫。黒猫、三毛猫、大猫に子猫、驚くばかりの猫たちであった。まるで猫の島だ。

青空を鳶が二羽、三羽ゆっくり弧を描いて舞っている。何を思ったか中の一羽がグーンと降りてきた。大きい。思わず手をかざして防御の姿勢をとった。鳶は鋭い眼で私をひと睨みして舞い上がっていった。

ちょっと恐かった。

家族に無事を知らせようと携帯電話を使うが電波が届かず、使用不可であった。

4　小呂島の歴史

小呂島は鎌倉時代、建長四年の『関東御教書』には筑前国志摩郡となっており、古くから宗像大社領であったことが古記録に明らかである。当時、中国系博多商人であった謝国明が領有権を主張したことがあったが、鎌倉幕府は宗像大社の所有を保証した。

近世は島原の乱の後、鎖国令が発せられ、各藩とも海の守りに敏感になるが、小呂島へ異国船がたびたび来航し漂着船もあったことから、福岡藩では寛永十七年（一六四〇）に初めて番船を派遣して異国船渡来を監視させた。それまでは全くの無人島であった。

人の定住は、正保二年（一六四五）、藩が糸島半島北東端の西浦《にしのうら》の庄屋に命じ、漁民五家族を移住させたのが始まりである。

『筑前国続風土記・附録』によればその五人の名は権右衛門・吉左衛門・孫右衛門・与三右衛門・六郎右衛門である。藩の流刑地とされたのもその頃からのようで、見張所と流人小屋を建て監視の武士一人を定番させた。当初は半月で交替していたが、寛文（一六六一〜）の頃より交替なしの長期定番制となる。

島に定住が始まった正保二年といえば宮本武蔵が逝去した年である。武蔵の伝記を初めてこの世に書き著した丹治峯均流刑の島、大蚍島住民の歴史は正に武蔵がこの世を去ったその年に始まっていた。今も最初に定住した五軒の家は「五軒屋」と呼ばれ、島に居ついたその当時の位置で代を重ねているのだそうである。漁協から左へ入った路地北側の家筋がそれであった。南側は当時海岸が迫っていたと考えられる。峯均が島へ流されてきたのは宝永五年（一七〇八）それから六十三年後の事であった。

立花峯均が流されてきた当時の島の様子はどうであったか。

翌宝永六年に貝原益軒が完成させた『筑前國続風土記』には、人口「百人にもたらず」と記されている。おそらく戸数は二十戸ほどに増えていたものと思われる。同附録記載の「人家ハ嶋の南の海浜にあり」からすれば海浜の一角に集住して、いま段々畑と共に上に延びている家筋は無かったのであろう。

島民のほとんどは正保二年に移住してきた五家族の子孫で、島内結婚が続き、島全体が一家族のようなものであったろう。筑前国志摩郡に属し、島民の移住前の在村である西浦村の枝郷となっていた。享保二年（一七一七）には船数十一との記載がある。漁場は豊かで住民の結束は固く平和であった。

『筑前国続風土記附録』巻之四三に曰く、

此嶋《このしま》は岩多くして砂土すくなし、纔《わずか》に圃《はた》三町二畝余あれども菜蔬《さいそ》も培養し難し、故に浦民《うらのたみ》漁猟をもて産業とす、人家ハ嶋の南の海浜にあり…（中略）誠によろづの事とぼしく辺僻《へんさ》の孤島なれども、馴るに安んじ、且専《かつもっぱ》ら力を生産に委《ゆだ》ぬる故にや貧しき者なし。

岩多くして砂土すくなし、わずかな畑はあれども野菜も出来にくい。問題は水と野菜であった。

漁家の北なる本谷に出水あり、下流を御手水《おちょうず》滝といふ、此《この》水のミにて嶋中に井泉なし、常に雨露《あめつゆ》を湛置《ためおき》て用水とす、炎暑天水乏《とぼ》しきにあへば、順風をまちて西浦又は壱岐《いき》の勝本《かつもと》より用水を漕取《こぎと》るとぞ

島に河川なく泉なく、ただ一箇所出水の所はあっても住民の普段の用をなさず、頼りは雨水のみであった。水が切れると十余里も海を渡って本土や壱岐の島へ波浪を越えて水を採りに行くという、水はまさに命の水、一滴の水も無駄にできない島の生活であった。

今は雨水ダムが出来、近年、沖縄海洋博覧会で使用した最先端の海水淡水化装置を譲り受けてから水問題はようやく解決したが、ほんの少し前まで万年水不足の状態が定住以来四百年間も続いていたのである。今でも上の畑にはどこも浴槽などを並べた水溜の風景がこの島の特徴である。

寧拙の茶号を持つ茶人としても知られていた峯均にも水不足はこたえたであろう。この島で峯均は茶をたてて退屈な日常を紛らせることが出来ていたであろうか。

5　島の学校訪問

畑の側で枝豆を木槌で叩いている老婆がいた。畑には芋が植わっており、女性が鍬を使っていた。

「良いお天気ですね」と私がいうと。

「誰か訪ねてきなさったかね」と老婆が聞いた。

簡単に来意を伝え、午後の船で帰るつもりだというと、老婆は腰を伸ばし手を額にかざして海を見つめた。そして気の毒そうに言った。

「このぶんじゃ、欠航じゃろ」

「ええ──?」

私は耳を疑った。見渡す限り美しく青い空が広がっていた。

「こんなに良いお天気なのに欠航ですか？」

「波が高いけんね」

波が三メートルになると欠航になるのだという。高台で、ちょうど漁船が一艘波を蹴立てて波戸へ向かってくるのが見えた。高波にあおられ船首が天を向く。

青天の霹靂であった。天気がよければ欠航はないという考えは陸に住む者のおろかさで、海は波浪の具合で決まっていたのである。

畑に浴槽の並ぶ風景

欠航を心配しながら島の中央にある学校へ向かって歩いた。視界にあるのは真っ青な空のみであった。青空の下、キラキラと輝いているのは海である。右手を除いて左も後も海。だらだら上りの細い一本道であった。道端には水の溜まった浴槽が並んでいる。この島ではつい最近まで水は天から貰い水のみであった名残である。

畑で腰の曲がった老婆が柄杓で水を撒いていた。土手には黄色のツワ蕗の花が美しく咲いていた。道脇に村の墓地があった。墓石の多くは海岸で見かけた丸い大きなだご石であった。

蛇が出ないことを祈りながら二十分ほど歩くと瓢箪形の島のちょうどくびれた谷のあたり、学校の赤い屋根と、海へ向かって段々に水を溜めたダムが見えた。島で唯一雨水の集まる所なのだ。谷の傾斜には水が浸透しないように黒いシートが張ってあった。

学校の門柱には向かって左に小学校、右に中学校の表札がかかっていた。生徒が少ないこの島では小・中合同の学校なのである。校庭に入ると運動場は白線入りの人工芝に覆われていた。これも貴重な雨水を浸透させずに利用するためだろうか。

此処なら電波が届くかな、と滑り台に上がって携帯電話を使ってみると、ようやく通じた。今朝家を出てきたばかりなのに、絶海の孤島に立っているせいか、妻の声がひどく懐かしく響いた。

6　貝原益軒の流島伝説

校舎から先生が出てきた。どうやら不審者と見られたらしい。事情を話すと、職員室に案内してくれた。二人の先生とお話したが、こちらの知りたいことは皆目わからないという。やはり島の歴史の事は平島校長に限るらしい。

校長作の簡単な島の歴史年表をいただいた。その年表に目指す情報、

《宝永五年黒田藩の重臣立花実山の弟・寧拙、流島される》

の一行があった。校長が九州大学などで調べて作成したものであるという。

驚いたことに、『黒田家譜』や『筑前國続風土記』を編纂した貝原益軒も慶安二年（一六四九）に流されて九カ月ほど牢居していたと記されていた。島に定住がはじまった正保二年（一六四五）からわずか四年後であり、事実なら島流しの第一号であろう。

後に電話で校長に確認すると、裏付ける史料は今は無いとのこと。万延元年（一八六〇）に島で大火があり、五戸を残してほとんどの家屋を焼失したが、この時に唯一の物証、貝原益軒の形見の裃を焼失したのだという。島ではその裃を「とくしん様」（貝原益軒の実名篤信《あつのぶ》の音読み）と呼んで二百年余の間大切に守ったという伝承が残った。

調査をしても他の史料には見えない。しかし益軒が二十二歳の頃、藩主忠之の怒りに触れて退去、以後七年浪人したという記録があった。慶安二年はその時期に近いことから、この時流罪になったとも考えられる。江戸初期の大学者貝原益軒の島流し説はこの小呂島だけにある面白い伝説であるが、あるいは真実かもしれない。「とくしんさま」と神のごとく慕われていたことから、無人島に移住させられ開拓者の苦しみを負っていた五人の家族の支えとなる教導をしたものであろうか。

幕末には勤皇の志士が多数流されてきた記録もあった。中でも福岡藩の中村円太は歴史に名を残した人物である。長州の高杉晋作の筑前亡命や功山寺決起に尽力し、尊王攘夷派公卿三条実美に仕えて活躍したが、惜しくも二十九歳の若さで暗殺されている。二度も脱藩したうえ過激で急進的な行動をとっていたため、福岡藩から二度処罰を受けたとされているが、その内の一度がここへの流刑と判明した。

この年表が、島へ来て得ることのできた唯一の歴史情報であった。

学校の生徒数は小中合わせて二十人余りの由、それに対して教職員数は驚くなかれ十七名とのこと、海の他は文化施設の一つもない絶海の孤島へ、まさか現代の島流し？　考え様によっては恵まれた生徒たちである。

お昼を過ぎたので渡船場へ戻ることにした。先生たちにも「今日は欠航になる恐れが大ですよ」と脅かされた。万一のためにと、泊めてくれそうな家を二軒教えてくれた。

帰りは下り道で早かった。ちなみに島に蛇はアオダイショウをたまに見かけるくらいで多くないということであった。やはり「大蛇島」の名はふさわしくない「小呂島」が島の形をイメージできてぴったりだと思った。彼方に光る水平線を見ながら歩いていると、波をジャブジャブかき分けて漂流する一昔前のテレビ人形劇「ひょっこりひょうたん島」の映像が浮かんできて可笑しくなった。

7　欠航で帰れず

待合所に着くと、私の外に年配の夫婦と若い男の二人連れ、いずれも釣り客が待機していた。帰りの船「ニューおろしま」も出航を待っていた。腹が減っていたが、そのぶん姪浜に着いて食べるのが楽しみであった。

午後一時少し前であった。待合室の切符売り口に「欠航」の札が提示された。

衝撃が走った。えーっと全員が声を上げげた。家に帰れないのか。

「欠航です、船は出ません」と女性職員の非情な通告。波の高さが三メートルを超えていたということか。

今津湾の姪浜で島に帰るためにこの船の来着を待っている校長や島の人たちはどうするのだろう。

「今夜はこの待合所を開放します」と女性。

ここを無料の宿泊所にするということである。話によれば、これまではそれも許されず、客は外で一夜を明かすしかなかったのであるが、ようやく今月から帰れなくなった人のために配慮されたとのことであった。

不幸中の幸いと喜ぶべきか。しかし、エアコンは使えないとのこと。釣り客はテントや寝袋を用意しているようであった。事前の調査不足で私には何の準備もない。甘かった。十月とはいえ夜は冷えるし、とてもこんな所で寝られたものではない。

若い二人も「どうしよう」と途方にくれている。年配の夫婦は翌日の仕事のことで頭を抱え「携帯が使えないのでとりあえず電話を」と待合所を出て行った。

私は腹をくくった。学校で紹介された民家に宿を頼もう。

若者には泊めてくれる所を当ってくるといって待合所を出た。

教えられた二軒のうち一軒は玄関払い、あっさりダメと断られた。

打ちひしがれて残る一軒に向かう。それは漁協の路地を入った奥、三百六十年前に無人島であったこの島に最初に住み着いた例の「五軒屋」の一軒であった。サッシの引き戸を恐る恐る開けて声をかける。奥から中年の細身の女性が怪訝そうな顔で出てきた。事情を説明し、すがる思いで一夜の宿を乞うた。

女性はこの家の奥様であった。この島の女性は多く海女であると聞いたが、健康的に日焼けした小顔の美人である。私の身分を問うたので歴史の調査できた事、学校で紹介を受けた事をのべた。

「よろしいですよ」

学校の紹介が効いたか、快諾してくれた。その一言の何とうれしく響いた事か。私は深々と頭を下げていた。

早速上に上げてくれ、狭い階段を上がった二階の部屋に通された。釣り客など一般の客は泊めず、公務員用の非常の宿のようであった。

私は自分ひとり助かるのは気持ちが許せず、他の人も泊めてくれるように奥様に頼み込んだ。案ずるより産むがやすし、これも快諾してくれたのである。私は喜び勇んで待合所へ戻り、皆に告げた。若い青年連れは大喜びであったが、中年夫婦は寝袋があるからと辞退された。

青年たちは別部屋に入り、私には六畳の和室が与えられた。試しに携帯電話を使ってみると、二階だからであろうか、かすかに通じた。妻に帰れないことを告げた。

「島流しやね」といって妻は笑った。

8 峯均の痕跡を探る

まだ昼の二時である。帰らないとなれば、もう少し島の様子を調査したいと思い、再び外へ出た。

坂の上がり口に、神社があった。赤い鳥居に「七社神社」の額がかかっていた。

自然石の不揃いの石段を上る。段の両側は蘇鉄の樹に覆われていた。社殿の前に樹齢三百年を超えるというひときわ大きく見事な大樹があった。『筑前國続風土記』に「此島に宗像大神の社有」と記録されていた神社であった。その創建は峯均が来るはるか前、中世にまで遡る。

光之の隠居所勤士であった長野源大夫の日記（長野日記）にこの頃の峯均の消息が記録されている。これによると正徳三年（一七一三）七月二十一日に峯均は「籠舎御免」になっている。終身刑であり、流刑は続いていたが、この時初めて厳しい監視付きの籠舎から放たれたと見ることができる。流刑五年後のことであった。それから帰陸を許される正徳五年（一七一五）までの二年間は島内を自由に散策することができたはずである。籠舎を解かれて自由になった正徳三年以後、峯均はこの神社にも来たであろう。他には行くべきところもない狭い小さな島である。一日も早い帰陸の日を祈願してこの神社に日参していたのではないだろうか。であれば樹齢三百年を越えているというこの大蘇鉄を、峯均も見て触れていたかもしれない。海を見ているだけの毎日。峯均の心情を思うと胸に熱いものがこみ上げてきた。

「七社神社」

神社の横には島の由来を刻んだ石碑が立っていた。大正二年建立とある。

《本島は古来無人の島なりしに、黒田藩は正保二年五月五日に西浦の漁師五名を選抜し移住させた…云々》と詳しく記録している。

右に海を見ながら坂を上がると、崖《がけ》っぷちに不動明王や地蔵を浮き彫りにした石碑が建っていた。赤や青の原色で派手に着色されて、その周囲には美しい草花が咲き乱れていた。

峯均が寝起きした籠舎はどこにあったのだろうか。

坂を上りきった所の左角が教職員宿舎であった。午前中に訪ねた島の奥にある学校が、以前はここにあったのだという。位置は島の東側の崖の上になる。伝承が無く確定はできないが、下の集落と神社の後方、どこからも様子が見える高所にあり、おそらくはここに定番の小屋（屋敷）と牢舎があったものであろうと推測した。

そこから崖を海へ降りる急な階段があった。鉄製の手摺りがあるが、錆びてあちこち壊れている。これを頼りに降りたらどこかで真っ逆さまに転落だ。手すりの補助にロープを引いている中年の男性がいた。声をかけると気さくな人で、しばらく島のあれこれを話してくれた。

そこへ拡声器の大きな声が響いてきた。シケのため今夜の旋網《まきあみ》船団の欠航を知らせるアナウンスであった。どうも来た船で一緒だったあの小田漁協長の声のようであった。これまでの私の印象ではシケと聞くと黒雲が低く垂れこめた鉛色の荒れる海を想像するが、今日は真っ青な晴天で陽光さんさんと降り注ぎ海は青く美しい。シケの認識が全く変わった。

男性の話によると、五月から十二月までは旋網船団を組んで島の漁師が共同で漁に出、二月から四月までは個別操業、各自自由に漁をするのだそうである。冬場は海がシケるので共同操業がむずかしいのであろう。男衆が旋網船団で漁に出ている間、島は女島になる。女たちは海女となり、海に潜って魚貝を採るという。

「漁師も今ではサラリーマンですよ」と男性は真っ黒に焼けた顔に白い歯を見せて爽やかに笑った。

9 望郷の顔岩

峯均は毎日この岸壁に佇立して本土の方角を眺め、晴れた日は海原の向こうにかすかに見える山影に目を凝らし、望郷の念に駆られていたことであろう。

この島には砂浜がない。崖下の波打ち際まで無数の大石小石が、まるで敷きつめたように折り重なっている。海水はどこまでも青く透明で、揺らめく水底の小石までも美しく見せていた。波が寄せては返し、岸辺にドーン、ドーンと白波が立っていた。

階段を下りて波打ち際へ進んだ。石はどれも波に削られて角のない丸石ばかりであった。学校への道すがら見た墓地が浮かんだ。墓石はすべてこの丸石を使ってあった。波に研磨された天然加工の墓石の立ち並ぶ風景は他では見られない独特のものである。私は来る船で隣に座った島の古老の話を思い出していた。

「わしらの若い頃はな、海が荒れたあとは石ころがわんさと海岸にうち寄せていてな、まったく船が出せずに、まず大量の石ころを掻き出すのが大仕事だった」といっていた。

さもありなんと納得した。これもまたこの島特有の珍現象であるが、今は港の先まで潮受け堤防を延ばしてこの苦労はなくなっている。

『望郷の顔岩』

　鳶が空を舞い、降りてきて海面すれすれに滑空していった。海中の魚を探しているかのように覗き込んでいた。やがて舞い上がって崖上に下り羽を休めた。その時に初めて気がついた。背後の岩壁はまるでグランドキャニオンのような積層の岩が切り立っていて壮観であった。

　鳶が止まっている岩壁をみてギョッとした。巨大な人の顔のように見えたからである。それは男の横顔で、額の下の窪んだ目、高い頬、唇に顎の線、頬の向こうには高い鼻まで見えている。たくさんの流刑にあった男たちの望郷の想いが岩に焼きついたのではないかと思われた。その顔はじっと遥か海の向こうを見つめている。

　獄舎址と想定される教員宿舎のすぐ前の岸壁に見つけた海を見つめる巨大な岩の顔。あまりのすごさに息を呑んでしばし見入ってしまったが、そのうちに岩が丹治峯均の顔に思えてきた。私はこの岩を『望郷の顔岩』と名付けた。

10　在島七年何をしていたか

宿屋に戻ると、奥様から風呂を勧められたのでいただくことにした。一人入れるだけの普通の家庭風呂であった。手拭いからバスタオルまでお世話になった。食事の時間をきかれた。朝から何も食べていなかったので出来るだけ早くとお願いした。午後六時前から一階の座敷で夕食となった。座卓に一人分の料理が並べてあった。同宿の青年たちは寝ているらしい。ビールを所望すると、この家には飲み手がいないのか、娘さんが表へ買いに走った。すぐに瓶ビールを一本抱えて戻ってきた。店はない筈なので、近所の家で調達したものであろう。恐縮してしまった。

料理は島で捕れたヒラメの唐揚げや新鮮なイカの刺身が美味しかった。島のことを聞きたいと思ったが、母娘は引っ込んでしまって顔を見せてくれない。ひょっとしてこの家に男はいないのだろうか。ひとりで泊まらなくて良かったと思った。

食事が終わる頃に青年たちが降りてきた。袖振れあうも多少の縁、少し会話を楽しむことにした。福岡の青年たちであった。この足止めで、一人は明日会社を休むといい、もう一人は半休するといった。釣りが趣味で、この島へは二度目という。釣果は鯵《あじ》と鯖《さば》が少々。

彼らが今年三月、玄海島の大地震の前の夜、その玄海島で釣りをしていたという話には驚いた。誰の竿にも一匹も魚がかからず、変だなと言っていたのだそうである。

「おいおい、魚が地震を予知してどこかへ避難していたというの？」

「そうとしか考えられません」と青年たちは確信的にうなずいた。
私は今日の調査のことや、今回調べた島の歴史を語って聞かせた。彼等も興味を持って聴いてくれ、お茶だけで思わぬ長時間を過ごした。

部屋に戻れば寝るしかない。テレビはあるが、この夜ばかりはつけて見る気にはなれなかった。はからずも、せっかく丹治峯均流刑の島で過ごす一夜である。三百年前の峯均の心境に思いを馳せていたかった。

来てみれば、見渡す限りの海以外にほんとに何もない小さな島である。峯均は毎日何をして過ごしていたのであろうか。

茶人である。お茶をたてて慰めていたか。溜めた雨水ではそれも叶わぬか。武蔵の兵法五代目を継いだ栄誉の日は短く、元禄十六年（一七〇三）に三代柴任三左衛門と四代吉田太郎右衛門の二人から二天一流を相伝したのは島に流されるわずか五年前のことであった。島に来たのは峯均三十八歳のとき、壮年の最も意気軒高な年頃である。毎日木刀を振らぬ日はなかったであろう。あるいは籠舎を解かれた五年目からは島の若衆を指導することもあったかもしれない。

《此のままにて島の奴と成果てんと思ひしに》と「長野日記」に峯均の心境を書いているが、七年後に許されて島を出る事が出来た。終身流刑の罪を課した四代綱政が正徳元年（一七一一）に没し、その子の五代宣政も仕置悪く乱行ゆえ、藩の危急と判断した家老衆に同四年に江戸で蟄居（押し込め）されてしまった。直ちに直方支藩主黒田長清の子長好が宣政の養子にたてられ本家を継いで六代継高となった。綱政の系統が失脚したことによる、峯均には思いがけない赦免であった。

それにしても七年、二千六百余日は長い。罪に問われたのは悪事を働いたわけではない。政権交代の軋轢で新権力者の意に添わぬ一族にいただけの事。よくぞ七年持ちこたえたもの。峯均の精神力は強かった。何がその心を支えたのか。開祖武蔵の『五輪書』の教えではなかったか。柴任や吉田の話、あるいは大伯父小河権太夫や父重種の話を思い起こしては武蔵を思い、長い日々を耐えたのではないだろうか。即ち、丹治峯均筆記『武州伝来記』はこの島での二千六百余日という長閑な日々のうちに出来ていたのではないだろうか。

峯均は帰陸するなり志摩郡青木村の草庵に籠って著作に耽っている。

「武州傳来記」（福岡市総合図書館蔵）

まず兄実山のまとめた茶書『南方禄』になかった「秘伝」の巻を著し、翌年には「追加」の巻を書き加えている。
「他見を禁ず」の一文を添えて『武州傳来記』を甥の立花勇勝《たけかつ》、種章《たねあきら》と桐山丹英《きりやまあきひで》の兵法相伝者三人へ伝授したのは十二年後であったが、茶書と共に大蛇島に在島の内に概略出来ていたように思われる。
もし、峯均が三百年前にこの島へ流されてこなかったなら、『武州傳来記』はこの世に生まれていなかったかもしれない。そうすれば、武蔵の伝承四十一話は現代に伝わっていなかった。武蔵の関ヶ原東軍説も、有馬陣での活躍も、多くの史実を伝える逸話が埋もれてしまっていたであろう。そう思うと、この島が宮本武蔵の伝承を今に伝えた功績は極めて大きいということになる。小呂島は丹治峯均筆記『武州傳来記』受胎の島であろう。

明かりを消して布団の中で目を閉じると、ザー、ザー、という規則的な音が聞こえてきた。あれは潮騒だろうか、風の音だろうか。おそらく峯均も聞いた島の音であろう。いにしえに思いを馳せているうちに心地よく眠りに落ちていた。

ふと目覚めると、潮騒の音にぱらぱらと窓を打つ音が混じっていた。外は雨のようであった。この家に泊めてもらえなかったら、いまごろ港の待合小屋で寒さに震えていたことだろう。なんとこの温かい布団のありがたいことか。うれしさに熱いものがこみあげてきて掛け布団を引き上げて潜った。今ごろ家で妻も寝ているだろうか。一人で寂しくないか。この雨で明日は帰れるだろうか。たった一日でもこれほど望郷の念が沸くのに、終身流刑を宣告されて七年もこの絶海の孤島に過ごした峯均の心境を思うと「よくぞ耐えてくれた」と感動で胸が詰まった。（了）

【参考文献】
福田正秀『宮本武蔵研究第二集 武州傳来記』（ブイツーソリューション・二〇〇五）
川添昭二「宗像氏と小呂島および宋商謝国明との関係」『海と列島文化第三巻』（小学館・一九九〇）

本書　あとがき

思えば武蔵の水墨画にあふれる温かい心に触れて始めた研究、宮本武蔵の本当の姿、思い、生きた道を探求してここまで来ました。いかがだったでしょうか。

当初の印象は、天下無双の剣豪、狷介孤高《けんかいここう》の求道者、気位高くどこにも受け入れられず、旅塵にまみれて諸国をめぐる一種悲壮感を感じる武蔵像でした。が、研究して見えてきたのは全く逆、兵法と諸芸に通じる文化人として、多くの大名に招かれ、各界の有識者と柔軟に交流する姿。自在に求道するため自らは仕官せず、妻帯もせず、代わりに養子を推挙して宮本家を立てさせ、陰で後見する姿でした。その中で武士道と勝利の哲学を確立し、家も兵法も残した偉人と言えます。

武蔵が生きた時代は戦国から泰平の時代への転換期に当たり、勝者と敗者で末代まで天地の開きが出る難しい時代。武蔵は個々の戦いにも、戦場でも常に勝ち続け、泰平の時代へ先見の明で柔軟に道を開いた勝者の人生でした。それ故に勝利の哲学『五輪書』が書けたのです。

『五輪書』には個人として勝つ道である一分の兵法と、一軍を率いて勝つ道、国を治める治政の道である大分の兵法がわかりやすい文章で書かれています。そのためこの武蔵の思想は武道のみならず、すべてのスポーツ、ビジネス界、政界にも通じる要諦として、世界十カ国以上に翻訳されて広まっているのです。その意味で熊本は武蔵終焉の地ですが、武蔵の思想発祥の地であります。

武蔵思想の根本は「水」です。《水を本として、心を水になる也、水は方円の器ものに随い一滴となり滄海となる》という。固まり居つくことを嫌い、柔軟に身も心も水のようであれと言います。

武蔵は平和思想家だったこともわかりました。天下分け目の「関ヶ原（豊後）」「大坂夏の陣」、キリシタン一揆の「島原の陣」への参陣経験は、武士の在り方を天下泰平、庶民の幸せを守る者と見極めさせたのでしょう。その思いが武蔵の著書や水墨画に表れているように私には見えます。

世界に目を転ずれば欧州・中東で戦争が激化し、アジアにも危機が迫っている中、《身をあさく思い、世を深く思う》武蔵の「利他」の思想が世の指導者にも浸透することを願うばかりです。


【謝辞】

思い返せば四十年近い研究の過程でお世話になった、多くの方々のお顔と対面時の様子が目に浮かびます。武蔵研究の締めくくりに当たり、お名前をあげて（先生等の敬称略）感謝の意を表させていただきます。

小倉宮本家十二代宮本信男氏、十三代廣二氏御夫妻。武蔵の生誕地に関しては作州宮本村の平尾正裕氏、高砂米田の壇上洪司氏はじめ武蔵・伊織顕彰会の方々。大坂の陣徳川方説の立証には水野家二十代水野勝之氏、家老中山将監のご子孫中山文夫氏、武蔵の養子三木之助の姉関係ご子孫平井隆夫氏。三木之助の墓では姫路円教寺の大樹玄承氏にご協力いただきました。

武蔵の伝記『武州伝来記』に関しては柴任三左衛門のご子孫本庄敏夫氏に家伝史料を、島田美術館の島田真祐氏に写本をお借りし、島田氏や二天一流の米原亀生氏、坂口雅柳氏には種々ご教示いただきました。

『武公伝』や『兵道鏡』では牧童文庫の富永文男氏。『五輪書』では研究者の松延市次氏、魚住孝至氏。とくに松延氏には貴重な『五輪書』の江戸時代の古写本二冊と共にご自分の研究資料をすべて託されました。九州のわが家にもわざわざ東京から二度もお尋ねくださった。魚住氏との出会いは平成六年、拙論を初めて学術引用されて感激。本書では各所に魚住説を引用しています。

寺尾孫之丞の墓発見、雲林院弥四郎の墓発見には郷土作家の長井魁一郎氏にお世話になり、弥四郎と柳生宗矩の関係では弥四郎のご子孫で友人の岩尾砂月己氏にご協力いただきました。

ほかにも武蔵研究論文にご指導をいただいた放送大学の恩師高木昭作氏、杉森哲也氏、五味文彦氏、古文書講座の川口恭子氏、歴研主幹の吉成勇氏、舫船主幹の永田日出夫氏、熊日新聞の井上智重氏、本稿を連載した熊本城顕彰会の皆様、湯田栄弘会長、富田紘一氏、柳川彰也氏、植木英貴氏。島田美術館の松下純一郎氏、清川真潮氏。いつも励ましてくださった濱野年宏氏、吉丸良治氏、黒田浩平氏、眞藤國雄氏。武蔵の足跡と芸術では写真家の藤森武氏、小学館の小倉康広氏。そして小呂島の皆様、まだたくさんおられますが、長い年月のうちに、大半の方がすでに故人となられてしまいました。研究成果の本誌を捧げ、改めて深く心から感謝を申し上げさせていただきます。

武蔵作品所蔵先の永青文庫・松井文庫・島田美術館・熊本県立美術館・岡山県立美術館・八代市立博物館には快く画像貸与にご配慮いただきました。ありがとうございます。

かく申す私もいつの間にか後期高齢者となり、一昨年末には希少がんの胸腺癌が発覚、医者にステージⅣでもう助からないと宣告されました。が幸運にも免疫統合療法の赤木純児医師と出会い、妻の献身的な支えもあって命を拾い、今も元気に好きな晩酌も欠かさず治癒を目指しています。

治療途上、武蔵の三百八十年忌の五月に『熊本城』での連載を終え、熊本城顕彰会制作として今こうして無事上梓するに至ったことは、命あってのもの。武蔵に助けられたかなと思います。

——没後三百八十年の新免武蔵の霊に捧ぐ。（合掌）

令和七年（二〇二五）初春

福田正秀

○著者

福田正秀（ふくだ・まさひで）

1948年長崎県生まれ。熊本県在住。
放送大学大学院文化科学研究科修士課程修了。修士（学術）。
（一財）熊本城顕彰会理事。（公財）島田美術館評議員。
熊本県文化懇話会世話人（郷土史）。熊本県文化協会理事。
肥後の歴史物語と民話の会顧問。

《著書》
『宮本武蔵研究論文集』2003年・歴研
（第２回熊日マイブック出版賞受賞）
『宮本武蔵研究第２集　武州傳来記』2005年・ブイツーソリューション
『加藤清正「妻子」の研究』2007年同上。
（水野勝之と共著　熊日出版文化賞受賞）
『続 加藤清正「妻子」の研究』2012年同上。
『加藤清正と忠廣　肥後加藤家改易の研究』2019年同上。
『武蔵に尋ねよ』（写真・藤森武）2025年クレヴィス刊行予定。

宮本武蔵　熊本で生きる

二〇二五年　二月一九日　初版第一刷発行　八〇〇部

著　者　福田　正秀
制　作　（一財）熊本城顕彰会
発行者　谷村　勇輔
発行所　ブイツーソリューション
〒四六六・〇八四八
名古屋市昭和区長戸町四・四〇
電話　〇五二・七九九・七三九一
ＦＡＸ　〇五二・七九九・七九八四
発売元　星雲社（共同出版社・流通責任出版社）
〒一一二・〇〇〇五
東京都文京区水道一・三・三〇
電話　〇三・三八六八・三二七五
ＦＡＸ　〇三・三八六八・六五八八
印刷所　モリモト印刷

万一、落丁乱丁のある場合は送料当社負担でお取替えいたします。
ブイツーソリューション宛にお送りください。
定価はカバーに表示してあります。

ISBN 978-4-434-35041-2